天津农业农村发展实践与探索

秦 静 著

南开大学出版社

天 津

图书在版编目(CIP)数据

天津农业农村发展实践与探索 / 秦静著. —天津：
南开大学出版社，2018.10
ISBN 978-7-310-05678-1

Ⅰ.①天… Ⅱ.①秦… Ⅲ.①农业经济发展－研究－
天津②农村经济发展－研究－天津 Ⅳ.①F327.21

中国版本图书馆 CIP 数据核字(2018)第 231113 号

版权所有　侵权必究

南开大学出版社出版发行
出版人：刘运峰
地址：天津市南开区卫津路 94 号　　邮政编码：300071
营销部电话：(022)23508339　23500755
营销部传真：(022)23508542　邮购部电话：(022)23502200

＊

北京建宏印刷有限公司印刷
全国各地新华书店经销

＊

2018 年 10 月第 1 版　　2018 年 10 月第 1 次印刷
230×170 毫米　16 开本　17.75 印张　315 千字
定价：69.00 元

如遇图书印装质量问题,请与本社营销部联系调换,电话：(022)23507125

序　言

　　农业农村农民问题是关系国计民生的根本性问题。党的"十九"大提出实施乡村振兴战略是对新时代农业农村发展提出的新目标、新使命。本书作为这一领域的一部新著有现实意义。

　　本书从资源环境、可持续发展、乡村发展三个视角探索天津农业农村发展问题。"资源环境篇"客观分析了天津农业资源利用状况,分析了农业资源要素的地域分异特征及农业资源环境面临的问题,并有针对性地提出了治理对策。"可持续发展篇"从农业可持续发展的背景和理论基础入手,介绍了国内外农业可持续发展的成功案例及其借鉴启示,通过定量模型对天津农业可持续发展现状进行评价,并从行业布局优化和区域布局优化两个方面提出了天津农业可持续发展的目标、重点与保障措施。"乡村发展篇"梳理了天津农村的基本情况和发展形势,分析了改革开放以来农村社会经济发展的基本特征,以乡村振兴的时代背景为考量基础,归纳了天津农村存在的主要问题,并根据乡村振兴的总体要求,提出了促进经济社会发展的对策建议。

　　作者重视一手资料的搜集和实践案例的剖析,在广泛开展调查研究的基础上,围绕着资源环境、农业可持续发展、乡村发展几个方面进行了有益的探索,较充分地反映了天津农业农村发展的进程、特点,是目前研究天津农业和农村问题较为系统的资料,具有较高的研究参考价值。鉴于该问题的现实性很强,书中一些分析和政策建议曾以调查报告和政策建议的形式报送政府有关部门,其中多份成果为党和政府内参采用并获有关领导的重视和批示。

　　多年来,秦静博士致力于农业发展与农村经济方面的研究,在京津冀协同发展、农业资源开发和生态环境保护、城乡规划等方面,主持和参加了20多项国家、省部级研究课题和专项规划,同时有着在农业农村主管部门工作的实践经历。作者勤于思考、勇于探索、笔耕不辍,为了探索和破解天津农业农村发展中的问题,她先后赴山东、河北、北京及天津近郊调研和访谈农户,本书中的许多数据和资料是源于她第一手的调查，其中关于农村资源和乡村发展作出的一些判断和分析是独到且有参考价值的。本书可为读者提供一份了解和分析天津农业农村发展的有价值的背景资料。

周立群
2018 年 9 月于南开大学

目　录

乡村发展篇

资源环境篇

第一章 天津农业资源利用与地域分异特征

第一节 天津农业自然资源利用现状

一、气候资源

天津属暖温带半湿润季风性气候。主要气候特征是：四季分明，春季多风，干旱少雨；夏季炎热，雨水集中；秋季凉爽，冷暖适中；冬季寒冷，干燥少雪。全年平均气温约14℃，7月最热，月平均温度28℃，历史最高温度是41.6℃；1月最冷，月平均温度为−2℃，历史最低温度是−17.8℃。全年平均降水量在36—970毫米之间，多年平均值是600毫米左右。主要的农业气象灾害有干旱、洪涝、冰雹、大风、倒春寒、麦收连阴雨、小麦干热风、霜冻等，其中以旱灾最为常见，对天津农作物的生长和收成产生不同程度的影响。农业类型以一年两作种植业为主，农林牧渔综合发展。

二、土地资源

据天津市国土资源与房屋管理局资料显示，2016年，天津市农用地总面积6943.34平方千米（1041.5万亩），占天津土地总面积的58.3%。在农用地中，耕地面积4369.24平方千米（655.4万亩），占农用地总面积的62.9%；园地297.25平方千米（44.6万亩），占农用地总面积的4.3%；林地面积548.14平方千米（82.2万亩），占农用地总面积的7.9%；其他农用地（牧草地、养殖水面等）1728.71平方千米（259.3万亩），占农用地总面积的24.9%，如表1-1所示。

天津山河湖海共生，湿地众多，自然生态资源丰富。全市山地面积840.3平方千米，占土地总面积的7%。湿地面积为1718平方千米，占土地总面积的14.4%，其中天然湿地面积为1337平方千米，人工湿地面积为381平方千米，分别占土地总面积的 11.2%和 3.2%。海岸线长度 153.669 公里，其中大陆岸线 153.2 公里，岛屿岸线 0.469 公里。

表 1-1 天津市土地面积与构成（2016 年）

项目	面积（平方千米）	占全市土地总面积比重（%）
全市土地总面积	11916.85	100
农用地	6943.34	58.3
耕地	4369.24	36.7
园地	297.25	2.5
林地	548.14	4.6
其他农用地	1728.71	14.5
建设用地	4143.87	34.8
居民点及工矿用地	3309.26	27.8
交通用地	300.29	2.5
水利设施用地	534.31	4.5
未利用地面积	829.65	7.0
未利用土地	157.56	1.3
其他土地	672.09	5.6

三、土壤资源

1. 土壤类型

全市土壤类型从山地、丘陵、平原到滨海，依次为棕壤、褐土、潮土、沼泽土（湿土）和滨海盐土五个主要土类，17 个亚类、55 个土属、459 个土种，其中以潮土分布最广，占土壤总面积的 81.35%。

2. 土壤质地

受成土母质影响，全市土壤质地由北向南依次为砾质→砂质→壤质→黏质，由西向东为砂质→壤质→黏质。

3. 土壤酸碱度

全市土壤 pH 在 5.6—9.5 之间，平均为 8.2，微酸性土壤分布在蓟州区西龙虎峪镇、出头岭镇、礼明庄乡、马伸桥镇等，占 0.2%；中性土壤分布在蓟州区以及武清区与津南区的个别乡镇，占 4.51%；其他均为碱性范围内土壤，占 95.29%。

4．土壤盐渍化

全市耕地土壤盐渍化面积占耕地面积的 39.9%，其中轻度盐渍化面积占耕地面积的 26.9%，中度盐渍化面积占耕地面积的 10.5%，重度盐渍化面积占耕地面积的 2.47%。距渤海愈近盐渍化土壤所占比例越大，愈远所占比例越小。

5．土壤养分

全市耕地土壤有机质含量变化范围在 4.5—67.6g/kg，平均值为 16.8g/kg，属于四级水平。全市耕地土壤全氮含量变化范围在 0.3—3.1g/kg，平均值为 1.10 g/kg，属于三级水平；土壤有效磷含量变化范围在 0.3—657.8mg/kg，平均值为 30.0mg/kg，属于二级水平；速效钾含量变化范围在 34—1190mg/kg，平均值为 226mg/kg，属于一级水平。

四、水资源

天津市地处海河流域尾闾，素有"九河下梢"之称。境内共有主要行洪河道 19 条，堤防长度 1994 公里，承担着海河水系 75% 的洪水入海。

1．水资源量

2016 年全市水资源总量 18.92 亿立方米，比多年平均偏多 18.3%，比 2015 年偏多 47.6%。其中，地表水资源量 14.1 亿立方米，折合年径流深 118.3 毫米，比多年平均偏多 32.4%，比 2015 年偏多 62.1%；地下水资源量 6.08 亿立方米，比多年平均偏多 3.1%，比 2015 年偏多 24.8%；地表水与地下水不重复量 1.26 亿立方米。全市水资源总量占降水总量的 25.5%，降水总量的 74.5% 被地表蒸散发（植物截流损失、包气带蒸发）消耗掉。全市入境水量 20.96 亿立方米，其中，引滦调水量 1.9540 亿立方米，引江调水量 8.8849 亿立方米；出境、入海水量 28.17 亿立方米。全市 14 座大、中型水库年末蓄水量 5.38 亿立方米，比年初蓄水量增加 0.56 亿立方米。平原淡水区浅层地下水年末存储量比年初增加 0.32 亿立方米。

2．供需状况

2016 年，全市总供水量 27.2307 亿立方米，比 2015 年增加 1.5557 亿立方米。其中，地表水源供水 19.0734 亿立方米，占 70.0%；地下水源供水 4.7270 亿立方米，占 17.4%；其他水源供水 3.4303 亿立方米，占 12.6%。全市总用水量 27.2307 亿立方米，其中，生活用水 5.5850 亿立方米，占 20.5%；工业用水 5.5250 亿立方米，占 20.3%；农业用水 12.0490 亿立方米，占 44.2%；生态环境补水 4.0717 亿立方米，占 15.0%。全市人均综合用水量 174 立方米，万元工业增加值（当年价）用水量 7.63 立方米。

3．水资源质量

2016年，全市废污水排放量6.7666亿吨。全市全年评价河长1722.0公里，其中，Ⅱ类水河长占3.8%，Ⅲ类水河长占2.8%，Ⅳ类水河长占10.7%，Ⅴ类水河长占12.2%，劣Ⅴ类水河长占70.5%。全市评价水功能区80个，按全指标评价，全年水功能区达标率为2.5%，比2015年下降了2.8个百分点。主要饮用水源地于桥水库水质为Ⅲ～Ⅳ类，营养化状态为"轻度富营养"；尔王庄水库水质为Ⅱ类，营养化状态为"中营养"。2016年引江沿线输水水质良好，水质达Ⅱ类。

五、生物资源

1．植物资源

天津植物种类繁多，据调查共有160科、618属、1083种，其中被子植物126科、570属、1010种，苔藓植物11科、20属、27种，蕨类植物16科、18属、33种，裸子植物7科、10属、13种。

按其分布分为三大类，即北部山区野生植物、辽阔平原栽培植物和滨海地带盐生植物。其中北部山区野生植物资源最为丰富，共有132科、422属、808种，分别占全市的82.5%、62.3%和74.6%。

天津植物资源按用途分为淀粉植物、用材植物、油脂植物、纤维织物、饲料植物和药用植物六大类，此外还有观赏植物、芳香油植物、鞣类植物、食用植物、绿化植物以及耐污植物、盐生植物、染料植物、蜜源植物、砧木植物、养蚕植物和防沙固土植物等，有些种类的用途单一，属于其中的某一类，有些植物具有多种用途，分属不同类。

2．野生动物资源

天津野生动物资源十分丰富。据调查统计，目前全市有记录的野生动物有850多种（不包括昆虫类），其中鸟类有360种，兽类动物有40种，两栖类动物有7种，爬行类动物有18种，鱼类有127种，大型水生无脊椎动物14种，底栖动物30余种，浮游动物55种。现有国家重点保护野生动物48种，其中国家一级保护动物10种，二级重点保护野生动物38种。国家保护的有益的或者有重要经济、科学研究价值的陆生野生动物，即"三有"保护动物300多种。

3．自然保护区建设

为保护丰富的自然生态资源,天津从1984年至今已建成8个不同级别不同类型的自然保护区。保护区总面积占全市地域面积的14.9%，所占比例名列全国第一。8个自然保护区中，其中3个为国家级自然保护区：蓟州区中上元古界国家自然保护区、古海岸与湿地国家级自然保护区、八仙山国家级自然保护区；5 个为市级自然保护区：盘山自然风景名胜古迹自然保护区、团泊鸟类自然保护区、北大港湿地自然保护区、大黄堡湿地自然保护区、宝坻区青龙湾固沙林自然保护区。8 个自然保护区植被和湿地及森林公园绿色环境得到完好保存，成为建设美丽天津、加强生态保护的重点工程之一。

六、地热资源

天津地下蕴藏着丰富的地热资源。通过普查，在宁河宝坻断裂带以南，天津地热资源分布面积达 8700 平方千米，占全市地域面积的 77%，按盖层平均地温梯度大于 3.5℃/100 米划分，共圈定了 10 个地热异常区，分别是王兰庄、山岭子、万家码头、潘庄、周良庄、桥沽、王庆坨、沙井子、唐官屯、看财庄。按《地热资源地质勘查规范》规定，25℃地下热水为地热资源的低温下限，天津地热总可采量为 $5088 \times 10^4 m^3/a$，其中新近系孔隙型热储地热水可采量 $3284 \times 10^4 m^3/a$，基岩岩溶裂隙型热储为 $1804 \times 10^4 m^3/a$。2012 年天津全市登记在册的地热开采井 285 眼，采灌系统 90 个。2012 年总开采量为 3250×10^4 立方米，开发地热相当于年节约标准煤 26.5 万吨（37.1 万吨原煤），减少二氧化碳排放量 63.2 万吨。天津地热资源广泛应用于居民供暖、生活热水、温泉理疗、旅游度假、农业种植、水产养殖和洗涤印染等领域，是全国利用地热资源供暖规模最大的城市。目前使用地热资源的设施农业单位共 11 家，占地面积约 1000 万平方米。

第二节　天津农业资源要素的地域分异特征

一、地域分异内涵

地域分异是指地球表层自然环境及其组成要素在空间分布上的变化规律，即地球表层自然环境及其组成要素，在空间上的某个方向保持特征的相对一致性，而在另一方向表现出明显的差异和有规律的变化。同时，农业具有经济功能、社会功能、生态功能等多种功能。农业最主要的经济功能是向人类提供粮食等农产品以满足生活基本需求，向工业提供部分生产原料等；农业最主要的社会功能是为大量的劳动力提供就业机会，通过从事农业生产获取农产品及务农收入以维持生活；农业的生态功能主要是在国土、水、森林及农作物生产等资源的开发利用中保护生态环境。天津由于自然地理、资源禀赋、环境质量等因素的多样性，致使全市农业资源要素具有显著的地域差异性。

了解全市地形地貌、植被覆盖、水域、荒漠与裸露地等自然资源以及与人类活动密切相关的一些信息有助于全面摸清天津的市情家底，有助于更科学地对农业进行分区。

二、农业资源分布概况

从地区分布看，按照面积统计，植被覆盖、水域、荒漠与裸露地等自然要素的 69.45%分布在武清区、宝坻区、宁河区、静海区和蓟州区远郊五区①，16.64%分布在滨海新区，13.36%分布在东丽区、西青区、津南区和北辰区环城四区，仅有 0.55%分布在市内六区。而居民地与设施、铁路与道路等人文地理要素的 41.33%分布在远郊五区，29.86%分布在滨海新区，24.40%分布在环城四区，4.41%分布在市内六区。

三、地形地貌分异特征

1. 海拔分级

海拔 0 米以下区域面积占全市陆地国土面积的 1.27%，主要分布在滨海新区中部和北部、东丽区东南部、津南区东北部、西青区中部、静海区东北部区域；海拔 0—50 米的区域面积占全市陆地国土面积的 94.14%，分布在除蓟州区中部、北部以外的全市大部分区域；海拔 50—100 米的区域面积占全市陆地国土面积的 0.91%，主要分布在蓟州区中部及北部；海拔 100—200 米的区域面积占全市陆地国土面积的 1.09%，主要分布在蓟州区中部及北部；海拔 200—500 米的区域面积占全市陆地国土面积的 2.22%，主要分布在蓟州区中部及北部；海拔 500—800 米的区域面积占全市陆地国土面积的 0.32%，主要分布在蓟州区中部及北部；海拔在 800 米以上的区域面积占全市陆地国土面积的 0.05%，主要分布在蓟州区中部及北部。

2. 坡度分级

平坡面积占全市陆地国土面积的 95.12%，分布十分广泛；较平坡地面积占 0.76%，主要分布在蓟州区西北部区域；缓坡地面积占 1.36%，主要分布在蓟州区西北部；较缓坡地面积占 1.30%，主要分布在蓟州区西北部；极陡坡地面积

①2015 年 8 月，国务院批复同意撤销天津市静海县、宁河县，设立天津市静海区、宁河区。2016 年 6 月，国务院批复同意撤销天津市蓟县，设立天津市蓟州区。

占 0.45%，分布集中，主要在蓟州区的北部和西北部。

3．地貌类型

平原面积占全市陆地国土面积的 95.5%，山地面积占全市陆地国土面积的 2.98%，丘陵和台地面积占全市陆地国土面积的 1.52%。天津的山地、丘陵和台地全部分布在蓟州区。

四、植被覆盖分异特征

1．种植土地

天津种植土地包括水田、旱地、果园、桑园、苗圃、花圃和其他经济苗木等七种类型，全市种植土地面积为 4424.04 平方千米。从地区分布看，按照面积统计，84.92%的种植土地分布在远郊五区，8.45%分布在环城四区，6.62%分布在滨海新区，0.01%分布在市内六区。

2．林草覆盖

天津林草覆盖包括乔木林、灌木林、乔灌混合林、天然草地、人工草地等 10 种类型，全市林草覆盖面积为 3008.65 平方千米[①]。其中，59.44%的林草覆盖分布在远郊五区，19.63%的林草覆盖分布在环城四区，19.52%的林草覆盖分布在滨海新区，1.41%的林草覆盖分布在市内六区。

五、水域分异特征

1．河流

全市市域内河流 191 条，单条长度 500 米以上的河流总长度为 3569.61 千米。从地区分布看，按照长度统计，远郊五区河流累计长度最长，为 2190.33 千米，占 61.36%；环城四区累计长度为 825.57 千米，占 23.13%；滨海新区累计长度为 468.81 千米，占 13.13%；市内六区河流累计长度最短，为 84.90 千米，占 2.38%。

2．水渠

全市单条长度 500 米以上且宽度 3 米以上的水渠总长度为 19786.21 千米。按照长度统计，远郊五区水渠长度累计最长，为 12655.28 千米，占 63.96%；环城四区累计长度为 3211.21 千米，占 16.23%；滨海新区长度累计为 3902.28 千米，占 19.72%；市内六区累计长度为 16.84 千米，占 0.09%。

3．水库

---

①灌木林中含灌木覆盖度 30%—40%的草地；灌草丛指荒漠或植被稀疏地区丘团状生长的低矮灌木或灌木丛，成群分布，平均覆盖度 10%—30%的地表。

全市单个面积在 5000 平方米以上的水库总面积为 368.69 平方千米。按照面积统计，滨海新区水库面积最大，市内六区没有水库。滨海新区水库面积为 190.95 平方千米，占 51.79%；远郊五区水库面积为 156.47 平方千米，占 42.44%；环城四区水库面积为 21.27 平方千米，占 5.77%。

4．坑塘

全市单个面积在 1000 平方米的坑塘总面积为 1019.09 平方千米。按照面积统计，远郊五区坑塘面积最大，为 426.01 平方千米，占 41.8%；滨海新区坑塘面积为 414.60 平方千米，占 40.68%；环城四区坑塘面积为 176.47 平方千米，占 17.32%；市内六区坑塘面积为 2.01 平方千米，占 0.2%。

5．湖泊

全市单个面积在 5000 平方米以上的湖泊仅一个，是官港湖，面积为 2.52 平方千米，位于滨海新区。

6．水面

全市水面面积为 1415.78 平方千米。从地区分布看，远郊五区水面面积为 690.19 平方千米，占 48.75%；环城四区水面面积为 233.49 平方千米，占 16.49%；滨海新区水面面积为 485.41 平方千米，占 34.29%；市内六区水面面积为 6.69 平方千米，占 0.47%。

六、荒漠与裸露地分异特征

天津市第一次全国地理国情普查数据表明，全市荒漠与裸露地面积为 135.80 平方千米。按照面积统计，滨海新区荒漠与裸露地面积最大，为 122.84 平方千米，占 90.46%；远郊五区面积为 9.68 平方千米，占 7.135%；环城四区面积为 3.26 平方千米，占 2.4%；市内六区面积为 0.02 平方千米，占 0.01%。

参考文献

[1] 孔嘉敏，孙钰．循环经济理念下的城市雨水利用——以天津市为例[J]．天津经济，2014（1）．

[2] 天津市水务局．天津市水资源公报[EB/OL]．http://www.tjsw.gov.cn/pub/tjwcb/zhengcefg/zcfg/zcfg_gztb/201611/t20161111_48242.html，2016-11-11.

[3] 务林人．天津林情[EB/OL]．https://max.book118.com/html/2016/0404/39550763.shtm，2016-10-3.

[4] 高德明．天津市野生动物资源现状及保护管理对策[J]．天津农林科技，2005（2）：5—7.

[5]穆春一,靳宝珍.天津地热资源开发利用及其供暖实例浅析[J].中国国土资源经济,2009（2）.

[6]林黎,赵苏民,李平,王心义.天津地热资源可持续开发利用对策[J].中国国土资源经济,2005（12）.

[7]马凤如,林黎,王颖萍,程万庆,赵苏民.天津地热资源现状与可持续性开发利用问题[J].地质调查与研究,2006（3）：222—228.

[8]涂华,刘翠杰.标准煤二氧化碳排放的计算[J].煤质技术,2014（2）：57—60.

[9]佚名.天津出台系列文件推进地热能开发利用[J].建设科技,2012（13）：32—33.

[10]王莹.约束的LESA模型在高标准基本农田建设区划定中的应用研究[D].广西师范学院,2014.

[11]天津市第一次全国地理国情普查领导小组.天津市第一次全国地理国情普查公报.

第二章 天津农业资源环境问题与治理对策

第一节 天津农业资源环境面临的问题

一、资源开发利用压力较大

1. 耕地资源承受压力较大

天津耕地资源相对较少，有限的耕地是制约农业生产的主要因素之一。尤其是近些年来，随着天津人口不断增加和城市化、工业化进程不断加快，耕地资源更显不足。天津年末实有常用耕地面积由 1995 年的 4261 平方千米减少到 2016 年的 3908 平方千米；按常住人口计算，人均耕地面积则由 1995 年的 452 平方米下降到 2016 年的 250 平方米，年均递减 2.83%。人口、耕地逆向发展，势必对潜力有限的耕地资源造成持久的压力。天津 2001—2016 年人均耕地面积变化如图 2-1 所示。

另外，天津市除北部小部分低山、丘陵外，大部分为低缓的滨海平原和洼地，受盐碱、干旱、洪涝、沙化等自然条件的限制以及不合理灌溉等人为因素的影响，部分灌溉区耕地土壤次生盐碱化严重，加之长期污水灌溉，农药、化肥、农膜的不合理利用，工业垃圾、固体废弃物随意堆放和排放对土壤污染等不利因素的影响，因此耕地肥力不高。

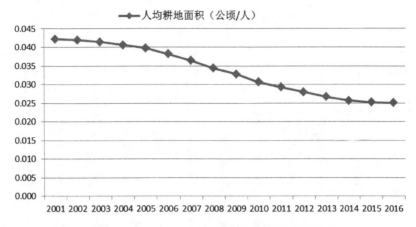

图 2-1 2001—2016 年天津人均耕地面积变化

2．林木覆盖率相对较低

林木资源是发展绿色农业的重要支撑，林木的高覆盖率对防风固沙、保持土壤水分、防止水土流失、发展林下饲养家禽等都具有重要意义。天津林木覆盖率不高，2017 年全市森林覆盖率仅为 12.07%，林木覆盖率也只有 26.4%，除蓟州区林木覆盖率达 43.9%，植被生长状态较好之外，多数地区林木覆盖率仍然较低，滨海新区林木覆盖率仅为 8.9%。第一次全国地理普查数据表明，全市林草覆盖面积 3008.65 平方千米，主要为乔木林、灌木林、乔灌混合林、天然草地和人工草地等 10 种类型。造林种类主要是人工工程类防风固沙的防护林，缺乏水源涵养、农田防护、护路和护岸的生态造林。

3．水资源短缺

随着经济的发展和人口的增加，天津水体状况不容乐观。一是水资源供需矛盾（资源性短缺）。2016 年天津水资源总量为 18.9 亿立方米，人均水资源为 121.6 立方米，远小于国际公认的缺水极限标准 500 立方米/人，缺水现象极为严重。当年中国水资源为 32466 亿立方米，人均水资源为 2354.9 立方米，天津人均水资源仅为中国人均水资源平均水平的 1/20（参见图 2-2）。此外，天津生态用水极其匮乏，农业用水量大，多年来一直占了总供用水量的 50% 以上，且水资源利用率低，浪费严重，一定程度上加剧了水资源供需矛盾。另外，由于地表水资源溃乏，超量开采地下水，导致地下水位下降，引发了大面积的地下沉降和海水入侵等生态环境问题。目前，天津已形成了中心城区、滨海新区（塘沽、大港）、静海区、武清区等几个主要下降漏斗和沉降中心。

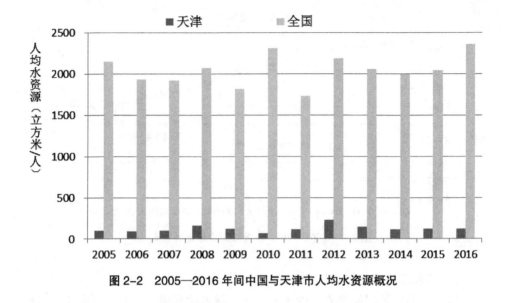

图 2-2　2005—2016 年间中国与天津市人均水资源概况

4．资源开发利用主要制约因素

天津市地形以平原为主，北部地区为山地。虽然耕地比重较大，但耕地多为中低产田，总体质量差，且耕地资源及后备资源匮乏，补充耕地能力不足。目前，天津市适宜开发利用的土地已基本得到开发，未利用地占土地总面积的5.8%，主要是盐碱地、荒草地、滩涂、裸岩石砾地等，不适宜大面积开发利用。土地利用较为粗放，集约化水平有待提升，湿地修复、生态林建设用地需求较大。

天津地处华北平原缺水区，降水量不够充沛，主要集中于生长旺季，季节、年际间差异大，为易旱地区。多年来，城市农村工农业用水不断增加，过度开采地下水，造成地表下沉，海水倒灌。过度依赖水库也造成了不少河道干枯断流，加上周边北京等用水大市、省际之间水资源分配不合理，造成天津结构性缺水。缺乏行之有效的水资源利用保护体系也造成了水资源欠债，水体富营养化、水资源浪费严重。

天津历史上就是个少林地区，1949 年初，全市森林覆盖率不足 1%。改革开放前，平原地区主要以建设窄林带、小网格的农田林网为主，同时推广林粮间作、枣粮间作，结合改造荒山、沙滩，进行封山育林和营造片林，实行山、水、田、林、路综合治理。改革开放后，党和国家为振兴林业制定了一系列政策。1990 年开始实行重点工程造林，逐步确立大工程带动大发展的林业发展思路，在实施"三北"防护林、沿海防护林、京津风沙源治理、退耕还林等国家级重点生态工程的同时，相继启动了外环线绿化带、"625"绿色通道、重点高速公路绿化等市级重点造林工程，林木植被不断增加，林木覆盖率逐步提高。

二、生态环境保护任务艰巨

1．种植业化肥、农药、农膜的过度使用

天津种植业、畜牧业和水产养殖业的集约化程度不断提高导致化肥、农药、农膜等使用量增长，这些投入品的过量使用是农业面源污染的主要来源之一。据粗略估算，2015 年天津化肥施用量（按折纯量计算）24.3 万吨，单位耕地面积化肥施用量每公顷达 531.96 千克，比同期全国平均水平高出 88.35 千克，远高于国家推荐的生态示范区每公顷 250 千克的施肥标准（参见表 2-1）。其中，蔬菜、瓜果等过量施用现象较为突出，仅蔬菜种植施用一项，每年投入的化肥和有机肥纯养分量就是粮田投入量的 10—20 倍，而果菜类蔬菜施用化肥量则为实际肥料需要量的 3 倍多。此外，农膜每公顷施用量 24.16 千克，比同期全国平均水平高出 5 千克。这些投入品利用率也偏低，磷肥利用率仅为 10%—20%，农药利用率只有 20%—30%。投入品的过量使用不仅加大了生产环节对于农产品质量造成的安全风险，更导致了土壤退化、水环境恶化及农业面源污染加重等问题。

表 2-1　2003—2016 年天津与全国农业投入品比较

年份	化肥施用强度		农药施用强度		农膜施用强度	
	千克/公顷		千克/公顷		千克/公顷	
	天津	全国	天津	全国	天津	全国
2003	425.33	339.25	6.09	10.19	30.88	12.24
2004	550.20	356.55	7.36	10.66	31.30	12.92
2005	561.88	366.52	8.08	11.23	32.38	13.55
2006	599.63	379.65	8.38	11.85	30.30	14.22
2007	635.96	419.58	8.67	13.33	28.17	15.91
2008	639.96	430.43	9.41	13.74	27.90	16.49
2009	644.81	444.02	9.45	14.04	31.40	17.09
2010	640.42	456.94	9.33	14.44	30.11	17.85
2011	553.61	421.79	8.61	13.21	28.52	16.97
2012	557.73	432.00	8.67	13.36	28.23	17.63

年份	化肥施用强度		农药施用强度		农膜施用强度	
	千克/公顷		千克/公顷		千克/公顷	
	天津	全国	天津	全国	天津	全国
2013	550.90	437.39	8.25	13.33	29.25	18.45
2014	531.96	443.61	8.32	13.37	28.02	19.01
2015	498.97	446.12	8.08	13.21	24.16	19.29
2016	485.15	442.48	——	——	——	——

2. 畜禽养殖业排污严重

畜禽粪便污染是农村环境的又一主要污染源。天津畜禽养殖相对集中，规模化、集约化养殖业的出现使得畜禽养殖废弃物年排放量急剧增加。由于缺乏引导和规划，处置不当或者配套设施跟不上造成的污染难题亟待破解。目前，全市有规模化畜禽养殖场 1531 家，对河道等水系有较大影响的达 820 家，应关闭的还有 94 家，需新建、改扩建粪污处理设施的养殖场 718 家。虽然各类养殖场大多都引进了污水处理设备，但农用地消纳的废弃物只占很小一部分；因自身工艺没保障、政策调控和监督管理落后等原因，大部分畜禽养殖固体废弃物和废水没有经过处理或处理不合格就被排放，这导致其成为环境污染产生及扩散传染的核心散播源头。另外，散落各村的规模化畜禽场及散养户经营状态变化较快，监管难度较大，以及养殖业污染防治还面临着资金、技术、污染反弹等难题。

3. 农村生活垃圾、污水得不到有效处理

因农村地区环境管理制度设计和政策手段的提供滞后于城市，农村污染防治投资远远低于城市。多年来，天津城镇生活污水排放量保持 7 亿吨左右，化学需氧量（COD）排放量约 21 万吨，污废水虽经处理排放，但污染负荷远超过水环境承载力。近 10 年来符合饮用水源地的Ⅱ类水质河段在减少，Ⅴ类水质的河段逐年增加，占 70%以上（参见表 2-2）。因水质恶化造成的水质性缺水与本已存在的资源性缺水交互叠加，使天津缺水状况更趋严重。在制度安排上，对远离城市、交通不便的村庄没有向其提供足够的必要公共设施建设保障。全市农业人口约 377 万，年产粪尿 310 万吨，年产生活污水 8294 万吨，年产生活垃圾 96 万吨，但地下管网建设、垃圾处理设施等很不完善，造成农村生活污染较为普遍。仍有农村部分地区生活垃圾和生活污水得不到及时有效处理，致使大量生活污染物被随意排放。

表 2-2 2003—2013 年天津河流水质评价结构（%）

年份	II类	III类	IV类	V类	劣V类
2003	13	17	8	1	61
2004	8	7	10	—	75
2005	12	—	—	9	88
2006	15	—	11	—	65
2007	11	—	12	—	77
2008	8	1	21	4	66
2009	4	2	4	6	84
2010	4	12	7	1	76
2011	4	3	3	8	81
2012	4		5	17	74
2013	5	1		14	73
2014	5	7		6	77
2015	—	9	10	2	79
2016	3.8	2.8	10.7	12.2	70.5

注：—为数据缺失。

4．工业污染及城市污染转移的双重威胁

城市工业和人口向郊区转移造成的"污染下乡"，对农村环境造成巨大压力。（1）当前天津城区工业企业及转移到郊区的工业企业产生的大量废水、废气、废物、粉尘等，通过各种途径影响着周边的农田耕地及农村生态环境。在 2016 年排放的主要废气污染物中，二氧化硫排放量为 6.8 万吨，其中来源于工业的排放量占 79.7%；氮氧化物排放量为 14 万吨，其中来源于工业的排放量占 60.1%；烟尘排放量为 7.8 万吨，其中来源于工业的排放量占 73.3%。（2）农村企业数量多，分布广，其中有些企业存在偷排、不规范排放操作等违规行为。同时，对于分散的小微企业环境监管难度更大，甚至存在很多环境执法的盲区，这就造成了巨大的污染负荷远远超过当地环境承载能力的状况。（3）外来人口不断涌入郊区形成环境压力。天津外来人口增长过快，且不断涌入郊区。 2016 年天津常住人口 1562.12 万人，户籍人口仅有 1044.40 万人，有 517.72 万人为外地人口（参见表 2-3）。"十二五"期间约有 200 万外来人口涌入天津郊区，约占增量人口的 80%。这些人口大部分集聚在近、远郊区地带，因面临着较大的生存压力而无暇顾及环境，加上当地基础设施建设更新和环境监管滞后，由此产生的巨大污染负荷同样对当地环境承载能力造成了极大的冲击。

表 2-3　2003—2016 年天津人口变化趋势

年份	常住人口 （万人）	户籍人口 （万人）	常住人口密度 （人/平方公里）	户籍人口密度 （人/平方公里）	外来人口占比 （%）
2003	1011	926	860	775	8.4
2004	1024	933	870	780	8.9
2005	1043	939	887	797	10.0
2006	1075	949	914	805	11.7
2007	1115	959	948	813	14.0
2008	1176	969	1000	822	17.6
2009	1228	980	1044	831	20.2
2010	1299	985	1105	837	24.2
2011	1355	996	1152	847	26.5
2012	1413	993	1202	845	29.7
2013	1472	1004	1252	854	31.8
2014	1517	1017	1290	864	33.0
2015	1547	1027	1315	873	33.6
2016	1562	1044	1328	887	33.2

三、影响生态环境因素复杂

生态环境问题具有综合性、复杂性、时间滞后效应、地域性和长期隐蔽性等特点，其发生与发展的成因十分复杂，是多种因素共同作用的结果。既有内在的形成机制，更有人类活动的影响；既有历史的根源，也有现代机制与决策的影响。其中，自然因素是基本条件，而人为因素则起着主导作用。

在自然因素方面，主要是由于水、土、生物、气候等先天的条件影响；在人为因素方面，涉及人口、管理、科技、体制等。人口增长对资源环境带来的压力逐步增加。人口过载对生态环境，特别是农业生态环境的威胁较大。随着人口增长，天津自然资源日趋紧张，人地关系也越来越复杂。首先，土地是人类获取生物资源的基地，是人类生存的主要环境因素，人口增加对土地的需求压力越来越大，使人地关系愈加紧张。其次，人口增加，生产和生活用水量就会相应增加，同时污水也相应增加，如果要维持生产和生活水准，就需要开采更多的水资源，这必然造成水资源缺乏。随着人口持续增加，各种资源需求与供给的矛盾将会逐渐凸显，有限资源的人均占有水平将持续下降。

产业是联系人类经济活动与生态环境之间的一条重要纽带，不同类型的产业在发展过程中都要输入不同的资源，产出各自的产品及废弃物。因此，产业对区域土壤、水、大气、生物等生态环境会产生不同程度的影响。因经济发展的惯性所在，在以往经济发展过程中因产业结构不合理遗留的环境问题仍然存在。当前产业结构和产品需求与生态资源开发利用的矛盾还很突出，依然存在着许多结构性的生态破坏问题。与城乡社会经济二元结构相对应，生态环境管理政策设计的二元化致使污染防治投资绝大部分投放在城市，农村环保设施非常少且利用率不高，这在一定程度上不利于生态环境保护工作的开展。

第二节　农业资源保护与环境修复对策

一、大气环境保护与治理

1. 大气污染对农业生产的危害

大气污染对农业资源环境的影响和危害是人们极为关注的问题。各种形式的大气污染达到一定程度时，直接影响农作物、果树、蔬菜、饲料作物、绿化作物的正常生长；畜禽因摄入过多的饲料后，则致病或死亡，导致农业生产的经济损失。大气污染物进入农业环境后，不仅直接影响农业生产，又间接危害植物、动物及微生物生长。

天津全市环境空气质量近年来虽然持续改善，但形势不容乐观。相对于市区大气污染物排放的集中性而言，天津农业环境中的大气污染主要是指农田大气污染，即向农田大气排放的各种污染物的数量超过了大气稀释和净化的能力，使大气质量恶化，对农作物直接或间接造成不良影响，影响了农作物、果树、蔬菜、饲料作物的正常生长。能对农作物造成危害的大气污染物很多，其中以二氧化硫、氟化物、氯气、一氧化碳、氮肥氧化物和烟尘等危害较大。对农作物主要造成三种类型的危害：一是气体污染物通过作物叶片上的气孔进入作物内，破坏叶片内的叶绿体，影响作物的光合作用、受精过程等，以致影响生长发育降低产量和改变品质；二是颗粒状污染及含氯气体被作物吸附与吸收后，除影响作物生长外，还能残留在农产品中，造成农产品污染，影响食用；三是对作物产生一种不可见的危害（也叫无症状危害），这种危害主要是在作物接触浓度的污染物后引起的，虽然受害的作物外表不出现伤害症状，但其生理机能已受到影响，进而抑制作物生长，降低产量。

2. 天津农田大气污染的防治措施

（1）治理污染源，严格执行废气排放标准。天津太阳能、风能、地热能相对比较丰富，应研发推广地热、太阳能、风能等；改进燃烧装置和燃烧技术，开发新能源、无污染的清洁能源，大力改善燃料构成，缓解生活炉灶和采暖锅炉带来的大气污染；改革生产工艺，尽量使燃料充分燃烧；改善除尘设施，尽量减少污染物排放。

（2）控制工业废气排放，合理安排工业生产。工业污染是大气污染的一个重要来源，应严格控制工业污染物排放量。根据农作物对污染物的敏感程度合理安排工业生产。农作物在不同生育期，对污染物的敏感程度有所不同，一般在孕穗花期，最为敏感，最易受害。因此，要根据天津主要农作物受害的这一特点，合理安排工业生产。在农作物生长发育最为敏感期，必须采取限制排放时间及排放量等季节性或临时性措施，尽量减少污染物的排放，必要时甚至可以采取停产措施。

（3）加强绿化，种植吸收大气污染物的植物。大力实施"青埂绿渠"工程，推广高效河坡利用技术，做好堤防、河坡、埝沟渠的修复工作，逐步提高绿化覆盖率，减少大气悬浮物。在大气污染物排放较为严重的农田或厂区，选种抗污染的作物，广泛种植吸毒抗毒的花草树木，阻挡、滤除和吸附大气中的有害气体，以减轻污染危害。例如，柳树、玫瑰等植物吸收大气中的二氧化硫，常春藤、芦荟、君子兰、仙人掌等可以吸收一氧化碳，云杉、刺槐、杨树等对臭氧具有吸收作用。

（4）加强田间管理，合理施肥，提高作物抗污染能力。根据农田实际情况，为广大农民提供田间管理的技术服务，如间苗、压蔓、整枝、追肥、防霜等。此外，在作物上喷洒某些化学物质可以减轻污染危害的作用，如喷洒石灰乳液可减轻二氧化硫和氟化氢的危害。调整田块，使田块与主要道路间隔一定距离，并在路两边种植高大树木，使行驶车辆排放的尾气经过一道绿色屏障吸收后才能进入田间大气环境，减少农作物对有毒物质的吸收量。

（5）利用基地做强吸收大气污染物的种源培育工作。广泛开展和培育抗大气污染能力强的新品种，从本质上提高农业生态系统的稳定性。

（6）全面开展农田大气环境监测。根据天津10个农业区县的农田大气现状，开展农田大气环境检测，制定实施农田大气环境质量标准，尤其是对优质农产品生产基地附近的工厂进行长期监测。通过检测及时掌握污染动态，监督他们建立一个完善的、符合标准的排气系统，并采取相应措施减少污染危害。

二、土壤环境保护与治理

1．土壤的作用

土壤是能量的储存地，改善土壤环境是提高土地产出效益，确保农产品质量安全的重要措施，保护与治理决定了可持续生产农作物的能力。环境建设和农业可持续发展的关键，必须从提高和巩固土壤质量入手。为了提高土壤的水肥气热的综合能力，再利用土壤肥力时，既要考虑它的生产性和持续性，也要注重它的均衡性，并要合理耕作、轮作。努力探索，大胆实践混农林业、农区牧业，重视节水省肥，加强水土保持、养分平衡和化肥、农药、农膜等残渣的管理。今后生态环境建设与农业综合治理与合理开发要结合起来，以便充分吸取传统农业技术的精华。

由于天津市土壤成土母质中含盐高，淡水资源匮乏，造成土壤盐渍化严重。天津处于海河下游，河流泛滥冲积形成较多的沙化土地，主要分布在宝坻、武清等5个区县。距渤海愈近盐渍化土壤所占比例越大，愈远所占比例越小。滨海新区、宁河、津南、东丽、静海东部、武清东南、北辰东部地区，盐渍化土壤基本为连片分布，其他地区为点、片插花分布。据调查，全市盐渍化土地面积达到4303.85平方公里，约占全市国土面积的36%；沙化土地面积约257平方公里，约占全市国土面积的2.2%。

2．天津土壤防治措施

（1）开展土壤调查，预防为主，及早治理。根据国家统一部署，深入开展土壤污染现状调查，摸清土壤污染现状。在土壤污染状况调查的基础上，推动开展全市土壤高污染状况的周密调查。选择典型的土壤资源，根据土壤污染、土地利用方式的不同，进行分区域尤其是重点地区的加密调查。特别是对主要农业区县如宝坻、武清及污染较为严重的东丽等地区，加大耕地重金属污染的检测调查，对主要耕地则进行小比例的加密调查。摸清农田土壤、工业周边、污灌区和城市郊区等重点区域耕地土壤重金属污染底数，更加明确地界定土壤污染物种类、污染程度及范围、污染途径等。尽早预防，避免走先污染、后治理的老路。

（2）进行区域土壤安全等级划分，有序开展治理与修复。根据土壤污染程度、污染类型，对不同功能的土地划分土壤安全等级，针对典型作物和污染物，制定污染场地土壤环境监督管理办法，逐步开展土壤污染修复示范工程建设。开展土壤污染的物理修复、化学修复、生物修复等综合修复技术示范，引进或集成先进的土壤修复实用技术体系，形成若干解决不同区域农村土壤环境问题的土壤技术，推动土壤质量的逐步改善，保障农产品质量和人体健康。严格青龙湾、港北等固沙林地的管护，结合三北防护林等林地、林网建设治理沙化土地，强化防风固沙，提高土地利用效率。建立土壤污染事故预防和应急体系，一旦发现土壤污染突发事件，确保能否立即采取有效措施，做好被污染土壤的安全处置工作，减轻污染危害。

（3）防治农业面源污染，重点加强农用土壤环境保护。根据土壤的特性、气候状况和农作物的生长发育特点，实行配方施肥，增施有机肥，提高土壤有机质含量，提高土壤净化能力；强化对农药、化肥及其废弃包装物以及农膜使用的环境管理；禁止使用甲胺磷、对硫磷、甲基对硫磷、久效磷、磷胺五种高效农药，防止农膜对耕地的污染。控制工业"三废"排放，控制污染物的排放数量和排放浓度，使之符合排放标准；大力推广以农作物秸秆、畜禽粪便、农产品废弃物为资源的生态模式专项研究，在种植业、畜禽养殖业等行业以及重点区域的农业和农村进行节能减排技术试点示范，以减少或消除污染物的排放，积极预防和控制农业生产活动对土壤环境的污染。推进原料、生产过程和产品无污染的农业清洁生产，在全市范围内积极扩大试点农业清洁生产区，实施农业面源污染防治示范区建设。

（4）加快土壤环境保护法制体系建设，建立土壤污染责任终身追究制。目前，一些发达国家如美国、加拿大、英国、德国、日本等都制定和颁布了土壤环境保护的专门法规或法律，天津应借鉴这些国家的立法和管理经验，尽快起草制定土壤环境保护法，促进土壤环境保护立法工作进程，由此实现天津的土壤安全建设，为生态城市建设提供安全的环境保障。针对不同区域的土壤污染，当地政府主要领导应承担领导责任，通过完善相关的法律制度，落实土壤污染物的政府责任、企业责任和居民责任，明确土壤污染赔偿和土壤修复的责任，并制定具体措施。对于发生重大土壤污染的事件，应按照相关法律法规的规定，对其进行惩处，环保部门应对该区域所在的区县政府实行区域限批，暂停该区域所有建设项目的环评批审，使其为违法行为付出长期和巨大的代价，也从根本上保证受害人的赔偿，受到污染的环境能得到修复。

（5）建立土壤信息系统，加强土壤污染监测评价和风险评估管理。开发区域土壤污染档案和全市土壤质量数据库信息系统，动态发布土壤环境信息，有效整合部门资源，为推进完成土壤环境评价和防护的信息化工作提供各部门共享和利用的土壤调查数据。同时，应建立健全全市土壤污染监测网络，在全市城郊、污染相对严重的工矿区、污灌区及重点区域的土壤开展产地土壤定位监测，观察土壤污染的变化规律，建立土壤环境污染动态预警机制，及时准确掌握土壤污染状况和变化趋势，为确定区域污染物允许排放的种类、排放量和浓度提供科学依据。

（6）加大宣传教育，提升全民意识。天津广播、电视、网络覆盖率相对较高，应利用广播、电视、报刊、网络等多种形式，广泛开展土壤环境保护科普宣传活动，使人们清醒地认识到开发利用自然资源的过程中对生态环境造成的污染和破坏，进而把这种认识转变为自己的实际行动，以"保护土壤、人人有责"的态度，积极参加各项土壤环境保护活动，自觉培养土壤环境保护的道德风尚，并落实在生产生活中。

三、水域环境保护与治理

1. 水资源的作用

水资源是人们生产、生活和生态需要的重要资源，更是现代农业发展的根基之一。因水资源短缺和水环境污染的双重影响，水环境问题已经成为制约天津都市型现代农业发展的重要因素。天津可利用水资源较少，农业和生态农用无法保证。地表水开发利用率远高于40%的临界值，多年超采深层地下水，导致地面沉降，另外不仅总量不足，而且时空分布也极不均匀，更加剧了水资源的短缺局面，极大地限制了地区发展。根据当前天津市水资源保护现状及水资源生态环境存在的问题分析，天津水资源问题应解决好以下突出矛盾：一是水资源开发利用及水生态环境恶化的矛盾；二是水资源与人口、土地组合不平衡导致水资源相对紧缺的矛盾；三是水污染严重与污染防治相对滞后的矛盾。为控制天津生态环境导致水资源污染现状，消除水污染对农业生态环境所造成的危害，保障水资源对农业的持续、健康供给，必须采取综合有效的水资源治理与保护对策。

2. 天津水资源保护策略

（1）加快转变水资源开发利用方式。加快转变水资源开发利用方式，从以需定供转变为以供定需，从粗放开发转变为集约开发、高效利用。在水资源紧缺的农业区县，产业结构和生产力布局要与两个承载能力相适应，严格限制高耗水、高污染项目。在水污染问题突出的农业区县，要实行更加严格的污染总量限排标准，提高污染物排放标准，增加实施总量控制的污染物种类，在实现增产的同时较大幅度减少污染物排放总量。在生态脆弱的滨海新区，要实行保护优先、适度开发的方针，因地制宜发展特色产业，严禁不符合功能定位的开发活动。

（2）加强景观河道综合整治，加快南北排污河治理。推进海河流域水污染防治工作的实施，治理及沟通以海河为干流的中心城区景观河道，分步实施中心城市景观河道连通；开展永定新河、独流减河、南运河、大沽排污河、纪庄子排污河、北塘排污河等排污河治理工程，完成河道整治工程。

（3）突出饮用水水源保护，确保饮用水水质安全。加强"引滦入津"于桥库区水源涵养林和绿化带建设，建立污水、垃圾收集处理系统，控制库区网箱养鱼和餐饮业的发展，禁止在一级保护区内发展餐饮业、旅游业和其他可能污染水体的活动；加快"引黄济津"北大港水库饮水沿线清水廊道建设，削减引水干渠及水库内源污染，建立引黄沿线水源保护管理站。继续加大于桥水库、北大港水库、引滦、引江等水源地及沿线水质保护力度，强化水库区周围非典源污染的控制与管理。

（4）开发利用非常规水水源，充分利用海水资源。充分发挥滨海新区的沿海优势，利用海水改善滨海新区水环境，建设海水淡化厂及海水循环冷却装置，实现海水在电力、石化、冶金、轻纺等系统的应用；逐步建立海水冲厕示范小区。逐步提高海水循环冷却技术，进一步增加海水利用量，在滨海新区全面推广生活用海水技术，进一步扩大利用海水改善滨海新区水环境范围。

（5）推广节水技术，有效节约水资源。建设推广节水型居民示范区，加快节水用具的普及，推广节水型浇灌工艺、设备及器具，结合再生水回用，利用再生水冲厕、冲洗道路；在电力系统、化工系统和冶金系统建立节水示范工程，推广各种节水生产工艺，提高工业用水重复利用率；在稳定有效灌溉面积的基础上，继续加强节水工程建设力度，逐步提高喷微灌等先进节水灌溉技术的比重。力争8个农业区县尤其是环城四区及塘沽、汉沽等区节水灌溉面积达到有效灌溉面积的100%。

（6）加快污水处理厂建设，提高污水处理率。污水处理系统建设是解决城市污水问题的重要途径。升级改造原有污水处理厂，在中心城区以外，要继续新建、扩建污水处理厂，通过增加污水处理能力及加快再生水生产设施建设，提高污水处理量及可再生水的生产能力；加快配套管网建设，提高污水的收集能力。

（7）加大力度解决好水污染与污染防治之后的矛盾。防止污染源，解决好水污染与防治污染之后的矛盾。首先，根据污染源，特别是对工业废水，要积极督促污染治理。本着谁污染谁治理的原则，对新建项目要严格执行"三同时"制度，加强监督力度。对污染严重无治理措施的工厂企业，坚决实施关、停、迁、并。同时，积极开展污水综合利用，促进污水处理厂建立，经处理后符合农业灌溉用水标准的才能用于农业灌溉。

（8）注重水环境宏观管理，优化水生态功能。正确看待自然生态环境中的水资源与社会活动水利经济价值之间的关系，要着眼于未来，分析水资源和水环境的承载能力，摸清水资源家底。在客观分析天津市水资源数量和质量现状的基础上，根据天津市经济社会发展的要求，全面制定天津市水资源综合规划管理方案，如节约用水规划、水资源优化配置及实施方案等。建立健全流域规划与区域规划相结合、综合规划与专业规划相统一、水文规划与经济社会发展规划及其他规划相衔接，功能齐全、覆盖全面、层级配套、目标明确、操作性强的水利规划体系。通过将全市主要河流水库划分为水源区、工业用水区、农业用水区、渔业用水区和景观娱乐水区，为实行以污染物总量控制为标志的水环境管理即统一规划和保护水资源提供科学依据。

（9）逐步理顺水资源一体化管理体制。长期以来，水资源管理体制反映出不少弊端，供水不管用水、用水不管排水、排水不管治理污水，这种局面与水资源保护所面临的形式极不适应，也不科学。因此，必须在水资源管理体制上有所突破，水行政主管部门要逐步推进实施供水、用水、治水城乡水务一体化，建立排水、污水处理、水量与水质统一管理的政府机构。推动建立水污染防治上下游联动协作机制和引滦入津上下游横向生态补偿机制，共同做好流域、海域污染治理和水环境保护。加强上游来水水质监测，建立流域上下游横向生态保护补偿机制，积极推进京津冀水资源合理配置、高效利用和有效保护。

四、湿地保护与修复

1. 湿地的作用

湿地是环境保护的重要领域，具有多种生态功能。其一，具有维持生物多样性、调蓄洪水、降解污染物等生态效益；其二，具有提供丰富的动植物产品、水资源、能源和水运等经济效益；其三，具有补充地下水、保护堤岸、旅游休闲等社会效益。因此，湿地被称为"生命的摇篮""地球之肾"和"鸟类的乐园"。

据我国第二次实地调查资料，天津市共有各类湿地面积 2956 平方千米，占辖区面积的 5.56%，其中包括古海岸与湿地国家级七里海自然保护区、北大港湿地自然保护区、团泊鸟类自然保护区和大黄堡湿地自然保护区四个湿地自然保护区。天津湿地在提供资源、防旱涝、保护野生动植物、净化水体及提供休闲旅游场所等方面发挥了巨大的作用。根据《全国湿地资源调查与检测技术规程》所确定的湿地分类标准，天津市的湿地主要有近海及海岸湿地、河流湿地、湖泊湿地、沼泽和沼泽化草甸湿地（分布相对较少）四种类型。天津具有如此丰富的湿地资源，应根据不同级别做好不同层次的保护工作，为城市可持续发展和生态城市建设创造有利条件。

2. 天津湿地修复措施

（1）加强对湿地自然保护区及重要湿地生态功能区的保护管理。自然保护区对保护典型湿地生态系统、主要河流入海口和越冬栖息地发挥了重要作用。自然保护区建设是保护湿地的重要途径之一。首先，必须重点保护好现有的大黄堡湿地自然保护区、北大港湿地自然保护区、团泊鸟类自然保护区；其次，对现有湿地区域布局进行详查和评估，在新建立的湿地保护区的基础上通过增设国家级或市级湿地自然保护区、中小型水库及沿海滩涂自然保护区等增加全市自然保护区的面积。

（2）强化对关键生态区的保护与修复。重点加强对大黄堡—七里海－黄港湿地生态系统和团泊－北大港水库南北两大湿地生态系统以及滨海度假海岸湿地生态保护区的保护；加强驴驹河潮间带、汉沽浅海生态系统、大港滨海湿地和北塘河口海洋特别保护区建设，建设滨海新区（大港、汉沽）生态示范区，加快经济技术开发区生态工业园建设，完成生态养殖区和河口生态系统重建示范工程；强化陆源排海口和海上污染源控制。对那些生态地位重要或受到严重破坏的天然湿地，要尽快地制定保护区域，实行严格有效的保护。

（3）对退化湿地进行生态修复。加强湿地环境治理和生态修复，对一些生态恶化、湿地面积和生态功能丧失的重要湿地，或目前正在受到破坏需采取措施抢救性保护的湿地，要针对具体情况，有选择性地开展湿地恢复项目。重点研究湿地生态系统修复与重建技术，开发滨海湿地生态系统评估与修复关键技术。同时，坚持实施建设国家湿地公园战略，根据天津城市总体发展战略，以湿地保护区为核心，建设国家级湿地公园，对湿地进行抢救性保护和恢复湿地生态功能。尤其是在滨海新区，力争构筑以海、河、湿地为基础的生态化的城市空间，把城市功能向海适度延伸，最终将天津建设成湿地、海岸环城的生态宜居城市。

（4）推进海洋湿地整治与修复。实施海岸线综合整治工程，通过退养还滩等手段修复好大神堂、马棚口等区域的湿地系统，加大受损海域湿地修复治理力度，推进滨海景观建设。在临港、中新生态城等构筑人工沙滩、人工湿地和生态堤岸，形成保护湿地的典范。

（5）加大政府对湿地保护和建设的投入力度。湿地保护与建设属于社会公益事业，政府应在政策、资金、科学治理等方面大力支持，起到主导和示范作用。首先，在资金投入上尽快建立国家、地方和社会各界共同参与的多层次、多渠道湿地保护投入机制，加大对自然保护区的财政扶持力度。把重点湿地作为本市投入及项目合作的优先地区。其次，通过开展系统的调查研究，加强湿地的科学研究工作，加强湿地资源监测能力和检测综合信息平台建设，掌握湿地的动态变化，研究湿地恢复与重建的方式和技术手段，并在此基础上，做好湿地保护建设规划的编制工作，突出湿地生态城市的理念，把湿地保护与建设纳入天津经济社会发展计划和城市建设总体规划。从维护可持续发展的长远利益出发，坚决制止随意侵占和破坏湿地的行为。最后，市各级政府加强对湿地保护与建设工作，积极推行领导干部抓湿地保护与建设示范点的办法，及时研究解决湿地保护与建设工作。

五、森林生态体系建设

1．森林的作用

森林是指以树木和其他木本植物为主体的植物群落，既是一种重要的环境因素，又是一种重要的自然资源。森林在环境中起着重要的生态效能，在维护人类赖以生存的自然环境功能方面起着无法取代的作用。因此，林业生产是一项重要的公益事业和基础产业，担负着改善生态环境和为人民生活提供各种林产品等多重任务。作为生态环境建设的主体，林业是治理、改善生态环境最经济有效的手段和措施，林业建设直接关系到城市生态环境的建设，并起着不可替代的作用。天津森林资源总量偏少，森林覆盖率较低，且森林资源分布不均。据我国第八次全国森林资源清查（2009—2013）资料，天津森林覆盖率为11.16%，随着天津城市地位的提升，森林生态体系建设相对欠缺的现状不能满足市民对改善生态环境的强烈需求。

2．天津森林资源保护对策

（1）加强现有森林保护，坚持合理采伐，及时更新造林。加强对蓟州山区现有森林保护和工程区管护，实施水源涵养林建设，建立稳定的护林队伍，重点保护蓟州山区及于桥水库周边地区的森林生态系统功能；加强森林防火防御体系和林业病虫害预防体系建设；对低效林和灌木林进行健康和近自然经营，并补植改造；优化林木种苗建设，重点培育适合天津自然条件的抗性强、耐盐碱树种。通过对现有林地的科学管护，保持森林覆盖率。

（2）人工商品林要按照合理经营、持续利用的原则由经营者依法编制和实施森林经营方案。林业行政主管部门按照森林经营方案确定的合理年采伐量，安排采伐限额。对采伐林木的单位和个人，必须按照林木采伐许可证规定的面积、株数、期限完成更新任务，并做到每年的采伐量不超过生长量，当年采伐，当年更新。更新任务完成后，区县林业行政主管部门应当及时组织有关人员，按照标准进行严格的检查验收。

（3）加强植树造林和绿化，提高森林覆盖率。植树造林和绿化是增加森林面积，提高森林覆盖率的主要途径，也是保护森林资源的主要措施之一。以公路、铁路、河流为骨架，开展绿色通道建设，实施高速公路、河流两侧、农田林网、城市周边及村镇造林绿化建设工程。依据天津城市总体规划布局，以公路、铁路、河流为骨架，实施绿色通道建设。在高速公路、铁路、国道、省道、区县级道路、乡村公路、河流两侧实施造林绿化，内侧实施景观设计，因地制宜营造成片林地，增加森林面积，强化道路、河流景观绿化建设，形成较宽的生态林带。结合各区域自然地理条件及功能区划，在平原农区实施农田林网和速生丰产用材林、经济林建设，在北部山区加快水源涵养林和水土保持林建设，在西北部继续完成防风固沙林建设工程，在东部建设海岸防护林体系工程，在各类风景区、小城镇及村庄等实施片林建设。在全市形成道路林网、水系林网、农田林网"三网"，外环线绿化带、海河沿岸风景林带、西北边界防风阻沙林带"三带"，北部山区水源涵养区、西北部沙化土地固沙林区、近郊生态休闲林区、沿海防护林体系建设区"四区"，各类成片林地、村镇绿化、单位绿化"多片"的林业总体格局。

（4）加强实施森林保护制度，积极培育后备森林资源。开发宜林荒地，扩大森林面积。积极抚育中幼林，改造低产林，缩短林木生长周期，提高林分质量，加强林区建设。首先，发展产权交易，实现森林生态效益补偿费用。只要林木切实成活，不管林木蓄积量大小和生态功能是否充分发挥，都可在禁止乱砍滥伐的前提下进行产权交易，即通过卖青苗变现林业的长期受益。其次，建立林业基金，给予资金和信贷支持。政府和金融部门可以考虑以林业产权作抵押，并充分考虑林业的增值潜力，增大对林业的资金投入和贷款支持，盘活林木资产，增强发展后劲。再次，深化林权改革，倡导群众护林制度。在尊重农民意愿的情况下，切实保障农民的知情权、决策权、参与权、监督权，确保农民对林地的自主经营权，以充分调动各方面发展林业的积极性。最后，加强森林资源管理的宏观调控。防范森林火灾及病虫害，实施林业目标责任制管理，并分解到有关部门及乡镇（街道），每年签署保护和发展森林资源目标责任书。

参考文献

[1] 崔凯，张蕾. 基于适度规模视角的天津农业规模效益、影响因素与发展[J]. 天津农业科学，2016（3）：40—47.

[2] 秦静，周立群，贾凤伶．京津冀协同发展下生态保护与经济发展的困境——基于天津生态红线的思考[J]．理论与现代化，2015（5）：25—30．

[3] 秦静，周立群．天津农村环境污染现状及防治对策[J]．城市，2017（1）：69—72．

[4] 梁流涛，王岩松，刘桂英．农村发展中的环境问题及其形成机制研究——以山东省王景河村为例[J]．地域研究与开发，2011（6）：89—93．

[5] 戴燕宁．大气污染对农作物的影响[J]．辽宁科技学院学报，2011（1）：15—17．

[6] 吉莉，李强，司云燕，马君，汪志辉，陈湘，冉静．重庆北碚大气污染物的变化特征及其与气象要素的相关性[J]．中国农学通报，2017（18）：88—93．

[7] 王兰云，尹树红，翟洪凯，姜红霞．大气污染对农业生产的危害及防治[J]．吉林农业，2008（11）：9．

[8] 季建文，殷文，孙利华，徐霞，马晓燕．农业生态环境建设的调查与研究[J]．安徽农业科学，2004（4）：760—761．

[9] 天津市人民政府．关于印发《2008—2010年天津生态市建设行动计划》的通知[EB/OL].https://www.lawxp.com/statute/s660961.html，2008-11-26.

[10] 史延通．我国土壤环境保护现状及对策[J]．现代农业科技，2012（12）．

[11] 杨开菊，李世华．云南省水资源现状分析与水环境保护建议[J]．人民珠江，2008（4）：1—2．

[12] 邓淑珍，陶丽琴，李建章．科学应对气候变化为经济社会发展提供水安全保障——访水利部部长陈雷[J]．中国水利，2008（2）：1—5．

[13] 韩瑞光．对打造"湿润海河、清洁海河"维系海河流域河流健康的哲学思考[J]．海河水利，2007（4）：10—13．

[14] 曹喆，张震．天津生态市建设环境保护指标可达性分析[J]．天津科技，2006（3）：58—59．

[15] 秦静，贾凤伶．天津低碳农业发展路径与对策研究[J]．天津农业科学，2013（1）：55—58．

[16] 孙奎利．天津市绿道系统规划研究[D]．天津大学，2012．

农业可持续发展篇

第三章 农业可持续发展理论探讨与实践经验

第一节 农业可持续发展的背景和意义

一、农业可持续发展问题的严峻性

1. 人口资源环境压力不断加大

21 世纪的人类面临着十分难得的机遇，更面临着前所未有的挑战。农业是国民经济和社会发展的基础产业，随着经济的快速发展和人口的持续增加，生态环境问题日益突出，农业资源与环境承受的压力也越来越大；而当代持续农业的兴起，为世界各国根据本国国情，选择自己的农业发展道路提供了机遇和现实选择。在转变经济增长方式的主基调之下，用可持续发展理念发展农业已成世界各国农业发展的趋势。走农业可持续发展之路能够减少资源消耗，尽可能少地产生环境污染，最大程度地保障产品安全。我们必须与世界农业发展接轨，用符合经济、社会和环境发展实际的可持续发展观提升我国农业的发展优势，实现农业发展目标由数量与质量并重转向数量、质量与生态并重。可以说，走农业资源可持续利用道路是落实可持续发展战略、加强农业环境建设的现实选择。

2. 国家宏观政策调控力度加强

近年来，我国现代农业建设取得了巨大成就，但是也付出了资源和环境代价，农业资源长期透支，过度开发，农业面源污染加重，农业生态环境亮起了"红灯"。化肥、农药等投入品过量使用，农作物秸秆资源化利用率、农膜回收率、畜禽粪污处理和资源化利用率偏低，海洋渔业资源持续衰退等问题伴随而来，成为当前农业资源环境面临的突出问题。农业发展与资源环境的矛盾日趋尖锐，农民对环境污染问题反映强烈。推进农业现代化，必须更加注重合理利用资源、保护生态环境，补齐资源环境短板，根据区域农业资源环境承载能力，强调提升农业综合生产能力，注重农业生产与资源节约、环境友好、生态保育的协调发展。为保护生态环境，中央政府制定和出台了一系列相关政策。尤其是"十八大"以来，国家把生态文明建设摆在总体布局的高度，并提出"创新、协调、绿色、开放、共享"五大发展理念，强调坚持节约资源和保护环境的基本国策，坚持节约优先、保护优先、自然恢复为主的方针，推动利用方式根本转变，形成节约资源和保护环境的空间格局、产业结构、生产方式、生活方式，从源头上扭转生态环境恶化趋势，为农业可持续发展提供了方向。

当前提出的绿色农业发展也是基于农业可持续发展层面的具体体现，主要目标在于促进农业资源环境保护和可持续发展。《全国农业现代化规划（2016—2020 年）》指出，要大力发展资源节约型、环境友好型、生态保育型农业，推动农业提质增效、绿色发展。2016 年 8 月，农业部、国家发改委、科技部、财政部等八部委联合印发《国家农业可持续发展试验示范区建设方案》，成为推动农业绿色发展的重要平台。《京津冀现代农业协同发展规划（2016—2020 年）》指出，要促进农业绿色化发展，加强资源保育，净化产地环境，全面改善区域农业生态，构建区域生态屏障。农业部启动了农业绿色发展"五大行动"，目前正在有序推进。中共中央办公厅、国务院办公厅印发了《关于创新体制机制推进农业绿色发展的意见》（中办发〔2017〕56 号），专门部署了关于农业绿色发展的重点任务。这些宏观政策导向为我国积极探索资源环境建设之路指明了方向，为推进农业可持续发展的历史性转变提供了制度保障。

二、农业可持续发展对天津的重要性

农业可持续发展作为一种全新的农业发展观和实施可持续发展战略的重要组成部分，正在引起社会越来越广泛的关注。21 世纪，农业和农村经济的发展面临着新的挑战，突出表现为人口、资源、环境三大问题。这些问题与经济发展的矛盾能否得到妥善解决，不仅直接关系到天津农业和农村本身的发展，而且对全市经济社会发展都会产生巨大的影响。面对资源约束趋紧、环境污染严重、生态系统退化的严峻形势，天津农业发展必须树立尊重自然、顺应自然、保护自然的生态文明理念，走可持续发展道路。

1. 农业可持续发展是生态文明引领美丽天津建设的重要支撑

党的"十八大"报告将生态文明建设纳入中国特色社会主义事业"五位一体"总体布局，改变生产生活方式、逐步改善生态环境、建设生态文明已成为实现科学发展、建设美丽中国的当务之急。习近平在"十九大"报告中指出：

"人与自然是生命共同体，人类必须尊重自然、顺应自然、保护自然。"他从哲学思维看待当代中国的生态文明建设问题，聚焦生态文明建设中思想认识与行为实践相统一的辩证关系，剖析了人和自然、经济和社会之间的对立统一关系，重点解析了人与自然存在、经济社会发展之间的矛盾因素，从辩证唯物主义和历史唯物主义的科学方法论出发提出了生态文明建设的认识论命题。农业可持续发展对于生态文明建设起着至关重要的作用，是发展绿色产业、创造绿色环境、实现绿色发展、建设美丽天津的重要支撑。推动天津农业可持续发展有利于积极推进美丽乡村建设，加快发展绿色、优质、安全的现代都市型农业，高标准建设设施农业、生态农业、观光农业，完善社会化服务和产业化经营体系，提高农业科技水平、产出效益和农民收入的部署要求。

2. 农业可持续发展是天津现代都市型农业建设的必由之路

农业可持续发展是将生态环境保护与现代都市型农业有效结合，在资源、环境、产业、基础设施、公共服务等重点领域能适应市场多层次、多样化的需求，缓解农业资源过度消耗，控制农业面源污染，改善城乡居民居住环境。世界农业发展的趋势表明：以绿色食品消费需求为导向，以提高农业市场竞争力为核心，深入推进生态农业技术创新、体制创新和结构调整，走农业可持续发展的路子，是农业和农村经济结构战略性调整的重要措施，也是改善和提高人民群众生活质量的需要。因此，农业可持续发展为天津现代都市型农业建设指明了正确方向和产业路径。

3. 农业可持续发展是实现城乡和谐发展的有效选择

农业可持续发展是整个社会和国民经济可持续发展的最重要组成部分，具有重要的地位和意义。特别是随着城市化进程的快速推进，天津农业发展的内外部环境都已发生改变，发展空间进一步被压缩，农业发展方向亟须向可持续方向转型。实现农业可持续发展不单纯是追求数量上的增加，而是要实现农民日益富裕、农业社会全面进步，使城乡的资源环境、人口、经济和社会相互协调，共同发展。农业可持续发展能够进一步促进天津城市化地区的农村、农业和农民加快转型发展，不断改善农村周边环境和发展定位，逐步实现生产功能多元化、区域布局园区化、生态景观园林化和生产经营产业化等，提高农业综合效益，发挥集农业生产、景观与生态保护、观光休闲、农耕体验与生态教育等于一体的多元功能。同时，将不断提高农民的收入水平，以此来缩小城乡差距，加强城乡交流互动，有效推进城乡和谐发展。

第二节　可持续发展的理论基础

一、资源系统观理论

1．系统论

（1）概念。系统是具有特定功能的，相互间具有有机联系的许多要素所构成的一个整体。任何事物都是以系统而存在的，所以必须考虑组成系统的各要素之间的相互关系，考虑每个要素的变化对其他要素和整个系统的影响，这种从全局或整体考虑问题的方式称之为系统观。

（2）特征。一般系统都具有下述特性：①集合性，系统是由两个或两个以上的可以互相区别的要素组成的；②相关性，组成系统的要素是相互联系、相互作用的；③整体性，有独立功能的系统要素以及要素间的相互关系是根据逻辑统一性的要求，协调存在于系统之中；④目的性，系统都具有一定的功能，为了实现系统目的，系统具有控制、调节和管理的功能；⑤环境适应性，任何一个系统必然要与外界环境产生物质、能量和信息交换，系统必须适应外部环境的变化，不能适应外部环境变化的系统是没有生命力的。

2．资源系统论

资源系统论有四个含义：①从各种资源联系、组合关系来评价资源。一种产业的生产往往同时需要多种资源，如农业生产需要土地、水、气候等多种资源匹配。如果发展某产业所需资源在区域内匹配得好，该区域就具有发展该产业的优越条件。②从整个资源系统角度全面评价资源。随着现代资源开发利用技术水平的提高，不仅要看到陆地资源，还要看到海洋资源，不仅要利用近海资源，还要利用远海、深海资源。③资源系统是整个人地系统的一个子系统，必须从人地系统整体协调角度，统一考虑资源与人口、环境、发展等子系统的关系。④具体到农业领域，农业资源持续利用系统是人与自然、环境交互作用的集中表现，在此系统中，每一个因素都是该系统的一个子系统，其变化经过系统耦合作用，或者加大系统变化，或者减小系统变化，或者系统发生微小扰动。

二、可持续发展理论

1. 可持续发展理念

（1）起源。早在春秋战国时期，我国著名的思想家孔子就主张，"钓而不钢，戈不射宿"，意指只用一个钩而不用多个钩的鱼杆钓鱼，只射空中飞鸟，而不射巢中宿鸟；孟子也曾批评过"涸泽而渔"的做法。这说明，古人从当时社会实践中已经悟出自然资源需要休养生息方能永续利用之理。西方著名经济学家马尔萨斯、李嘉图、米勒等也较早地认识到人类的经济活动存在着生态边界。20世纪60—70年代后，随着"公害"的显现与加剧以及"能源危机"的冲击，在全球范围内开始了关于"增长极限"的争论。伴随着人们对公平作为社会发展目标认识的加深，以及臭氧层被破坏、全球变暖和生物多样性消失等一些全球性环境问题逐步被确认，当代可持续发展的思想于20世纪80年代逐步形成。

（2）概念。可持续发展有多种定义，其中有代表性的定义如表3-1所示。

表 3-1 可持续发展定义

年份	来源	内容
1987	世界环境和发展委员会报告：《我们共同的未来》	既要满足当代人的需求，又不对后代人满足其需求的能力构成危害的发展
1991	世界自然与自然资源保护同盟：《保护地球——可持续性生存战略》	在生存不超出维持生态系统涵容能力的情况下，改善人类的生活质量
1992	美国世界资源研究所：《世界资源报告》	建立极少产生废料和污染物的工艺与技术系统
1992	世界银行：《世界发展报告》	建立在成本效益比较和审慎的经济分析基础上的发展政策和环境政策，加强环境保护，从而导致福利增加
1992	联合国环境与发展大会：《里约环境与发展宣言》	人类应享有以与自然和谐的方式过健康而富有成果的生活的权利，并公平地满足今世后代在发展与环境方面的需求，求取发展的权利必须实现
1993	经济学家皮尔斯和沃福德：《世界无末日》	当发展能够保证当代人的福利增加时，也不应该使后代人的福利减少

2. 持续农业

（1）起源。第二次世界大战以后，全球农业都面临着资源短缺和环境恶化的问题。发达国家化肥、农药、除草剂、农膜等现代科学技术大规模应用，使农业生产力和农产品商品化程度大幅提高，但因工业性能源投入不断增长，也产生了一些副作用，如环境污染、土壤肥力下降；农业生产成本提高，国家用于农业的补贴提高，财政负担过重；农产品过剩，农产品质量下降；水土流失严重，资源损失巨大。发展中国家则因人口过快增长和贫困加剧，掠夺式粗放经营、大规模砍伐森林、过度开采地下水等引起了土地荒漠化、水土流失、草场退化、资源枯竭等问题，农业生态环境恶化。

农业这种状况迫使各个国家寻找新出路。20世纪70年代后，西方发达国家先后出现了有机农业、生态农业等替代农业思潮。因替代农业只强调资源和环境，反对使用化肥、农药等，导致生产率低，产品价格高，在生产实践中行不通。在此背景下，1981年世界银行最早提出持续农业，直到1986年才逐渐被公认，而最早把持续农业思想应用于农业的是美国。我国于1994年通过的《中国21世纪议程》中提出中国农业和农村发展必须走可持续发展道路，如图3-1所示。

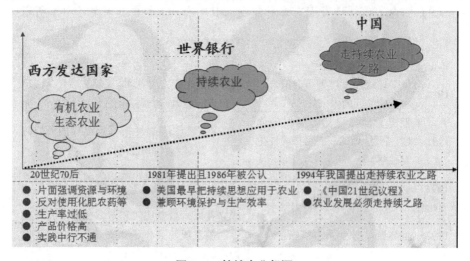

图3-1　持续农业起源

（2）概念。持续农业主要包括三大要素，即尊重生态学和系统学原理、承认现代农业科学知识同传统农业精华相结合的必要、改变人与自然共存关系。它具有以下四个特征（参见图3-2）：①持续性，即持续农业在其运行过程中资源利用率必须等于资源更新率或耗掉的资源与再生资源达到平衡；②公平性，即对资源平等使用和生产成果分享或分配；③适宜性，即持续农业选用技术一定要适宜于资源永续利用；④高效性，即提高经济效益，高效率利用资源，增强资源投入产出意识，控制生产成本，使资源投入得到最大收益。

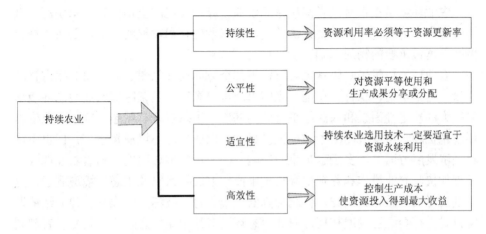

图 3-2 持续农业的特征

三、农业可持续发展的相关概念

1. 农业资源

农业资源是指农业在自然再生产和经济再生产过程中涉及的农业自然资源、农业社会资源、农业环境资源的总称。农业自然资源是指一切可以用来为农业生产服务的自然资源和农业生产劳动对象；农业社会资源是指劳动力、资金和设备、科学技术、信息及管理资源等方面；农业环境资源是指由农业自然资源和社会资源构成的具有特殊作用的资源集合体，其组成要素如图 3-3 所示。

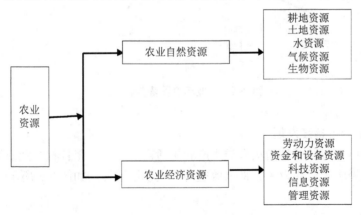

图 3-3 农业资源分类

2. 农业环境

农业环境是指直接或者间接影响农业生存和发展的土地资源、水资源、气候资源和生物资源等各种要素的总称，是农业生存和发展的前提，是人类社会生产发展最重要的物质基础。

农业环境质量影响因素主要有以下几个方面（参见图3-4）。（1）生态资源总量，包括耕地、森林、草地、光照以及水资源等，是某区域农业生态环境承载能力的决定性因素和农业经济活动的基础。生态资源总量越丰富，农业生态环境越优越，可承载的污染破坏强度越大，农业生态环境质量越高，但也不排除经济发展方面的诸多因素带来的影响。（2）污染破坏程度，随着农业现代化进程加快，农业耕作和养殖中高科技手段和方法导致农业生态环境遭到了一定程度的污染和破坏。例如，化肥会降低土壤肥力，破坏土壤成分。（3）经济发展方式，社会经济发展初期，农业生态环境多处于原生态阶段，几乎没有遭到污染和破坏。然而，随着社会经济深入发展，人类经济活动不断向生态环境靠近，尤其是工业发展给农业生态环境也带来了巨大压力。（4）环境保护投入，主要是指在应对农业生态环境问题上，有关部门所作出的努力。一方面体现在环境污染治理资金投入上，另一方面体现在保护重点内容，如水土流失治理、自然保护区建设、森林病虫鼠害防治、林业建设等。

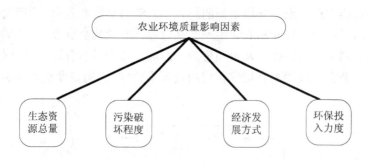

图 3-4　农业环境质量影响因素

3. 农业可持续发展

农业可持续发展是指从人类生产和生活需求出发，将各种农业资源运用于人类社会经济生活并为人类带来效益的开发使用过程，如图 3-5 所示。

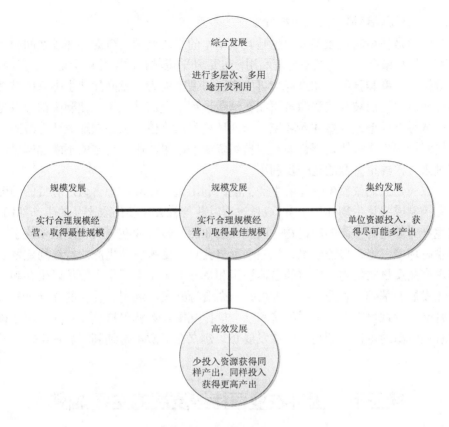

图 3-5 农业可持续发展

　　农业可持续发展是指在可持续发展理论指导下进行的农业资源利用活动。其特征主要表现为"综合发展、规模发展、集约发展、高效发展"。（1）综合发展是指利用科学方法对农业资源构成要素进行多层次、多用途开发利用，目的是充分合理利用资源，增加社会财富，提高资源利用效率，保护资源环境；（2）规模发展是指在一定技术条件下，实行合理规模经营，以取得最佳规模效益，其目的是降低单位成本，提高资源利用效率和经济效益；（3）集约发展是指单位资源投入较多的劳动力、资金、技术和其他要素以获取尽可能多的产出和经济效益的资源利用方式，是以生产要素高投入换取生产力提高和经济效益提高，从而提高农业资源利用率；（4）高效发展是指在同等条件下，少投入资源获得同样产出，或同样投入资源获得更高产出，其目的是使农业资源经济效益、生态效益和社会效益相统一。

4．资源、环境与农业可持续发展的关系

资源是环境的组成部分，也是其最基本的组成要素。资源与环境之间相互依赖、相互依存。对资源不合理利用，过量开采森林，过度使用土地、水资源，在规模、速度和强度上超过环境再生增殖与调节能力，就必然使生态系统遭受破坏而退化；而被开发资源若不能在消费过程中全部被利用，使剩余部分以与原来状态不同形式大量注入环境，降低环境使用价值，又必然造成环境污染。环境污染和生态破坏是不合理利用自然资源的结果，所呈现出的不断加剧趋势反过来必将约束资源的进一步利用。

农业是人们依靠生物体的生活机能，利用太阳能和地力，通过有目的的劳动去控制或强化生物体的生育、成长过程以获得社会需要的农产品的生产部门。其生产对象是有生命的动植物，因此，农业比其他行业在更大程度上依赖于自然生态环境，光、日照、水、气等状况将会直接影响农业生产的持续稳定发展和农产品质量的优劣，丰富的自然资源和良好的生态条件是农业赖以生存和可持续发展的基础。农业可持续发展是一个资源开发、利用、转化的复杂过程，它既受自然规律支配，也受经济和社会规律支配。农业可持续发展的实质应该是农业资源的可持续利用，农业发展必须建立在资源可持续利用的基础之上。

第三节　国外农业可持续发展的主要案例

一、美国

美国是较早开展农业环境保护立法工作的国家之一，强调依法对农业生态环境进行保护。自 20 世纪 30 年代起，美国陆续颁布了一系列法律，如《土地侵蚀法》《自然资源保护法》《清洁水法》等，旨在防治土壤污染与侵蚀、水土流失，保护农业生态环境。各洲、县还根据自己的实际情况，通过立法，完善联邦法律法规。美国在农业生态环境保护方面已经建立起完整的法律法规体系。

20 世纪 80 年代初，美国提出了可持续农业模式，该模式由作物轮作、农牧混合和水土保持耕作等技术支撑，强调农业的经济效益。在资源开发和利用上，可持续发展模式注重农业生产环境的改善和农田生物多样性的保护，适度使用环境友好的"绿色"农用化学品，提倡农业清洁生产，实现环境污染最小化；同时，利用高新技术优化农业系统结构，按照"资源—农产品—农业废弃物—再生资源"反馈式流程组织农业生产，实现资源利用最大化。

二、日本

日本从 20 世纪 70 年代起开始重视农业环境问题，提倡发展循环型农业，并成立全国有机农业研究会。进入 20 世纪 90 年代，日本开始建立和推进环境保全型农业，专门设置环境保全型农业对策室，通过立法形式确保农业环保政策的推进，制定和颁布了《食物、农业、农村基本法》《持续农业法》《有机农业法》等。日本各级农业协会负责农业生态环境保护的组织和实施工作，具体包括组织农业生产、经营管理荒地、加工农业产品、提供生产服务、诊断土壤问题、销售有机肥料、开辟绿色观光、宣传农业环保等。

作为世界发展循环经济的先驱之一，日本通过农业循环经济实现了资源高效利用和农业可持续发展。在完备的循环农业法律体系基础上，日本于2000 年开始探索生物资源综合开发和循环利用，部分地区形成以蔬菜生产和综合利用为核心内容的农业循环经济发展模式，兼具发展关联产业、实现环境保护、加强资源循环利用、发展旅游产业、弘扬传统文化等多项功能，并通过典型农户的示范、窗口和辐射作用，引导促进农业循环经济持续健康快速的发展。

三、德国

德国非常重视农业环境保护，有一套较完善的法律法规，如《自然资源保护法》《土地资源保护法》《水资源管理条例》《肥料使用法》和《垃圾处理法》等，对于违反法律的行为规定有具体的惩罚措施，在源头上制止了环境污染的发生。德国不仅重视农业环境立法，而且通过补贴的方式对有利于环境保护的农业生产行为予以鼓励，降低生产对环境的不良影响。农业环保补贴措施对耕地质量的保护、保持粮食综合生产能力发挥了重要的作用。

为维持农业生态系统的良性循环，走可持续发展的道路，德国自 20 世纪60 年代起开始发展有机农业，并于 1991 年和 1994 年颁布了种植业和养殖业的生态农业管理规定，采取农地休耕、减少化肥和农药施用量、循环利用农作物秸秆等措施，实现农业清洁生产，控制源头污染，保护农业生态环境。2001 年德国推出"绿色生态"农业计划，并于 2002 年颁布了《生态农业法》，宣布严格控制污泥肥料的使用，除极个别情况外，将全面停止使用污泥作为肥料，以减轻有害物质对土地的破坏。通过发展生态农业维持农业系统良性循环，德国的许多现代化农场已经形成生态良性循环经营方式，实现了农业资源的可持续利用。

四、以色列

以色列在建国初期就陆续制定了有关森林、土地、水、水井、水计量、河溪、规划与建筑等方面的法律法规，如《水法》《水井控制法》《量水法》等，把水和土地作为最重要的资源严格计划使用。在农业发展中也始终注重保持生态平衡，维护生物链的自然连接，有计划地开发沙漠、坡地和沼泽以改善自然环境，在改善沙漠地区农业生产条件的同时，实现农业发展与环境保护统筹协调。

坚持走科学研究与生产实践紧密结合的道路，发展技术密集型的高科技农业，是以色列农业发展质量和效益提升的关键。为节约和发掘水资源，该国研发了世界领先的节水滴灌技术并实现普及，采用计算机控制的水肥一体喷灌、滴灌和微喷灌、微滴灌系统，严格按照作物生长的需求进行节水灌溉，在污水回收利用和海水淡化等方面也取得巨大成就，水资源的利用率高达95%。为有效保护耕地，以色列政府制定了可持续发展的战略规划，规定农业用地不能出售，只能租赁；政府还规定，包括兴建住宅在内的所有跟土地有关的开发计划都要经国家土地管理局审批，从而避免了城市的盲目扩张和滥用耕地。

从以上几个国家的发展经验来看，发展生产与保护环境并重，是发达国家农业发展的基本原则。美国、日本以及欧洲各国的农业生态环境保护工作不但起步较早，而且都能从本国国情出发，选择与本国环境和资源特点紧密相联的生产模式，如有机农业、生态农业、循环农业等，虽然内涵有所区别，但都是以保护生态环境和提高资源利用水平为共同目的，以较高的科技水平、发达的产业体系、高素质的劳动力和强力的政策扶持等为依托，其经验和做法有很多相似之处，为天津开展农业生态环境保护工作，实现农业资源可持续利用提供了宝贵的经验。

五、我国农业可持续发展的典型模式

相对于发达国家，我国对于农业生态环境保护的工作起步较晚，相关法律也有待完善。遵循农业现代化发展的阶段和趋势，结合我国地少水缺的资源环境特点，必须协调兼顾农业发展与生态环境保护，走农业生态资源永续利用的可持续发展道路。从各地农业实际来看，我国已经形成了一些典型的模式，在做到保护农业生态环境的同时，有效地提高了资源利用率，例如以北京、上海、

天津等大都市郊区为代表的都市农业模式，以长江流域、珠江流域广大农村为代表的生态农业模式，以粮食主产区和优势农产品产区部分生产基地为代表的有机农业模式，等等。对这些模式的主要特点和做法进行总结分析，并与发达国家的建设经验进行比较，能够更好地指导各地农业生态环境保护与资源可持续利用的实践工作，如表 3-2 所示。

表 3-2　我国农业可持续主要模式比较

主要模式	都市农业模式	生态农业模式	有机农业模式
代表地区	北京、上海、重庆等大都市地区的城郊	河流、山地、丘陵等地貌多样化的地区，如江浙湖区、四川盆地、珠江流域等地的广大区县和农村	农产品优势区和粮食大省，如河南、河北、山东、四川等地的部分基地和农场
环境特征	地处都市城市化地区及其周边延伸或间隙地带，或者已经纳入城市建设发展战略和发展规划建设的农业	生物循环再生和土地更新能力较强，种植业复种指数较高，山丘荒地、河湖、滩地和滩涂等可供开发利用的后备资源丰富	生产基地建有长期的土地培肥、植物保护、作物轮作和畜禽养殖计划，经有机农业认证机构认证
模式内涵	紧密依托城市的科技、人才、资金、市场优势，进行集约化农业生产，提供名、特、优、新农副产品和良好的生态环境，并具有休闲娱乐、旅游观光、教育和创新功能的现代农业	在保护、改善农业生态环境的前提下，遵循生态学、生态经济学规律，运用现代科学技术成果和现代管理手段，以及传统农业的有效经验，能够获得较高经济、生态和社会效益的现代化高效农业	遵照有机农业生产标准，遵循自然规律和生态学原理，协调种植业和养殖业的平衡，采用一系列可持续发展的农业技术以维持持续稳定的农业生产体系的一种农业生产方式
功能作用	为城市提供绿色屏障，提供健康农产品，满足城市居民农业旅游消费需要，保持和继承农业和农村的文化与传统	调整农业结构和布局，合理开发利用与保护农业自然资源，提高农业生产综合效益，增强农业发展可持续能力	提供无污染、安全环保的农产品；减轻环境污染，恢复生态平衡；提高农产品市场竞争力和比较效益
表现形式	农业公园、观光农园、市民农园、休闲农场、教育农园、高科技农业园区、森林公园、民俗观光园、民宿农庄等	稻田立体种养、基塘结合、农林间作、立体种养、小流域治理、生态农庄等	庭院经济、家庭农场、一村一品、公司基地模式等

主要模式	都市农业模式	生态农业模式	有机农业模式
主要举措	（1）立法和政策保障，强化补贴力度，出台相关规划 （2）立足区域比较优势，加大技术创新和推广力度，推动都市农业产业化水平提升 （3）构建圈层式空间结构，通过合理的空间布局完善大都市现代农业体系	（1）完善生态农业发展社会服务体系 （2）开发节地、节水、节能、节材新技术，加强环境保护技术的开发与利用 （3）建立健全农产品质量安全标准体系、认证体系、执法体系和农产品市场信息体系	（1）推进有机农业宣传和推广，创造良好市场竞争环境 （2）企业获得有机认证，强化监督和产品检测工作 （3）主推"公司+农户+基地"为主的产业化组织形式，保障生产者收益

综合上述模式可以看到，促进资源可持续利用与保护生态环境相辅相成，考虑到资源条件和经济发展水平的差异，这些模式在注重生态环境保护，促进资源高效循环利用方面既有共性，又有各自的特色和侧重点。例如，北京、上海以雄厚的资金和先进科技为支撑，能够将农业发展与城市产业延伸紧密联系。主要河流、湖泊沿岸的一些乡村本身农业历史悠久且资源丰富，易于建立起种养结合、物能循环、立体经营的生态循环系统。粮食主产省的部分基地，有成片规模化生产的优势，从而抓住有机农业发展的良好机遇，转变传统农业粗放经营方式，走出改善生态环境，提高农业效益的路子。总之，选择现代农业发展模式，必须在因地制宜的基础上，不断寻求发挥农业生产功能与保护生态环境的平衡，才能实现资源的永续利用和农业可持续发展。

参考文献

[1] 农业部新闻办公室. 探索分区域发展模式 引领农业绿色发展——《国家农业可持续发展试验示范区建设方案》解读[EB/OL]. http://jiuban.moa.gov.cn/zwllm/zwdt/201609/t20160928_5294749.htm.

[2] 陈宗伟. 论我国低碳立法[D]. 对外经济贸易大学，2014.

[3] 宇文利. 习总书记为我们构建了什么样的全景式蓝图[J]. 人民论坛，2017（31）：12—14.

[4] 刘英. 吉林省农业资源可持续利用评价及对策[D]. 吉林农业大学，2007.

[5] 赵之友. 县域农业科学发展项目管理研究[D]. 天津大学，2008.

[6]彭亮太.浅谈国外农业环境保护的特点——以美国、日本和德国为例
[J].人民论坛，2011（8）：140—141.

[7]陈冲.临安农业循环经济典型模式研究[D].浙江农林大学，2015.

[8]唱潇然.农业循环经济的发展模式及经验分析[J].世界农业，2013（6）.

[9]张铁亮，高尚宾，周莉.德国农业环境保护特点与启示[J].环境保护，
2012（5）：76—79.

[10]邓启明，黄祖辉，胡剑锋.以色列农业现代化的历程、成效及启示
[J].社会科学战线，2009（7）：74—78.

[11]李佳.生态文明建设中的农户经济行为研究[D].昆明理工大学，
2009.

第四章 天津农业可持续发展现状与评价

第一节 天津农业发展现状

一、农业发展成效明显

（一）农业综合生产能力明显提升

1. 现代都市型农业建设水平大幅提升

按照建设京津冀都市圈绿色、高档、精品"菜篮子"产品供给区，以种业、生物农业和信息化为主的农业高新技术产业示范区，农产品物流中心区"三区"的定位，以推进农村产权确权全覆盖，农业种养殖规模化、规范化全覆盖，在地农民纳入农业产业化经营体系全覆盖和规模经营主体网络销售农产品全覆盖"四个全覆盖"为目标，大力推进农业供给侧结构性改革，现代都市型农业建设取得了较好的成效。

2. 农业综合生产能力稳步提高

坚持藏粮于地、藏粮于技，严守耕地红线，全面落实永久基本农田保护制度，切实提高耕地质量。2016 年末，全市耕地面积 3886.67 平方千米，其中基本农田面积 3653.33 平方千米，高标准农田面积 2000 平方千米。粮食占地 2433.33 平方千米，蔬菜占地 593.33 平方千米，林果占地 960 平方千米，棉花占地 186.67 平方千米，苜蓿占地 33.33 平方千米，其他经济作物占地 246.67 平方千米。粮食总产 181.8 万吨，蔬菜总产 441.5 万吨，肉类总产量 45.7 万吨，禽蛋产量 20.2 万吨，生鲜乳产量 68 万吨，水产品产量 40.1 万吨[1]。蔬菜、水产品、畜牧业生产保持稳定，蔬菜、牛奶和水产品自给率均达到 100%。

---

①数据来自部门调查。

48

2016年，实现农业增加值222.05亿元，同比增长3.0%，占全市生产总值的1.2%，其中，种植业增加值121.02亿元，林业增加值4.96亿元，畜牧业增加值54.04亿元，渔业增加值40.02亿元，农林畜牧渔服务业增加值1.83亿元，主要以种植业和畜牧业为主。

大力推进农业现代化，2008年以来，实施了设施农业建设和提升工程，共建成了400平方千米的高标准设施农业、20个现代农业园区、155个养殖园区，设施蔬菜播种面积占全市蔬菜播种面积近70%。目前，天津菜、奶、水产品自给率达到100%以上，肉、蛋、果均可达到60%左右，在全国大中城市中处于领先水平。农业设施化水平大幅提升，农机装备结构得到进一步优化，农机作业水平大幅提高，农机作业服务能力显著增强。农业特色化、区域化、规模化、产业化进程加快，农业发展的质量和效益大幅提高。

（二）供给侧结构性改革逐步深入

1. 农业内部结构日益优化

在发展农村经济过程中，注重在农业提质增效上下功夫，紧密结合天津实际，2014年，市委市政府印发了《关于加快发展现代都市型农业促进农民增收的意见》，提出了加快农业结构调整的目标和任务，2014—2016年累计调减粮食种植面积716.67平方千米，增加经济作物577.33平方千米，增加饲草用地220平方千米，增加经济林、生态林、苗圃139.33平方千米，新增和改造海淡水工厂化养殖车间51.4万平方米。全市畜禽良种化水平不断提高，奶牛和蛋鸡良种覆盖率达到100%，肉羊杂交改良率达到50%以上。2017年市委市政府制定了《中共天津市委天津市人民政府关于贯彻落实<中共中央国务院关于深入推进农业供给侧结构性改革加快培育农村发展新动能的若干意见>的实施意见》，为天津农业发展指引了方向。全市建成了农产品生产基地53个，设施农业标准化示范区130个，形成了以蓟州、宝坻、武清为主的15个1333.33平方千米优质粮基地，以武清、宁河、蓟州、静海、西青为主的44个266.67平方千米无公害菜基地，以蓟州、静海、滨海新区为主的10个266.67平方千米优质果基地，以宁河为主的133.33平方千米优质棉基地，以静海、蓟州为主的66.67平方千米中药材基地和66.67平方千米甜瓜基地等；打造了宝坻林亭口6000平方千米粮食改种大葱大蒜、王卜庄46666.67平方千米粮食改种天鹰椒。蓟州马伸桥20000平方千米蓝莓、武清汊沽港16666.67平方千米桃的优势和特色农产品生产区。种植结构进一步优化，找到了一条促进农业增效的有效途径。

在加强特色上下功夫，全市畜禽良种化水平不断提高，生猪良种覆盖率达95%，奶牛和蛋鸡达100%，肉羊的杂交改良率达50%以上。推广以适度规模为主的生态养殖模式，培育畜牧全产业链经营，推动"互联网+畜牧业"发展，引导畜牧业走出去，全市通过调整农业结构，布局优势化、经营规模化、生产专业化水平明显提升，农产品品种和质量得到优化与提高，优质高端农产品市场成效逐渐显现，农业经济效益显著提高。

2．三产融合程度不断加深

建立了"蓟州农品""劲宝商城""家乐在线"和"津农宝"为载体的区域电商销售平台，全面推进规模新型农业经营主体农产品网络销售全覆盖。2015年认定的18家农产品电子商务示范企业，充分发挥了示范带动作用，初步形成了以"俺的农场"等企业为龙头的区域农产品电商发展格局，探索出线上线下结合、在市区广布自提点、会员定制等符合天津实际的农产品电商发展模式。

启动了休闲农业"1322"载体建设目标，到2020年，在全市培育10个产业融合农业特色小镇，建设300个设施完善的休闲农业示范村点，提升20个休闲农业示范园和20个休闲农业项目聚集区。2016年全市休闲农业和乡村旅游接待游客1810万人次，综合收入62亿元，连续5年增幅在24%以上，从业人员超过6.8万人，带动农民就业29.5万人，约占全市农业人口总数的11.3%以上。2017年建设9条精品线路、一批精品示范园区、200个示范村点和3000户示范经营户。全市休闲农业直接从业人员超过6.9万人，带动农民就业人数超过30万人，接待游客数量超过1995万人次，综合收入突破75亿元，增幅达到20%以上，成为全市农业农村经济发展的重要增长极。

（三）农业科技信息化水平大幅提升

1．农业科技创新能力持续增强

大力发展种业和生物农业等农业高新技术产业，培育了杂交粳稻、黄瓜、花椰菜、生猪、肉羊、河蟹等优势品种，生物农业产值和生产规模在全国领先。目前，市级以上重点龙头企业拥有研发科技人员3800多人，超过1/3的企业科技研发投入占年销售收入的1%以上，20%的企业建有专门研发机构，40%的企业科研成果获得市级以上科技奖励或荣誉。

大力开展农业新技术、新品种的研发、引进和推广应用。近些年，每年推广50余项农业新技术、新品种。2016年，天津科技对农业增长的贡献率达到了64%以上，高于全国平均水平约10个百分点。2016年启动了《天津市实施〈中华人民共和国农业技术推广法〉办法》的修改工作，并于2016年12月15日天津市第十六届人民代表大会常务委员会第三十二次会议修订通过，强化了农业技术推广机构和队伍的管理。按照农业部的统一部署，天津实施了农业部基层农业技术推广补助项目，通过项目实施，重点建设了一批乡镇级农科站，为农业技术推广机构配备了办公设施、农业技术推广设施设备、机构标识和农技推广相关制度牌等，并为技术人员下乡开展技术指导服务提供了交通补助、误餐补助、通信补助等工作经费，建设了农业技术推广试验示范基地，促进了农业技术推广服务效能的提升。

2. 农业信息化水平进一步提高

实施"物联网+农业""电商网+农业""信息网+农业"三大工程，建成了全国领先的省级农业物联网应用平台，物联网技术实现涉农各区和主要农产品全覆盖。开发并上线应用了"放心菜""放心肉鸡"质量安全追溯服务系统、病虫害远程诊断应用系统，物联网种养殖应用示范基地达到 800 多个。农业企业电商化、大数据应用全面提速，建立了农业大数据应用平台，开展"网农对接"系列活动，引入阿里巴巴集团，与天津农业企业、合作社签订了网上销售协议。目前，网上营销企业达到 1000 家，产品 2000 多种。

（四）农产品质量与区域品牌建设逐步增强

1. 农产品质量安全水平保持稳定

大力推进农业标准化生产，提高优质绿色农产品比重，加大对农业投入品的监督检查力度，基本建立了"市—区—镇街—基地"四级监管体系，农产品质量安全监管工作格局基本形成。截至目前，全市建立种植产品区级检测机构 12 个，乡镇级检测机构 90 个，基地自检室 231 个，覆盖面积 259.8 平方千米；建立畜禽产品区级检测机构 12 个，乡镇级检测机构 134 个，基地自检室 492 个，基本实现乡镇全覆盖；建立水产品区级检测机构 10 个，基地自检室 70 个，覆盖面积 106.67 平方千米。

实施了"放心菜""放心肉鸡""放心猪肉"和"放心水产品"等放心农产品系列工程。2016 年年底，已经建成 355 个设施农业示范区，146 农产品生产基地。建成放心菜基地 234 个，284 平方千米，年产优质放心菜 240 万吨，占全市蔬菜总产量的 53%；完成 312 家放心肉鸡养殖基地的提升改造，年产肉鸡 6000 万只以上，占全市肉鸡总产量的 75%；2017 年启动放心猪肉工程建设，目前已完成 180 个放心猪肉基地，预计年出栏 114 万头，占全市生猪出栏量的 30%。

全市共培育无公害产品 1147 个，主要"菜篮子"产品实现了无公害生产，绿色产品 170 个，有机产品 47 个，地理标志产品 8 个。全市培育绿色食品生产企业 70 家，具有绿色食标志使用权的产品 173 个。绿色食品生产基地 583.13 平方千米，核准产量 18.51 万吨。食用农产品质量安全检测合格率达到 99.8%，农产品质量安全继续保持全国领先。

2．品牌化建设取得显著成效

自 2015 年启动了农业品牌化建设以来，制定并印发了《关于加快推进农产品品牌建设的实施方案》（津农委〔2016〕41 号）、《关于落实"互联网+"现代农业实施"三网联动"工程实施方案》（津农委〔2016〕42 号）和《天津市推进规模新型农业经营主体产品网络销售全覆盖实施方案》等一系列方案，协同促进天津农产品品牌化发展。如制作以"津秋·乡甜"为主题的形象宣传片，在电视、网络等媒体全面推出。做好传统媒体与现代媒体的有机结合，加大对重点项目、重点工程、重点活动的宣传推广，培育了一批区域公用品牌、企业品牌、产品品牌，提高市场认知度和响应度。

目前，天津知名农产品品牌已覆盖肉、蛋、菜、奶、鱼、果、粮、种等八大农业优势产业，2017 年天津共认定知名农产品品牌 83 个（其中区域公用品牌 5 个、企业品牌 54 个、产品品牌 24 个），初步形成了特色鲜明的农产品品牌体系。

（五）京津冀现代农业协同发展水平持续提升

从顶层设计入手，制定印发了《关于贯彻落实市委十届七次全会精神推进京津冀协同发展的实施意见》，统筹指导天津京津冀协同发展各项工作。进一步深化合作机制，签署了协同发展合作框架协议，共同实施了一批合作项目。建立了动植物疫病联防联控和农产品质量安全监管一体化的监管新格局。联合举办了北京农业嘉年华活动，与河北省承德市召开了津冀协作和对口帮扶承德市第一次联席会议并签署合作协议，天津市食品集团与承德市人民政府签订了《关于开展现代农牧业合作框架协议》。到 2020 年，全面完成"四区两平台"建设任务，推动天津农业产业结构进一步优化，"菜篮子"产品有效供给能力明显提升，农业绿色发展和对外开放水平显著提高，基本实现农业现代化，农业劳动生产率达到 5 万元/人以上，农民人均可支配收入达到 27000 元；以种业和生物农业为主的农业高新技术产业产值达到 170 亿元以上，农业科技进步贡献率达到 68%以上；化肥、农药施用总量实现零增长，在都市型农业创新发展、一二三产业融合发展、城乡协同发展方面走在全国前列，为全国"三农"工作和北方城市群现代都市型农业建设提供经验和模式。

二、农业废弃物资源化利用水平不断提升

1．畜禽养殖场粪污初步实现资源化利用

实施规模化畜禽养殖场粪污治理工程 1615 项，畜禽粪便的存储真正达到防

渗、防漏、防雨，有效改善了养殖场周围的空气质量。养殖场污水经过存储、处理后还田再利用，减少了环境污染，改善了环境质量。

2. 农业废弃物回收综合利用率大幅度提升

加强政策引导，秸秆综合利用率由 76.6%提高到 97.3%。在宁河区、静海区和武清区实施农田残膜回收试点项目，实施农田残膜回收 206.67 平方千米，年回收处理废旧地膜 39 万公斤。

3. 化肥农药使用量不断下降

支持扩大有机肥和低残留农药使用，化肥农药使用量逐年下降。全市化肥使用量由 2012 年的 24.5 万吨下降到 2017 年的 20.6 万吨，年均下降 4.2%；同期，农药使用量从 3808 吨下降到 2354 吨，年均下降 9.2%。

第二节　天津农业可持续发展综合评价

一、基于 DPSIR 模型的指标体系设计

（一）DPSIR 评价模型

DPSIR 评价模型是由欧洲环境署在 1999 年建立起来的主要用于描述和解决环境问题及其与社会发展的关系，是衡量环境及可持续发展的有效工具。该模型从系统分析的角度分析社会与环境系统的相互作用，其指标体系分解为驱动力（Driving force）、压力（Pressure）、状态（State）、影响（Impact）、响应（Response）5 个部分，基本上覆盖了经济、资源、环境、社会四大要素。其中，驱动力是指引发资源生态环境变化的潜在原因，主要是指区域经济社会活动和产业发展的内在潜力和发展趋势；压力是指人类生产活动对资源、环境以及生态建设等相关系统的阻碍力，主要表现为资源能源的消耗强度以及居民的消费方式；状态主要是指在现有的驱动力与压力作用下，社会、资源与环境系统所表现的现实状况和特征，主要反映生态承载能力和环境污染水平的变化；影响是指目前资源环境、生态系统所处的状态反过来对人类健康、生活条件及社会经济结构的影响；响应表示人类对于目前的经济增长、社会发展、资源消耗、环境污染等方面的调整力，表明人类在促进可持续发展进程中所采取的对策，如提高资源利用效率、减少污染、增加投资等措施，以增强"驱动力"，降低"压力"，优化"状态"，加强"影响"。

该模型直观地表现了人类活动与资源生态环境变化的因果关系:自然资源、经济资源和人力资源为社会发展提供根本的驱动力,促使自然环境和社会条件的改变。在此过程中,人类活动对环境施加压力,改变了环境原有的性质和自然资源的状态;自然生态环境的改变也同样对人类社会、经济发展产生影响,为了维持环境的可持续发展,人类采用一定措施对这些变化做出响应。该模型突出了生态可持续发展问题中资源压力、经济增长和环境污染之间的相互关系,驱动力、压力、状态、影响和响应 5 个部分彼此联系、相互制约,贯穿了可持续发展决策的全过程。因此,该模型在资源、人口、环境与农业发展研究中得到了广泛的应用。

(二)天津农业可持续发展指标体系的构建

1. 评价指标的选取原则

指标体系设计是农业可持续发展评价的基础,指标选取合适与否、数据易得与否、指标概念模型是否合理完善,都直接决定着评价结果的准确性。基于 DPSIR 模型的天津农业可持续评价指标的选取遵循以下 4 项基本原则:

(1)科学性和实用性相统一。科学性是指评价指标数据的选取、权重的确定、计算与合成都必须以一定的学科理论为依据,以期客观和真实地反映系统发展的状态、各子系统和指标间的相互联系,并能较好地度量研究目标的实现程度。实用性是指在选取评价指标时要综合权衡与考虑指标的可度量性、易得性和常用性,评价方法便于分析。

(2)系统性与层次性相统一。系统性是指研究内容作为整体系统进行分析,系统各要素是相互联系、相互依存的统一体。层次性是指农业系统是由诸多子系统组成的复杂系统,为了完整地描述农业系统这一整体,往往需要将系统分解成相互关联的几个层次,选取指标体系通常也根据这个层次递阶结构而设定,层次越高指标越综合,层次越低指标越具体。

(3)完备性和独立性相统一。完备性是指指标体系作为一个有机整体,涉及经济、社会和生态各个方面,指标体系考虑系统的各子层面。独立性是指评价区内不同子系统指标可能存在信息重合,各基层指标应选取信息量大且具有独立性的指标。

(4)动态性与稳定性相统一。稳定性是指在一定的时间跨度内指标体系应保持相对稳定。动态性是指系统总是不断发展变化的,在选择评价指标和评价方法时既要考虑系统的发展状态,又要考虑系统发展的趋势,评价结果不仅能较好地描述、刻画与度量系统的发展状态,而且也能反映出不同发展阶段的特点,灵活地反映系统的变化。

2．指标的选取

（1）驱动力系统指标

根据 DPSIR 评价模型中对驱动力的解释，驱动力是指造成农业系统发生变化的原因，可划分为经济驱动力和社会驱动力两方面，是分析天津农业可持续发展的主导驱动因子。经济和社会驱动力包括市场变化、人口增长、城市扩张、经济增长等，市场变化因素如农业生产资料和农产品市场价格的变化影响农业收益，进而引起农业生产结构、规模和空间分布的变化；人口增长提高食物需求并造成居住面积的增加，城市扩展造成对农业用地的侵占。综上分析，就对农业系统可能的影响程度看，本研究选用的经济驱动力指标包括人均农业GDP、农业生产资料价格指数，社会驱动力指标包括恩格尔系数、人口自然增长率和城镇化率。

（2）压力系统指标

各种社会经济驱动力对于天津农业可持续发展的压力，一方面表现为资源、能源的消耗强度所造成的对环境以及生态建设等系统的阻碍力与影响，可选择万元农业增加值能耗、万元农业增加值电耗、万元农业增加值水耗、水资源开发利用率等指标来反映；另一方面也表现在其他经济活动如二、三产业的快速增长直接或间接地对农业资源造成影响，尤其是在水土资源和劳动力资源利用上与农业竞争。对天津农业可持续发展的压力，可以采用土地竞争指数、水资源竞争指数来反映非农行业在水资源和土地资源上与农业的竞争强度。同样，第二、三产业的工资水平也高于农业生产收益，对农村劳动力吸引力更高，可以选择城乡居民人均收入差距指数表征二、三产业对农村劳动力资源的竞争强度。其中，资源竞争指数是指单位资源（包括水资源和土地资源）工农业产值间的比值；城乡居民收入差距指数用城镇居民可支配收入与农村居民人均可支配收入之比表示。

（3）状态系统指标

状态是指在各种驱动力和压力共同作用下农业系统的现实状况和表现。天津农业系统状态的描述应包括资源状态、农业生产效率和管理水平、农村人口生活水平和农业环境状况等方面。资源状态可以用耕垦指数（耕地面积/土地面积）、耕地亩均农业用水资源量、自然灾害成灾率、林木绿化率（年末实有林地面积和果园面积之和与全市土地面积之比）等指标表示，农业生产效率和管理水平用复种指数、农业土地生产率（单位耕地面积种植业总产值）、农业劳动生产率（单位农业劳动力农业总产值）等来表示，农村人口生活水平用农村人均可支配收入表示，而农业系统环境现状则可以用单位面积化肥、农药承载量等来度量。

（4）影响系统指标

农业系统的状态与人类的生产、生活息息相关，不断变化的农业系统状态会对人类生产生活和社会经济的诸多方面产生影响，包括对农业生态系统的结构及其生产能力、土壤和自然水体质量、农产品的质量和数量以及人类健康造成影响。能够体现这些变化和影响的常见指标有农村人均耕地面积、单位面积粮食产量、人均粮食占有量、人均肉类占有量、人均蔬菜占有量等。

（5）响应系统指标

响应过程是指为实现农业系统的可持续发展人类必须调整自身行为并制定积极政策以促进可持续发展进程，现实中往往通过加大农业投资强度、加大农业科研的投入、制定科技支持和环境政策等来实现。本研究用科技经费占比（地方财政科技拨款占财政支出比重）来反映社会在科技上对农业的支持程度，用支援农业建设资金占财政支出的比重来反映农业投资水平（地方财政农林水事务支出占财政支出的比重），用每百个农村劳动力中拥有高中及以上学历从业人员数来反映农村劳动力素质，用节水灌溉面积比重、农田水利化程度（即有效灌溉面积比重=有效灌溉面积/耕地面积）、水土流失治理面积比重反映政策的导向作用。

因此，本研究基于 DPSIR 模型原理，采用自上而下、逐层分解的方法，从三个层次对天津市农业可持续发展水平建立评价指标体系。其中，第一层次为目标层，以综合评价天津农业可持续发展水平为目标；第二层为系统层，即 DPSIR 模型五大系统，包括驱动力系统（D）、压力系统（P）、状态系统（S）、影响系统（I）、响应系统（R）；第三层次为指标层，即具体的基础指标。该指标体系涵盖了 33 项指标，涉及了资源、环境、人口、经济和社会等各个方面，既符合国务院颁布的《全国农业可持续发展规划（2015—2030 年）》中的指导要求，又充分考虑了天津市农业的发展现状，能够对其可持续发展问题进行科学评价。本研究所构建的天津农业可持续发展评价指标体系及其权重情况，如表 4-1 所示。

表 4-1 基于 DPSIR 模型的天津农业可持续发展评价指标体系

目标层	系统层	权重	指标层		计量单位
天津农业可持续发展水平	驱动力系统（D）	0.2284	D1	人均农业增加值	元/人
			D2	农业生产资料价格指数	%
			D3	恩格尔系数	元/元
			D4	人口自然增长率	‰
			D5	城镇化率	%
	压力系统（P）	0.2028	P1	万元农业增加值水耗	立方米/万元
			P2	万元农业增加值能耗	吨标准煤/万元
			P3	万元农业增加值电耗	千瓦小时/万元
			P4	农业水资源开发利用率	—
			P5	资源（水和土地资源）竞争指数	—
			P6	城乡居民人均收入差距指数	—
	状态系统（S）	0.2246	S1	耕垦指数	%
			S2	耕地亩均农业用水资源量	立方米/亩
			S3	自然灾害成灾率	%
			S4	林木绿化率	%
			S5	复种指数	—
			S6	农业土地生产率	万元/亩
			S7	农业劳动生产率	万元/人
			S8	农村居民人均可支配收入	元
			S9	单位面积化肥施用量	千克/亩
			S10	单位面积农药使用量	千克/亩
	影响系统（I）	0.1394	I1	农村人均耕地面积	亩/人
			I2	单位面积粮食产量	公斤/亩
			I3	人均粮食占有量	公斤/人
			I4	人均肉类占有量	公斤/人
			I5	人均蔬菜占有量	公斤/人
	响应系统（R）	0.2049	R1	地方财政科技拨款支出占比	%
			R2	地方财政农林水事务支出占比	%
			R3	地方财政环境保护支出占比	%
			R4	劳动力素质	—
			R5	水土流失治理率（治理面积比重）	%
			R6	节水灌溉面积比重	%
			R7	农田水利化程度	%

二、天津农业可持续发展评价模型与方法

本研究基于 DPSIR 模型的天津农业可持续发展综合评价指标体系中涉及的基础指标多达 33 个，由于指标体系中不确定因素大，且权值复杂，一般多采用层次分析法、主成分分析法、模糊综合评价法进行评价。因此，在借鉴相关文献并征询有关专家意见的基础上，计算得出系统层对综合指标层的权重影响，然后采用主成分分析法分别计算五大系统层的可持续发展指数，最后得出综合指标值。

（一）评价方法的选择

主成分分析法是利用降维的思想，在损失很少信息的前提下把多个指标转化为几个综合指标的多元统计方法。通常把转化的综合指标称之为主成分，其中每个主成分都是原始变量的线性组合，且各主成分间互不关联，这就使得主成分比原始变量具有某些更优越的性能。本研究运用主成分分析法分别对驱动力系统的 5 个变量、压力系统的 6 个变量、状态系统的 10 个变量、影响系统的 5 个变量、响应系统的 7 个变量进行因子分析，取累计贡献率达到 85% 以上的公因子。

计算系统值，计算公式如下：

$$U_i = \sum_{i=1}^{n} Z_{ij} M_{ij} \qquad\qquad i=1,2,\cdots, \ n, \ j=1,2,\cdots, \ n \qquad\qquad (4.1)$$

$$U_A = \sum_{i=1}^{n} U_i V_i \qquad\qquad i=1,2,\cdots, \ n, \ A=D, \ P, \ S, \ I, \ R \qquad\qquad (4.2)$$

其中，U_i 是未乘以贡献率的系统值；Z_{ij} 为 i 系统提取的第 j 个因子与指标的标准化数据；M_{ij} 为 i 系统第 j 个因子的贡献率，可由 SPSS 软件计算得到；n 为 i 系统提取因子的总个数；U_A 为所求系统的系统值，V_i 即为系统某一主成分的贡献率，有多少个主成分就有多少个 V_i，要求 V_i 的累积贡献率大于 85%。

（二）数据收集和指标标准化

评价指标体系中具体涉及的 33 个基础指标 7 年的原始数据主要是通过查阅 2008—2017 年《天津统计年鉴》《天津调查年鉴》《天津科技统计年鉴》以及天津市统计信息网等相关文献经计算整理得到。

由于本研究构建的评价指标体系，既有定量指标，也有定性指标，且各指标具有不同的属性和单位，无法用统一的标准进行度量，难以直接进行比较。因此，本研究采用 Z-Score 法将所有指标数据通过标准化转化成标准值为 0、方差为 1 的无量纲数值，该标准化过程会在 SPSS 分析过程中自动进行。

（三）综合评价

综合评价是在指标权重分配和指标标准化的基础上进行的，本研究用天津农业可持续发展综合指数（TASDI）评估天津农业的可持续发展状况和水平，即：

$$TASDI = \sum_{A=1}^{n} W_A U_A \qquad A = D, P, S, I, R \qquad (4.3)$$

其中，TASDI 表示天津农业可持续发展综合指数，其数值的高低反映天津市农业可持续发展的能力强弱和水平高低；W_A 表示 A 系统层对综合指数层的权重（见表 4-1），U_A 是 A 系统层 U 值。

三、天津市农业可持续发展评价结果分析

（一）各子系统可持续发展评价结果分析

1. 驱动力子系统可持续发展指数（U_D）分析

运用 SPSS 软件对天津市农业驱动力子系统所包含的 5 个基础指标进行主成分分析处理，所得结果如表 4-2 所示。

表 4-2　驱动力子系统主成分总方差贡献率

成分	初始特征值			提取平方和载入		
	合计	方差的 %	累积 %	合计	方差的 %	累积 %
1	3.550	71.009	71.009	3.550	71.009	71.009
2	0.795	15.896	86.905	0.795	15.896	86.905
3	0.519	10.376	97.281			
4	0.111	2.219	99.501			
5	0.025	0.499	100.000			
提取方法：主成分分析						

依据贡献率大于 85% 的原则，共提取 2 个主成分，且其总方差贡献率累计为 86.905%，即选择第一主成分与第二主成分进行计算，其中，第一主成分的总方差贡献率为 71.009%，第二主成分总方差贡献率为 15.896%。然后，提取其成分矩阵，如表 4-3 所示。

利用表 4-3 中主成分载荷矩阵中的数据除以主成分对应的特征值开平方根便得到两个主成分中每个指标所对应的系数，进而可得到驱动力子系统主成分表达式如下：

表 4-3　提取驱动力子系统成分矩阵表

	成分	
	1	2
人均农业 GDP（D1）	-0.968	0.037
农业生产资料价格指数（D2）	0.701	-0.424
恩格尔系数（D3）	0.950	0.066
人口自然增长率（D4）	0.593	0.757
城镇化率（D5）	-0.931	0.191
提取方法：主成分分析		
a. 已提取了 2 个成分		

$$F_1 = -0.51ZD_1 + 0.37ZD_2 + 0.5ZD_3 + 0.31ZD_4 - 0.49ZD_5 \qquad (4.4)$$

$$F_2 = 0.04ZD_1 - 0.48ZD_2 + 0.07ZD_3 + 0.85ZD_4 + 0.21ZD_5 \qquad (4.5)$$

$$U_D = \frac{\lambda_1}{\lambda_1 + \lambda_2}F_1 + \frac{\lambda_2}{\lambda_1 + \lambda_2}F_2 \qquad (4.6)$$

其中，ZD_i（i=1，2，…，5）为驱动力系统下各个指标运用 SPSS 软件以 Z-Score 法计算得出的标准化数据，$\frac{\lambda_1}{\lambda_1 + \lambda_2}$、$\frac{\lambda_2}{\lambda_1 + \lambda_2}$ 表示以每个主成分所对应的特征值占所提取主成分总的特征值之和的比例作为权重来计算驱动力系统值。根据公式 4.4 和公式 4.5，计算得出主成分 F_1 与 F_2，然后将其代入公式 4.6，最后得出天津市农业驱动力子系统可持续发展指数 U_D。计算结果如表 4-4 所示。

表 4-4　驱动力子系统主成分及综合得分值

年份	F_1	F_2	U_D
2007	2.0793	-0.6477	1.5803
2008	2.6186	-1.2375	1.9130
2009	1.3987	0.7371	1.2777
2010	0.9849	0.6649	0.9264
2011	0.7438	0.2070	0.6456
2012	0.0891	0.6023	0.1830
2013	-1.0722	0.8783	-0.7153
2014	-1.7138	0.3403	-1.3379
2015	-2.7110	-1.7028	-2.5265
2016	-2.4174	0.1579	-1.9462

由表 4-4 的计算结果可观察到，2007—2016 年天津市农业驱动力子系统可持续发展值 U_D 数总体呈逐年下降趋势，从 2007 年的 1.5803 下降至 2016 年的 -1.9462，表明天津市农村社会经济发展水平稳步提升，城镇化速度加快，经济规模日益壮大对可持续发展造成了负面影响,阻碍其可持续能力的良性发展。具体而言，驱动力子系统共包括 5 个基础指标，主要为经济类指标。

由于五个子系统的计算方式和运算过程基本相同，下文将不再对压力子系统、状态子系统、影响子系统以及响应子系统的运算过程进行赘述，仅给出其相关运算结果。

2. 压力子系统可持续发展指数（U_P）分析

对天津农业压力子系统所包含的 6 个基础指标进行主成分分析处理，所得结果如表 4-5 所示。

表 4-5   压力子系统主成分总方差贡献率

成分	初始特征值			提取平方和载入		
	合计	方差的 %	累积 %	合计	方差的 %	累积 %
1	3.558	59.304	59.304	3.558	59.304	59.304
2	1.608	26.792	86.095	1.608	26.792	86.095
3	0.616	10.273	96.368			
4	0.166	2.773	99.141			
5	0.034	0.568	99.709			
6	0.017	0.291	100.000			
提取方法：主成分分析						

依据贡献率大于 85% 的原则，共提取 2 个主成分，且其总方差贡献率累计为 86.095%，即选择第一主成分与第二主成分进行计算，其中，第一主成分的总方差贡献率为 59.304%，第二主成分总方差贡献率为 26.792%。

由表 4-6 的计算结果可知,2007—2016 年天津市农业压力子系统 U_P 值呈逐年下降趋势，从 2007 年的 2.7995 下降至 2016 年的 -1.3476，下降趋势明显，说明天津市农业系统发展承受的压力在逐渐减小，对天津农业可持续发展的阻碍也较小。具体来看，天津市农业压力子系统从资源能源消耗强度以及其他行业对农业的资源竞争指数两个角度选取了 6 个基础指标。其中，反映资源能源消耗的万元农业 GDP 水耗、电耗和能耗是呈逐年下降趋势的，说明天津农业以资源消耗为主的粗放型增长的方式在逐渐改变，而反映二、三产业的与农业在资源利用上竞争的水土资源竞争指数以及城乡居民人均收入差距指数有上升趋势，但幅度不大，因而总体导致了压力子系统值是呈下降趋势。

表 4-6　压力子系统主成分及综合得分值

年份	F_1	F_2	U_P
2007	4.3368	−0.6022	2.7995
2008	1.3367	0.5249	1.0840
2009	1.2561	0.2143	0.9319
2010	0.4239	−0.2433	0.2162
2011	−0.5321	1.6951	0.1611
2012	−1.3741	2.0257	−0.3159
2013	−1.1193	0.6801	−0.5592
2014	−1.4965	−1.5224	−1.5045
2015	−1.3904	−1.6315	−1.4655
2016	−1.4411	−1.1408	−1.3476

3．状态子系统可持续发展指数（U_S）分析

对天津农业状态子系统所包含的 10 个基础指标进行主成分分析处理,所得结果如表 4-7 所示。

表 4-7　状态子系统主成分总方差贡献率

成分	初始特征值			提取平方和载入		
	合计	方差的 %	累积 %	合计	方差的 %	累积 %
1	6.336	63.356	63.356	6.336	63.356	63.356
2	1.87	18.699	82.055	1.87	18.699	82.055
3	0.796	7.959	90.014	0.796	7.959	90.014
4	0.445	4.448	94.462			
5	0.37	3.699	98.161			
6	0.143	1.425	99.586			
7	0.036	0.355	99.942			
8	0.005	0.052	99.993			
9	0.001	0.007	100			
10	1.14E-16	1.14E-15	100			
提取方法：主成分分析						

依据贡献率大于 85% 的原则，共提取 3 个主成分，且其总方差贡献率累计为 90.014%，即选择第一主成分、第二主成分和第三主成分进行计算，其中，

第一主成分的总方差贡献率为 63.356%，第二主成分总方差贡献率为 18.699%，第三主成分总方差贡献率为 7.959%。

表 4-8　状态子系统主成分及综合得分值

年份	F_1	F_2	F_3	U_S
2007	−2.5892	−1.7924	0.1561	−2.1809
2008	−1.8461	−0.2618	0.7396	−1.2884
2009	−1.9810	−0.9706	0.2877	−1.5705
2010	−0.6572	0.7355	−0.8188	−0.3822
2011	−0.0241	0.4701	−0.9534	−0.0036
2012	0.0306	1.1745	2.0101	0.4433
2013	1.0885	0.1405	−0.7089	0.7327
2014	1.4245	0.7692	−0.5588	1.1130
2015	1.8691	−0.2295	−0.3017	1.2412
2016	2.6847	−0.0355	0.1482	1.8953

由表 4-8 计算结果可观察到，2007—2016 年期间天津农业状态子系统可持续发展指数 U_S 一直呈增长的趋势，从 2007 年的−2.1809 上升到 2016 年的1.8953，这表明尽管在现有驱动力与压力之下，由资源状态、农业生产效率和管理水平、农村人口生活水平和农业环境状况等方面所具体表征的天津农业社会、资源与环境等状态子系统仍有逐渐提高之势。具体而言，天津农业状态子系统共有 10 个基础指标，其中，反映资源状态的耕地每平方千米农业用水资源量、林木绿化率等指标大体呈上升趋势，反映农业生产效率和管理水平的复种指数、农业土地生产率、农业劳动生产率指标逐年上升，反映农村人口生活水平的农村人均可支配收入指标也快速增长，而反映农业系统环境现状的单位面积化肥、农药承载量指标则较为稳定且略有下降的趋势。正是由于这些基础指标，才使得天津农业状态子系统指标值逐年上升，说明在经济社会快速发展、城市扩张、资源消耗、资源竞争等压力下，天津市农业系统下社会、资源与环境等状态子系统发展良好，这与近年来天津市为大力发展现代都市农业制定的各项政策和推行的各种举措是分不开的。

4. 影响子系统可持续发展指数（U_I）分析

对影响子系统所包含的 5 个基础指标进行主成分分析处理，所得结果如表4-9 所示。

表 4-9 影响子系统主成分总方差贡献率

成分	初始特征值			提取平方和载入		
	合计	方差的 %	累积 %	合计	方差的 %	累积 %
1	2.608	52.167	52.167	2.608	52.167	52.167
2	1.690	33.801	85.968	1.690	33.801	85.968
3	0.538	10.768	96.736			
4	0.135	2.709	99.444			
5	0.028	0.556	100.000			
提取方法：主成分分析						

依据贡献率大于 85% 的原则，共提取 2 个主成分，且其总方差贡献率累计为 85.968%，即选择第一主成分与第二主成分进行计算，其中，第一主成分的总方差贡献率为 52.167%，第二主成分总方差贡献率为 33.801%。

表 4-10 影响子系统主成分及综合得分值

年份	F_1	F_2	U_I
2007	−3.1054	0.0338	−1.8710
2008	−1.6436	0.7762	−0.6922
2009	−0.4075	1.2581	0.2474
2010	0.9475	1.4125	1.1303
2011	0.8180	0.5464	0.7112
2012	1.3957	0.8550	1.1831
2013	1.3955	−0.2593	0.7448
2014	1.3624	−1.1069	0.3915
2015	0.4351	−1.9128	−0.4881
2016	−1.1977	−1.6029	−1.3571

从表 4-10 可以看出，2007—2016 年天津市农业影响子系统可持续发展指数 U_I 呈现持续上升的态势，从 2007 年的 −1.8710 增长至 2016 年的 −1.3571，这表明天津市农业可持续发展系统状态对于资源环境、生态系统以及社会经济发展质量等方面产生的变更能力相对较强，实现自我修复能力较好。

5. 响应子系统可持续发展指数（U_R）分析

对天津农业响应子系统所包含的 7 个基础指标进行主成分分析处理，所得结果如表 4-11 所示。

表 4-11　响应子系统主成分总方差贡献率

成分	初始特征值			提取平方和载入		
	合计	方差的 %	累积 %	合计	方差的 %	累积 %
1	3.706	52.945	52.945	3.706	52.945	52.945
2	1.682	24.029	76.974	1.682	24.029	76.974
3	0.896	12.796	89.771	0.896	12.796	89.771
4	0.355	5.077	94.847			
5	0.246	3.517	98.364			
6	0.09	1.284	99.649			
7	0.025	0.351	100			
提取方法：主成分分析						

依据贡献率大于 85% 的原则，共提取 3 个主成分，且其总方差贡献率累计为 89.771%，即选择第一主成分、第二主成分和第三主成分进行计算，其中，第一主成分的总方差贡献率为 52.945%，第二主成分总方差贡献率为 24.029%，第三主成分总方差贡献率为 12.796%。

表 4-12　响应子系统主成分及综合得分值

年份	F_1	F_2	F_3	U_R
2007	−1.8366	−2.1262	−1.1662	−1.8185
2008	−1.6931	−1.0806	−0.3595	−1.3390
2009	−2.4494	0.3638	1.9197	−1.0734
2010	−1.6272	0.7273	0.5040	−0.6931
2011	−0.3047	2.2914	−0.5356	0.3572
2012	−0.2485	1.5446	−1.1477	0.1033
2013	2.3902	−0.9013	0.7767	1.2791
2014	2.1006	−0.4202	−0.1609	1.1034
2015	2.4109	0.0192	0.3195	1.4725
2016	1.2579	−0.4179	−0.1500	0.6086

由表 4-12 可以观察到，2007—2016 年间天津市农业响应子系统值 U_R 总体呈上升趋势，从 2007 年的 −1.8185 上升至 2016 年的 0.6086，表明天津市对于目前的经济增长、社会发展、资源消耗、环境污染等方面的调整能力较强，农业可持续发展对外界的压力调节机制较为完善。具体而言，天津农业响应子系统包括 7 个基础指标，主要反映人类在促进农业可持续发展过程中所采用的对

策，其中水土流失、节水灌溉、农田水利方面取得了阶段性成效，2007—2013年间，水土流失治理率逐年上升，节水灌溉面积比重和农田水利化比重也一直上升，近年略有下降。虽然近年来天津市对于农业、科技和环境保护的经费投入显著增加（科技投入占比、环境支出占比、农业投资水平呈上升趋势），但比重太小，投入水平明显不足，还有很大的提升空间。

（二）天津市农业可持续发展水平综合指数（TASDI）分析

本研究采用线性加权法计算天津农业可持续发展水平综合指数（TASDI）。其中，TASDI 值越小，表明农业可持续发展水平越低；值越大，表明农业可持续发展水平越高。具体运用公式 4.3，可计算得到 2007—2016 年天津市农业可持续发展综合评价值，结果如表 4-13 和图 4-1 所示。

表 4-13　天津农业可持续评价综合指标及各分指标评价值

年份	U_D	U_P	U_S	U_I	U_R	TASDI
2007	1.5803	2.7995	−2.1809	2.1587	−1.8185	0.3672
2008	1.9130	1.0840	−1.2884	1.3681	−1.3390	0.2837
2009	1.2777	0.9319	−1.5705	0.6775	−1.0734	0.0026
2010	0.9264	0.2162	−0.3822	−0.1842	−0.6931	0.0019
2011	0.6456	0.1611	−0.0036	−0.4603	0.3572	0.1884
2012	0.1830	−0.3159	0.4433	−0.7926	0.1033	−0.0120
2013	−0.7153	−0.5592	0.7327	−0.9361	1.2791	0.0194
2014	−1.3379	−1.5045	1.1130	−1.2171	1.1034	−0.3043
2015	−2.5265	−1.4655	1.2412	−0.8481	1.4725	−0.4120
2016	−1.9462	−1.3476	1.8953	0.2341	0.6086	0.0000

从评价结果可以看出，有些评价分值为负值，但这并不意味着评价对象为负增长或趋势不好，评价分值是正值或负值仅表明它是大于还是小于2007—2016 年评价区间的平均值，因为评价分值的平均值为零，我们在评价计算过程中对原始数据进行了标准化处理。一个子系统相对其他子系统的评价分值越大，说明它的发展趋势越好；反之，其发展趋势越差。

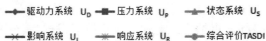

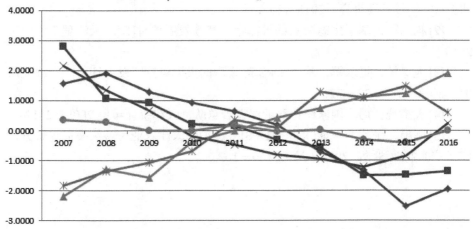

图 4-1 2007—2016 年天津市农业可持续发展评价结果趋势图

根据上述测算结果，对天津市农业可持续发展能力分析如下：

1．2007—2016 年期间，天津市农业可持续发展能力综合得分有稍微波动趋势，由 2007 年的 0.3672 增加到 2011 年的 0.1884，之后在 2015 年降到最低，2016 年有所上升，农业可持续发展能力总体上略有波动。

2．从评价得分情况看，在 DPSIR 模型的 5 个系统中，发展状况和趋势最好的是天津农业状态子系统，其次是响应子系统，再次是影响子系统，压力子系统排在第四位，驱动力系统排在最后。这说明：一是驱动力因素处在相对较差的位置，天津农业可持续发展的驱动力（经济发展和社会发展动力）不足。二是制约天津农业可持续发展的最重要因素是天津农业的驱动力子系统，表明为实现并促进天津农业的可持续发展，必须采取相应措施，转变农业生产发展方式，注重提升城镇化质量，改变那些造成农业发展不可持续的人类活动和消费模式等，协调好农业发展与经济社会发展、生态环境保护的关系。三是压力子系统也呈下降趋势，它是制约天津农业可持续发展的重要影响因素，要加大供给侧结构性改革力度，推动农业发展质量变革、效率变革，增强农业发展的创新力和竞争力。四是状态子系统发展相对较好，基本呈稳步上升趋势。五是尽管天津农业可持续发展系统的 5 个子系统发展还不均衡，但天津农业可持续发展总体上保持平稳发展态势。资源环境的基础是有限的，存在着承载极限，必须协调好农业发展与环境之间的互动关系。

参考文献

[1] 白福臣，赖晓红，肖灿夫. 海洋经济可持续发展综合评价模型与实证研究[J]. 科技管理研究，2015（3）.

[2] 崔东军. 基于生态要素的天津市可持续发展评价[D]. 天津理工大学，2013.

[3] 苑清敏，崔东军. 基于 DPSIR 模型的天津可持续发展评价[J]. 商业研究，2013（3）：27—32.

[4] 天津统计局，国家统计局天津调查总队. 天津统计年鉴 2008—2017.

[5] 陈琼，张蕾，李瑾. 基于 DPSIR 模型的天津农业可持续发展评价分析[J]. 广东农业科学，2017（2）：160—167.

第五章 天津农业可持续发展的行业布局优化

第一节 种植业可持续发展分析

一、种植业产业发展现状

（一）种植业资源利用现状

天津粮食作物主要包括小麦、玉米、水稻、豆类、薯类等，经济作物包括油料作物、棉花、蔬菜（含菜用瓜）和瓜类等，主要品种资源如表 5-1 和表 5-2 所示。

表 5-1 天津主要粮食作物品种资源一览表

序号	种类	主栽品种
1	小麦	津引 159 、衡观 35、津农 5 号、京冬 24、石家庄 8 号、北农 66、农大 3432、京 9428、农大 211、轮选 987、农大优 93、邯 4564 、京冬 17 号、农大 3214、中旱 110、辽春 10、津农 2 号、津农 4 号、津农 15 号、津强 1 号、津强 2 号、津强 3 号等
2	玉米	郑单 958、京单 28 、农华 101、京科 968、农大 108、东单 13、京科 25、京单 68 、天塔 1 号、屯玉 65 号、高优 1 号、金海 601、海禾 14、京科 15、强盛 17、津玉 60、津玉 61、东单 60 等
3	水稻	中作 93、中作 17、津粳杂 2 号、津粳杂 4 号、津原 38、津原 45、津星 4 号、津稻 937、津辽 901、花育 560 等
4	大豆	冀豆 12、中黄 13、中黄 22 号、中黄 23 号、科丰 15、科丰 37 等

表 5-2　天津主要经济作物品种资源一览表

序号	种类	主栽品种
1	棉花	冀棉 958、创优棉 168、冀棉 169、鲁种棉 169、冀中棉 608、银兴棉 8 号等
2	蔬菜	
2.1	大白菜	秋绿 75、北京新三号
2.2	甘蓝	甘蓝 8398、中甘 21 号（一代杂种）
2.3	花椰菜	津雪 88
2.4	番茄	金棚 1 号、中研 988、美丽坚番茄
2.5	青椒	津椒 10 号、中椒 7 号
2.6	黄瓜	津优 35 号、津优 36 号、津优 38 号、津春 4 号
2.7	茄子	天津二苠茄、布利塔茄子
2.8	芹菜	文图拉西芹
2.9	胡萝卜	新红胡萝卜
2.10	青萝卜	卫青萝卜
2.11	韭菜	91 雪韭
2.12	大葱	五叶齐大葱
2.13	油菜	四季油麦菜、香油麦菜
2.14	生菜	美国大速生
2.15	菜豆	双丰三号
2.16	豇豆	901 豇豆、之豇 28－2
2.17	西葫芦	津玉二号
2.18	大蒜	六瓣红
3	瓜类	
3.1	甜瓜	伊丽沙白、元首、丰雷

（二）种植业发展现状

1．种植业经济总量稳步增长，供给能力有所提高

2016 年，天津市种植业产值 247.49 亿元，同比增长 5.1%；种植业产值占农林牧渔业总产值的比重为 50%，比上年下降 0.9 个百分点。全年粮食总产量 196.37 万吨，比上年年增长 8%。蔬菜总产量达到 453.36 万吨，比上年增长 2.7%。粮食、蔬菜、果品人均占有量（按常住人口 1562.12 万人计算），分别达到 125.70 公斤、290.22 公斤、46.35 公斤。粮食自给率达 30%，蔬菜自给率达到 100%，果品自给率达到 60%。农产品人均占有量和自给率均位于京津沪之首。

2．设施农业加速提升，放心菜基地建设推进

天津市把发展绿色农业、质量农业、品牌农业，作为提升天津现代都市型农业发展水平的重要举措，先后实施了设施农业提升工程和放心农产品系列工程，蔬菜生产已由"量增"转向"质升"。2012年，天津圆满完成设施农业"4412"工程，新建成高标准设施农业面积300万平方千米，全市高标准设施农业面积累计达到400万平方千米以上，蔬菜生产设施化率达到50%。塑料大棚、节能日光温室分别占全部设施的60.8%和39%。设施农业种植品种主要涉及蔬菜、食用菌和花卉等，其中蔬菜面积占50.6%。2013年，在设施农业"4412"工程基础上，启动267万平方千米放心菜基地建设，已累计建设134万平方千米，年产放心菜120万吨。2017年年底全市新建放心菜基地234个，每年可为京津两大市场提供优质的放心蔬菜240多万吨，蔬菜产业已发展成为天津带动农业增效和农民增收的支柱产业，年产值达到152亿元，占全市种植业总产值的60%以上。

3．健全农产品质量安全监管，检测合格率保持较高水平

加强农产品质量安全监管体系建设，健全和完善"三品一标"（无公害农产品、绿色农产品、有机农产品和地理标志保护）等优质农产品的认定、认证监测与评价机制。无公害种植基地2100多个，面积900平方千米，蔬菜基地基本实现了无公害化生产。截至2017年，全市共培育无公害产品1147个，主要"菜篮子"产品实现了无公害生产。绿色产品170个，有机产品47个，地理标志产品8个。全市培育绿色食品生产企业70家，具有绿色食品标志使用权的产品173个。绿色食品生产基地583.13平方千米，核准产量18.51万吨。食用农产品质量安全监测合格率达到99.8%，农产品质量安全继续保持全国领先。完善"天津市放心菜基地信息管理系统"，实现对基地生产及销售的信息化监管，推行贴标上市和产品可追溯体系建设。全市建立质量信息数字化可追溯网络系统，农产品质量安全保持较高水平。据农业部最新检测，天津种植产品农药残留检测合格率达到94.8%以上。全市以无公害蔬菜为重点的依标生产率达到85%以上。

4．加强农田水利工程建设，基础设施配套不断完善

天津农田水利基础设施得到显著改善，截至2017年，全市建成高标准农田面积1786.67平方千米，高效节水灌溉面积1740平方千米，有效灌溉率达到79%。其中，农业节水灌溉面积1773.33平方千米，农业节水灌溉率为57.5%，农业灌溉水利用系数达到0.669。因地制宜推广喷微灌和低压管道、防渗渠道输水灌溉技术。种植业生产配套设施得到加强，市财政拿出专项资金用于补贴基础设施建设，水、电、路、渠、水肥一体化等技术设备得到提升。

5．机械化水平显著提高，农机装备结构优化升级

2008 年以来，中央和市级财政平均每年安排农机购置补贴资金近 5000 万元，促进农机化水平的提高。到 2017 年底，全市耕种收综合机械化水平达到87%，综合机械化水平再创新高，达到国内先进水平；其中，小麦机播率、机收率均接近 100%；玉米机收率约 90%，同比提高 2 个百分点；水稻机插率达到 90%，同比提高 4 个百分点；水稻机收率达到 95%，同比提高 6 个百分点。在实现粮食生产全程机械化基础上，农机装备逐步向设施农业领域扩展，农机装备结构得到了优化升级。

6．休闲农业发展较快，农业多功能性不断拓展

天津地处九河下梢，山、水、河、湖、海、湿地齐全，发展休闲农业和乡村旅游具有独特优势。近年来，天津加快休闲农业发展，以农业生产过程、农村风貌、农民劳动生活场景和风情为重点，将观光、休闲、科普、度假融为一体，成为人们丰富农业知识、体验农业生产劳动和农家生活、享用农业成果以及休闲健身的场所。全市已建成蓟州、宝坻、武清、西青 4 个全国休闲农业与乡村旅游示范县（区），培育了蓟州郭家沟、西青水高庄园等 20 个全国休闲农业与乡村旅游示范点，发展了宝坻牛庄子、武清韩指挥营、宁河齐心庄等 14个中国美丽休闲乡村，以及蓟州团山子梨园、宝坻八门城水稻等四处中国美丽田园，滨海新区崔庄古冬枣园被评为中国重要农业文化遗产，以特色产业为主导的武清东马坊、西青小沙窝等 35 个村被认定为全国一村一品示范村，北辰双街农业科技园、津南月坛农业园等 16 个园区被确定为全国农村创业创新基地。截至 2017 年，津郊已有 14 个村庄被农业部认定为中国最美休闲乡村，全市休闲农业和乡村旅游示范经营户达到 3000 户，带动农民就业 29.5 万人，实现综合收入超过 60 亿元。

二、种植业资源利用及产业发展面临的生态环境问题

（一）水土资源瓶颈日益凸显

一是淡水资源紧缺。天津人均水资源量远远低于全国平均水平。地下水过度开采问题严重，农田水利基础设施和节水工程建设相对滞后，一方面以井灌为主的农作物面积比例较大，加剧了水资源短缺问题；另一方面不得不直接或间接利用污水进行农业灌溉，带来了土壤污染和农产品质量安全隐患。二是耕地资源紧张。一方面耕地数量持续减少，耕地面积平均每年减少约 20 平方千米，全市人均耕地面积仅为 300 平方米，远低于全国平均 933.33 平方米的水平，加之工业化、城市化进程加快，人增地减趋势难以逆转；另一方面耕地质

量堪忧，全市土壤盐渍化面积占耕地面积的40%，一些低洼盐碱地区单季粮食平均亩产不足 250 公斤，同时污水灌溉造成土壤污染，不利的自然条件以及不合理的经济活动，造成农村部分地区的水土流失，导致耕地土壤沙化以及土壤肥力减退。

（二）气象灾害频发

种植业生产主要以大田作物为主，受气象条件等自然因素影响较为明显。近年来，高温、干旱、洪涝、低温、冰雪等农业气候及各种病虫草灾害频发。2011 年春季遭遇干旱少雨，进入气象干旱期，冬小麦返青拔节受到一定影响。2012 年入夏以来，天津市多次遭遇强降雨天气，使得玉米作物遭受较大影响，在大面积被淹的同时，又遭遇了较严重的三代粘虫危害，使得玉米亩产同比下降了 7.7%，产量同比下降 2.0%。2012 年天津农作物受灾面积 5.94 平方千米，绝收面积 0.62 平方千米，直接经济损失达到 32.5 亿元。

三、种植业资源利用及产业发展思路与目标

（一）发展思路

以种植业资源禀赋条件和承载力为基础，适应未来经济发展和生态环境保护需求，按照资源可持续利用、生态功能可持续发挥和经济可持续发展的客观要求，充分发挥天津在区位、科技、人才、信息、市场和资本等方面的优势，构建开放融合的支撑系统；运用先进科学技术、先进工业装备和先进管理理念，以资源高效利用和生态环境保护为目标，建立种植业产业体系和经营体系，转变增长方式，提高科技化、标准化、产业化、规模化、功能化和生态化水平，实现种植业经济、社会和生态效益的最佳耦合，提高种植业的综合生产能力、市场竞争力和可持续发展能力。

（二）基本原则

1．科技引领，集约协调

坚持以科技创新引领种植业发展，不仅要求汲取和发扬传统农业技术的精华，而且还要注重运用现代科学技术，对整个农业技术体系进行生态优化；通过一系列典型生态工程的技术集成创新，构建集约化的种植结构、功能体系、生产体系和管理体系，实现种植业系统协调发展。

2．开放融合，整体推进

突出产业开放、系统开放、功能融合的特点和优势，强调与其他产业间的横向耦合及资源共享；通过与养殖业及农产品加工业等不同环节相连接，与关联产业之间互相支持和补充，发挥种植业的产品、要素和原料供给等整体功能，

实现种植业附加值提升。

3．生态优先，效益并重

充分开发利用现有资源，强化对生态环境的保护，尽量减少对原有自然环境的破坏；坚持"整体、协调、循环、再生"原则，以实现物质的再生循环和分层利用，从而形成不同层次、立体交叉的循环产业链，以及良好的农田生态系统，提高资源利用效率，综合生产能力稳定提高。

4．因地制宜，合理布局

以生态系统多样性理论为依据，结合不同区域种植业资源禀赋状况，科学规划种植业生产布局，协调好种植业的生态、生产、生活的各种关系，合理布局产业发展重点；构建多种类、多层次的生态环境体系、绿色产品体系和综合服务体系，确保种植业生态系统的持续稳定发展。

（三）发展目标

充分运用政策、科技、装备、人才等多种要素手段，全面整合现有种植业资源，进一步调整种植结构，适当减少粮食种植面积，增加蔬菜等经济作物种植面积，优化产业发展格局；完善产业综合服务功能，不断提升种植业发展规模和水平，最终实现以绿色安全农产品的标准化、规模化生产为主导，设施装备精良、生产经营规范、服务体系健全、产业衔接紧密的现代种植业发展方式。到 2020 年，争取实现 4 个明显提升：

1．种植业产业发展水平明显提升

粮食总产量稳定在 150 万吨，蔬菜总产量达到 560 万吨，水果总产量达到 32 万吨；建成 2000 平方千米高标准农田，创建万亩粮棉高产示范片 300 个，蔬菜占地面积稳定在 533.33 平方千米，播种面积稳定在 1066.67 平方千米，设施化率达到 70%。

2．农产品质量安全水平明显提升

建立健全农产品质量检测体系和质量安全追溯体系，完善对生产基地、批发市场、超市、农贸市场和无公害营销企业产品的常规监测制度，农产品抽检合格率稳定在 96% 以上，地产上市产品抽检合格率达到 100%；进一步完善农业标准体系建设，全面实施"三品一标"认证制度，推进无公害农产品标准的全覆盖，绿色食品、有机农产品比重达到 30%。绿色食品、有机食品等高端农产品达 50 个以上，市级以上名牌农产品达到 50 个，国家地理标志农产品达到 10 个，争取创建 3—5 个京津冀区域知名品牌农产品。

3．种植业科技进步水平明显提升

进一步健全完善种植业科技创新与应用推广体系，加大技术储备和投入力度，每年取得种植业科技成果50项以上，每年实施农业科技成果转化与推广项目20—30项，每年重点推广新品种20个以上，重大技术20项以上。着重建成设施蔬菜、食用菌、水稻、葡萄、花卉等种植业技术体系；做大做强粳稻、黄瓜、花椰菜、芹菜等种植业优势种业产业，注重在各个重点种业领域打造一批"育繁推一体化"的现代种业集团。

4．种植业社会化服务水平明显提升

建立健全种植业社会化服务体系，进一步建设病虫害监测预警体系和阻截带，完善运行机制，病虫害预报准确率达到98%；加强病虫害专业化统防统治组织建设，日防控能力达到133.33平方千米；引导开展病虫害专业化统防统治，粮食作物统防统治覆盖率达到60%，设施蔬菜覆盖率达到10%，农药使用量降低10%；建立土肥和农水新技术支撑服务体系，总规模为666.67平方千米，年配方肥施用面积3333.33平方千米，使耕地地力提高1个等级；肥料利用率提高5%，农水利用效率提高10%。

四、种植业资源利用及产业发展方向与重点

（一）产业布局

根据各区县资源禀赋条件，合理开发利用种植业资源，科学布局种植业，全市共划分为环城融合发展区、远郊综合发展区、滨海协调发展区和山地生态发展区4个种植业发展区；发挥生态平衡、保障供给、加工增值、观光休闲等多种功能，进行优势作物区域化布局和专业化生产。其发展方向如下：

1．环城融合发展区

该区域包括环城四区，已形成花卉、特色蔬菜及农产品物流配送和农业休闲观光等为主导的产业体系。发挥邻近中心城区科技资源丰富的优势，强化农业高新技术孵化培育、示范带动、服务辐射等服务功能，建设现代种植业科技创新中心、农产品物流中心和现代都市型农业先行区。同时依据农用地逐渐缩小、环境污染压力加大、农业比较效益相对较低的现实情况，加大结构调整力度：一是加快土地流转步伐，在生态环境较好地区，鼓励新型经营主体围绕沙窝萝卜、食用菌、特色蔬菜和优质果品等优势产业进行规模化、企业化、园区化、标准化、品牌化运作；二是在生态环境恶化地区，有土栽培主要以生态林木、花卉为主，食物产品生产要推广无土栽培模式，阻断有害元素对食品的侵害；三是利用农业园区、科技示范基地的平台，发展现代农业展示、市民农事参与、休闲度假娱乐和乡村民俗旅游等休闲农业模式，形成以采摘体验、休闲娱乐、花卉观赏、文化创意、市民农园和休闲农庄为主的休闲农业基地。

2．远郊综合发展区

该区域包括静海、武清、宝坻、宁河两区两县，是全市粮棉油、蔬菜等重要农产品的主要产区，已形成以水稻、林木、果品、蔬菜、食用菌、特色粮食作物以及农产品加工等为主导产业的现代农业体系。重点突出对全市农产品安全供给功能，突出产业链延伸功能，改善生态保护功能，拓展休闲观光功能，在稳步提升蔬菜、特色粮食、饲料作物等产业的同时，积极发展花卉苗木等产业，做大做强设施农业、农产品加工配送业，推进规模化、集约化、专业化发展，加快设施蔬菜、良种繁育、标准化基地建设，形成全市主要安全农产品供给保障基地。

3．滨海协调发展区

该区域包括滨海新区，已形成耐盐碱植物、葡萄、冬枣、蔬菜、食用菌以及高科技农业为主导产业的产业体系。重点发展现代农业园区、产业聚集区，建成滨海生态农业和休闲农业基地，现代盐碱地绿化农业科技研发转化中心和农产品物流中心；同时，借助滨海新区城镇化快速推进的有利时机，发展农业展示、生态旅游观光和休闲度假娱乐等模式，形成农业多业态发展和多功能建设的现代都市型农业示范基地。

4．山地生态发展区

该区包括蓟州全境，蓟州区是全国生态示范区和全国首家绿色食品示范区，同时也是全市最主要的粮食、蔬菜、林果等产业综合发展的区域。处理好生态环境保护和经济发展的关系，建设全市绿色有机粮食、蔬菜、果品标准化种植基地，培育特色品牌，积极发展农业生态旅游，形成全市特色农业、生态农业和休闲观光农业样板。

（二）发展重点

1．建设粮食标准化种植基地

重点建设 15 个粮食标准化种植基地，主要种植小麦、玉米、水稻三大粮食作物，总播种面积 2000 平方千米左右，年产能力达到 100 万吨以上。基地以 8 个乡镇高产创建推进和 90 个高产创建示范片，带动全市优质粮食种植基地建设。其中，优质小麦基地，播种面积 866.67 平方千米，积极发展优质专用小麦，在蓟州区建设以强筋春小麦为主的种植基地，打造成为全国强筋麦生产基地、良繁基地和交易基地。优质玉米基地，播种面积 1000 平方千米，配合畜牧业发展，稳步发展全株玉米；优质水稻基地，播种面积 133.33 平方千米，重点位于宝坻区和宁河区。

2．建设"放心菜基地"

建设规模化种植、标准化生产、制度化管理和信息化监管的"放心菜基地"266.67平方千米，年产优质"放心菜"240万吨；核心基地建设要达到"五个一"标准，即一个企业（或农民专业合作组织）、一个标识、一套设备、一名监管员和一套制度。同时继续实施设施蔬菜提升工程建设，对133.33平方千米以新型节能日光温室为重点的现代化种植业设施进行基础设施、专用技术、质量安全、配套设施提升，提高设施蔬菜生产水平和周年供应能力，满足全市人民对地产优质放心蔬菜的质量与数量需求。

3．建设优质水果基地

优质水果基地稳定在266.67平方千米，主要位于蓟州（66.67平方千米）、武清（33.33平方千米）、静海（100平方千米）、滨海新区（66.67平方千米）。以万亩为单元重点打造苹果、梨、桃、鲜枣和葡萄五个传统优势品种标准化示范基地；同时积极发展甜樱桃、蓝莓、树莓等新品种和设施果品栽培，满足市场对果品的多样化需求。

4．提升现代农业示范园发展能力

天津现代农业示范园已规划建设14个，占地面积200平方千米，其中核心区28.67平方千米，辐射区166.67平方千米。以提高园区标准、完善园区功能、保障菜篮子供应、增加农民收入为目标，坚持规模化发展、标准化建设和产业化带动，进一步完善机制，创新方法，全面提升园区的科技创新能力、示范转化能力、经营服务能力、产业带动能力和可持续发展能力；同时，通过政策扶持、项目推动、科技引领、产业提升、功能拓展等措施，有效发挥市农科院武清创新基地的功能和作用，积极把天津市水稻原种场、玉米良种场、实验林场打造成以种源为特色的现代化农业园区，进一步完善天津现代农业示范园的产业技术体系。

五、种植业资源利用及产业发展模式

（一）复合系统生态农业发展模式

该模式可有效利用农业生产内部种植业、林业、畜牧业、渔业各业之间生物集体的生命力，把外界环境中的物质和能量转化为生物产品，对生态农业生产本身来说，可形成一个大的循环系统产业链，有效提高资源利用率，减少对环境的污染。

1．农林复合型生态模式

按种群生态与生态学原理，合理配置林粮生产，多层次地利用空间地力、光能，使林粮之间互利共生，协调发展。实践证明，林粮间作能增加地表覆盖、减轻地表径流、防止水土流失、改善农田生态环境,同时能充分利用光能和地力,提高单位面积产值,此模式可结合全市种植结构调整,在各区推广。

2.农牧复合型生态模式

农牧复合型生态模式即通过种植业和畜牧业产业间废弃物资源化利用,实现农牧结合良性发展。构建"农作物秸秆和牧草→畜禽养殖→有机肥→作物种植→安全农产品"产业链,此模式是未来天津农业的重要发展模式。

3.林牧复合型生态模式

林牧复合型生态模式即通过林果业和畜牧业产业间废弃物资源化和循环利用,实现林牧结合良性发展。在林地和果园发展畜牧业,粪便肥果树,杂草、果树枯叶、猪鸡粪便下到沼气池产生沼气,供生活燃料和照明等用,沼液肥果树。这种模式既产生沼气能,又改善土壤的结构和提高土壤肥力,增加系统的生产力,提高产品的品质,增加生物多样性,减少病虫害的危害和环境污染。此模式可在各区推广。

4.全产业链生态农业发展模式

全产业链生态农业发展模式是指按照生态学和经济学原理,将种植业、养殖业、渔业等农业生产与农产品加工有机地结合起来,即产前、产中、产后有机结合,延长产业链,提高经济效益。该模式把系统内的第一性的植物产品(果、瓜、菜、粮等)、第二性的动物产品(家畜、家禽产品)、第三性的农产品加工等多种成分结合起来,使系统结构向多组分、多层次、多时序、多产品和高效益方向发展,具有生产和保护双重功能;同时,在充分利用食物链及生态位原理,实现了农产品的多级加工利用增值,具有很强的生态稳定性和高效益。此模式可在农业产业化龙头企业推广,实行全产业链经营。

(二)立体循环生态农业发展模式

立体循环生态农业发展模式是利用农作物在生育过程中的"时间差"和"空间差"进行合理组合、科学配套,组成各种类型的多功能、多层次、多途径的高产优质生产系统。主要是通过合理组合,建立各种形式的立体农业结构,以达到充分利用时间、空间和土地资源提高生产力的目的,是提高劳动生产率的有效途径。

1.农地立体经营生态模式

根据不同生物种群要求的环境条件不同,各占自己特有的生态位,各生物种群彼此无妨碍,可以更充分利用光照、温度、湿度等资源,在单位面积上生产出更多产品。采用不同生育期的作物同季分带种植,不同季的作物间作,提高复种指数，延长耕地绿色覆盖，提高产量。如粮粮兼作、粮菜兼作、粮经间作、粮药间作模式，可显著提高单位面积产量，改善产品品质，获取较高经济效益。此模式可在各区推广。

2．林地立体经营生态模式

在林间或林下栽培食用菌、农作物、药材、牧草等以及养殖禽类等，使多种生物种群聚集在同一单位土地上，各生物种群形成互相协调、互补互利的关系，达到充分利用光照、土地、立体空间资源和增加经济收入的目的，如林菌模式、林药模式、林禽模式。此模式可结合生态林发展在各区推广。

3．水域立体经营生态模式

按照生态学原理把两种或三种相互促进的生物物种组合在一个系统内，使物种之间达到互利互惠关系，如稻蟹混养、水稻泥鳅混养、池塘养鱼与水生蔬菜综合立体养殖等。此模式可在武清、蓟州、宝坻、宁河等大洼基地推广。

（三）休闲观光生态农业发展模式

休闲观光生态农业发展模式是指以农业和农村为载体，利用农村设备与空间、农业生产场地、农业产品、农业经营活动、自然生态、农业自然环境、农村人文资源等，经过规划设计和打造，以发挥农业与农村休闲旅游功能，增进民众对农村与农业的体验，充分领略现代新型农业技术及生态农业的大自然情趣的一种农业与旅游业相融合的发展模式。

1．观光型生态农业旅游

主要包括生态花木、特色蔬菜、特种禽畜、名优水产和水库山水景观观光，以及森林公园、湿地公园、郊野公园、农业主题公园等休闲观光旅游。此模式可在现代农业园区和自然保护区推广。

2．休闲型生态农业旅游

主要包括果蔬采摘、休闲垂钓、拓展运动、节庆活动展示、民族歌舞表演、民俗文化旅游等新颖有趣的休闲旅游活动。此模式可在各区县特色旅游村推广。

3．体验型生态农业旅游

主要包括生态涵养体验、农业劳作体验、风情风貌体验、乡村文化体验、创意农业体验等，让城市人分享生态农业和民俗文化成果。此模式可在休闲观光农业园区和特色旅游村推广。

4．商务型生态农业旅游

主要包括商务会议、展示展览活动等，通过环境营造和设施建设，为部门单位和社会团体提供商务洽谈和会议服务场所。此模式可在特色农业主题公园和休闲度假庄园推广。

5. 度假型生态农业旅游

主要包括农家乐、渔家乐、市民农园、生态农庄等，根据城市消费需要，依托农业资源、生产设施和农村风情，建设定制型的小果园、小菜园或小花园等，并配有客房和服务设施，为城里人提供农事体验和休闲度假活动。此模式适宜各区农家院推广发展。

第二节　天津畜牧业资源环境问题与可持续发展分析

一、畜牧业资源利用及产业发展现状

（一）畜牧业资源利用现状

畜牧业资源包括饲料资源、畜禽品种资源和草地资源。

1. 饲料资源

（1）玉米

2016 年全市玉米播种面积 2184.4 平方千米，玉米总产量 118.1 万吨，平均亩产 360 公斤。玉米主要用来作为饲料用粮使用。

据初步估算：2016 年天津生猪、奶牛、肉鸡、蛋鸡饲养年共需饲料玉米约 353 万吨，按全市产玉米 118 万吨全部用于畜禽养殖，自给率仅 33%，饲料玉米大量依靠饲料加工企业从周边省市调入。

（2）饲草

据武清区调查，目前全区玉米播种面积约 533.33 平方千米，其中全株玉米播种面积仅 26.67 平方千米，占 5%；全市玉米播种面积约 1800 平方千米，以此推算全株玉米播种面积约 90 平方千米。按照奶牛饲养标准，1 头奶牛应配备 1333.33 平方米全株玉米，全市应至少安排全株玉米 209.33 平方千米；但是由于粮食补贴和农民认识等问题，目前天津全株玉米种植面积偏低，仅占理论需求的 43%，而奶牛饲养选用玉米秸秆的比例较大，影响产奶量。

据统计，目前全市苜蓿播种面积为 32.67 平方千米，按照奶牛饲养标准，1 头奶牛应配备 1 平方千米苜蓿计算，全市应播种苜蓿 104.67 平方千米，由于补贴门槛高等问题，苜蓿种植面积偏低，仅占理论需求的 31%，奶牛饲养或选用进口苜蓿，或用其他饲草替代，影响了经济效益和产奶量。

（3）工业饲料

目前全市拥有饲料生产企业近 300 家，已涌现出了正大、大成、通威、海大、大北农、普瑞纳、帝凯维、诺维信等大型饲料、饲料添加剂生产企业，以及中粮、京粮、九三、金天源、邦基等大型豆粕加工企业，产业转型提升、兼并重组和产业链延伸已经起步。早在 2011 年，全市大宗原料豆粕的产量已达 246 万吨，工业饲料总产量 254.4 万吨，总产值达到 69 亿元，配合饲料产量达到 64.9%，配合饲料的市场需求不断扩大。天津市标准化养殖场已基本上使用工业饲料。

2. 畜禽品种资源

（1）生猪

天津养猪业主要有长白猪、大白猪、杜洛克猪以及 PIC 五元杂交配套系种猪。在利用方式上，三元猪（杜长大、长大本）是目前应用最多的杂交繁育体系；天津宝迪养猪分公司商品猪场除杜长大三元猪外，还养殖 PIC 五元杂交猪。特种猪养殖开始发展，如坐落在蓟州区上白峪的天津牧凯丰黑猪养殖基地，已经饲养烟台黑猪 500 头；天津宁河原种猪场已建成基础规模 600 头的"天河黑猪"选育场，"天河黑猪"为该场长白猪与国内优质的东北黑猪进行杂交试验而得。

（2）奶牛

天津奶牛主要养殖品种为中国荷斯坦奶牛，中国荷斯坦奶牛是 19 世纪末期，由中国的黄牛与当时引进我国的荷斯坦奶牛杂交，经过不断选育而逐渐形成的。另外，天津梦得集团有限公司于 2005 年从澳大利亚引进 100 头纯种娟姗牛，目前这批娟姗牛已全部投产。

（3）肉牛

天津肉牛主要养殖品种为黄牛（鲁西黄牛、蒙古黄牛）、西门塔尔牛、夏洛莱牛、利木赞牛和海福特牛等，天津市凯润淡水养殖有限公司在天津市畜牧兽医研究所、北京安伯胚胎生物技术中心的技术支持下，进行了纯种日本和牛胚胎引进与繁育试验，已建立了 100 头日本和牛纯繁种群。

（4）肉羊

天津肉用绵羊主要养殖品种为小尾寒羊、湖羊和杜泊绵羊，肉用山羊主要养殖品种为波尔山羊、内蒙古黑山羊等，天津奥群牧业公司于 2011 年、2012 年引进了"澳洲白"绵羊新品系用于杂交肉羊的终端父本进行推广。

（5）肉鸡

天津肉鸡主要养殖品种有白羽肉鸡：AA、艾维因、罗斯308、科宝，是规模化养殖场的主要品种。黄羽肉鸡：北京中华宫廷鸡、北京油鸡等，以散养为主。武清新农肉鸡合作社社员还从事肉鸡和蛋鸡的杂交肉鸡的养殖，商品名称为"童子鸡817"，特点是肉质优良，45天出栏，体量在1.25公斤左右。

（6）蛋鸡

天津蛋鸡主要养殖的白壳蛋鸡品系有：京白904、京白823、京白938、星杂288、海赛克斯白、罗曼白、海兰W—36和迪卡白等；褐壳蛋鸡品系有：依莎褐、海赛克斯褐、罗曼褐、迪卡褐、黄金褐、罗斯褐和农大褐等，均是规模化蛋鸡养殖场的主要品种。蛋鸡散养品种有农大3号、华北柴鸡、东乡鸡、芦花鸡等。

3．草地资源

天津在册的牧草地资源很少，据国土部门资料，目前全市牧草地总面积为6.67平方千米，位于滨海新区和静海区等地，用于放牧。

（二）畜牧业发展现状

1．综合生产能力较强

2016年全市畜牧业产值140.86亿元，同比下降0.7%；畜牧业产值占当年农业总产值的28.5%，与2006年相比上升了0.6个百分点。畜牧业主要养殖品种为生猪、奶牛、蛋鸡、肉鸡、肉牛、肉羊等。2016年肉类总产量45.51万吨，其中，猪肉总产量29.18万吨，占64.1%；禽肉产量11.2万吨，占24.6%；牛肉产量3.45万吨，占7.6%；羊肉产量1.62万吨，占3.6%。禽蛋总产量达到20.63万吨，奶类总产量达到68.02万吨。肉、蛋、奶人均占有量（按常住人口1562.12万人计算），分别达到29.2公斤、13.2公斤、43.5公斤，猪肉、禽蛋、牛奶自给率分别达到59.1%、58.1%、181.4%，人均占有量和自给率均位于京津沪之首。

（1）生猪

2016年天津生猪存栏190.6万头，出栏374.79万头。按出栏300头以上计算，生猪规模化养殖水平达到40%左右，生猪养殖主要集中在远郊五区县，其出栏头数占全市总出栏头数的80%左右。天津在生猪产业化领域居国内先进水平，宁河原种猪场、宝迪集团公司、天津众品食业有限公司已成为国家级农业产业化龙头企业。同时国内多家知名企业在天津投资生猪产业项目，带动了天津生猪养殖业向标准化、产业化方向发展。

（2）奶牛

2016年天津奶牛存栏29.28万头，牛奶总产量68万吨，按存栏100头以上养殖场计算，奶牛规模化养殖水平达到95%，奶牛养殖主要集中在武清区、北辰区、静海区、农垦集团和宁河区，其存栏头数占全市总存栏头数的89%。天津是全国11个奶牛优势主产区之一，全市已建成奶牛养殖场和小区151个，机械化挤奶率达到100%，奶牛平均年单产为7298公斤/头，达到国内先进水平。

目前，天津奶牛养殖集中的各区均有国内知名的乳品加工企业，天津海河乳业有限公司、天津梦得集团有限公司、天津津河乳业有限公司和天津华明乳业有限公司已成为国家级农业产业化龙头企业，全市共有乳品加工企业 12 家，日处理鲜奶均达到 100 吨以上。

（3）肉鸡

2016 年天津肉鸡出栏 7910.6 万只，按出栏 1 万只肉鸡的养殖场计算，肉鸡规模化养殖水平达到 95%，肉鸡养殖主要集中在远郊五区，其出栏只数占全市总出栏只数的 76%。天津肉鸡产业以"大型肉鸡公司+农户"的方式为主体，约占全市肉鸡产量的 90%。实现肉鸡全产业链一体化经营，大成万达（天津）有限公司已成为国家级农业产业化龙头企业。

（4）蛋鸡

2016 年天津蛋鸡存栏 1351.2 万只，产蛋量 19.17 万吨，蛋鸡规模化养殖水平达到 90%，蛋鸡养殖主要集中在远郊五区，其存栏只数占全市总存栏只数的 87%。天津蛋鸡养殖产业主要以养殖专业合作社、养殖大户为主。

（5）肉牛

2016 年天津肉牛出栏 20.07 万头，肉牛养殖主要集中在远郊四区，其出栏只数占全市总出栏只数的 94%。天津肉牛养殖产业主要以养殖专业合作社、养殖大户为主。

（6）肉羊

2016 年天津肉羊出栏 68.58 万只，肉羊养殖主要集中在远郊五区，其出栏只数占全市总出栏只数的 82%。天津肉羊养殖产业主要以养殖专业合作社、养殖大户为主。天津奥群牧业有限公司致力于国外肉羊良种的引进、繁殖、选育与推广，形成了完善的工厂化胚胎移植技术体系，原种种群规模 3800 只，年制种能力为 2800 只，种群质量和规模达到国际先进水平，奠定了快速扩繁优质种羊的基础。白头杜泊绵羊数量、质量和性价比均为国内领先。按照国家种业战略以及天津现代都市型农业建设中争当国内种源农业排头兵的战略定位，奥群公司的二期工程建设定位为"深化优势种业，延伸优势产业链"，改造杜泊绵羊核心育种区，建成后年存栏原种种羊 8000 只，年生产冷冻胚胎 1 万枚并向全国推广，成为国内一流的肉羊种业育种公司。

2. 标准化规模养殖步伐明显加快

近年来，国家和天津共投入财政资金 3 亿多元，引导社会资金 12 亿元，建成了 100 个现代畜牧业示范园区；新建、改扩建标准化规模养殖场 283 个；启动了畜牧产业园区和精细养殖园区建设，提升了畜牧业设施化水平。生猪园区普遍采用自动温控系统、网上育仔、高床产仔设备等；奶牛园区普遍采用了全混合日粮（TMR）和散栏饲养工艺，引进美国博美特、以色列阿菲金等奶牛智能化管理系统；蛋鸡、肉鸡园区普遍采用了自动集粪、自动温控系统等。对养殖粪污采用"三段式"（即粪便三改两分、厌氧处理、综合利用）处理工艺，实现对养殖粪污的减量化、无害化和资源化利用，降低了养殖污染排放，对全市现代畜牧业发展起到了良好示范带动作用。

3．畜禽良种繁育体系初步建成

目前，全市有种畜禽场 50 个，其中，蛋种鸡场 9 个，年提供雏鸡 3300 万羽；肉种鸡场 4 个，年提供雏鸡 7000 万羽；种猪场 19 个，年提供种猪 21 万头；种公猪站 11 个，年供精液 450 万份；种羊场 1 个，年提供种羊 2600 只；种子奶牛场 1 个，年供种子奶牛 500 头。天津畜禽良种场所产的种猪、种羊、奶牛冻精销往全国 30 多个省市。畜禽种业产值 10.5 亿元，占畜牧业产值 12%左右。

4．龙头企业带动能力日益增强

近年来，国内知名大型龙头企业纷纷落户天津，温氏集团落户宁河，宝迪、中粮集团在宝坻建成生猪养殖场，众品食业公司在静海建成生猪屠宰加工厂并正在建设生猪基地，雨润集团在宁河投资建设生猪屠宰和加工项目。天津 19家农业产业化国家级重点龙头企业中，畜牧养殖、加工企业达到 8 家，"海河"乳制品、"天河"种猪、"宝迪"种猪、"奥群"种羊、"大成"禽产品等已成为畜禽产品知名品牌。

（三）畜牧业发展支撑条件建设

1．落实各项扶持政策

天津积极落实国家各项扶持畜牧业发展的政策，主要包括：生猪和奶牛良种补贴、生猪和奶牛标准化规模养殖场（小区）改扩建项目、生猪调出大县奖励资金、能繁母猪补贴；出台了现代畜牧业示范园区扶持政策、畜牧业设施提升工程补贴政策等，有力促进了现代畜牧业持续健康发展。

2．完善质量监管体系

天津出台了《天津市畜牧条例》以及配套法规，制定了《天津市畜禽和畜禽产品质量安全检测证明管理规定》《天津市畜禽产品包装和标识管理办法》《天津市不安全畜禽产品召回管理办法》等规章制度，建立了天津市畜产品质量安全检测中心；到 2013 年全市认定无公害畜产品产地累计 1032 个，通过认证的无公害畜产品累计 106 个；畜产品总体抽检合格率达到 99%以上。

3．健全动物疫病防控体系

全市实施了 130 个基层兽医站提升改造工程和 10 个区县动物疫病预防控制

中心实验室建设项目，市、区、乡镇、村四级动物疫病防控体系基本健全，未发生高致病性禽流感等重大动物疫情，新城疫、猪瘟等发病率大幅下降，奶牛结核病阳性率控制在千分之一以下，马传染性贫血病防控达到消灭标准。

4．提高科技支撑畜牧业发展能力

为全面提升本市畜牧业产业化水平和企业市场竞争力，2017年本市出台了大力扶持培育畜牧重点龙头企业的相关政策，对入选的每个畜牧龙头企业，市级财政补助资金最高将达1500万元。利用三年时间，力争打造1家或2家百亿畜牧龙头企业，培育3家至5家畜牧龙头上市企业。

实施畜牧龙头企业扶持项目。以生猪、奶牛、肉羊产业为重点，选择一批畜牧业龙头企业，以联农带农模式率先试点，通过政策扶持，加快推进畜牧业产业化经营，力争提升本市生猪、奶牛、肉羊种业的科技创新能力、集成创新能力、成果转化能力、持续发展能力和市场竞争能力，努力建成国家级品种培育、选育和示范中心，鼓励相关企业做大做强，提高辐射带动能力，搞好联农带农。具体来说，在生猪饲养方面，将实现生猪生产的规模化、设施化、标准化、生态化，推动养殖场户、合作社由自繁自养向分段式饲养模式转变；在奶牛饲养方面，鼓励以养殖托管、股份制为合作方式，带动农民增收，推动奶牛小区向牧场饲养方式转变；在肉羊饲养方面，以带动发展种羊生产和优质肉羊标准化示范生产为主，推动肉羊向种业和适度规模标准化生产转变。组织实施各级各类畜牧科技创新、研发、示范推广以及标准化项目56项，其中，推广新品种75个，推广新技术81个，新增社会经济效益达8.6亿元。商品猪死亡率控制在2%以下，肉料比1：2.8；奶牛平均单产7200千克；蛋鸡产蛋量达到16.5千克以上，蛋料比为1：2.4；肉鸡肉料比为1：1.9；肉牛育肥期日增重达到1100克。

二、畜牧业资源利用及产业发展面临的生态环境问题

（一）畜牧业环保压力日益加大

参照国际标准，按照"自然消纳、生态平衡"原则，每亩耕地可自然消纳2个猪单位的排泄物（1个猪单位折合1/10头奶牛，或1/5头肉牛，或3只肉羊，或30只蛋鸡，或60只肉鸡）。2013年，天津年末实有常用耕地面积为3925.2平方千米，农区合理载畜量为1177.56万个猪单位，目前达到500万个猪单位，虽然理论上还有677.56万个猪单位（57.53%）的发展空间。但因现有养殖场粪污处理设施落后，治理效果不理想，给环境带来很大隐患，短期内对现有规模养殖场粪污处理设施提升改造，所需投入大，任务十分艰巨。部分畜禽养殖者对粪污处理意识淡漠，缺乏必要的处理设施设备和技术力量，主动投入治污的

积极性不高，随意排放问题突出，畜禽养殖污染已经成为畜牧业发展的重要的制约因素。随着美丽乡村建设的逐步深入和国家《畜禽规模养殖污染防治条例》的颁布实施，畜禽养殖污染已经成为现代畜牧业发展亟待解决的问题之一。

（二）畜牧业养殖用地日益紧张

国土资源部、农业部《关于促进规模化畜禽养殖有关用地政策的通知》（国土资发〔2007〕220号文件）规定："规模化畜禽养殖用地应坚持鼓励利用废弃地和荒山荒坡等未利用地，尽可能不占或少占耕地的原则，禁止占用基本农田。"目前天津属于非基本农田的农业用地资源非常紧张，可供畜牧业发展的土地资源越来越少。目前天津很多养殖场是20世纪建成的，设施简陋、设备老化，已不能适应现代畜牧业发展的需要，急需改造提升。由于历史原因，一部分养殖场正处在基本农田上，目前尚能正常经营，但是按照国土部门规定，不可进行任何土建工程，如果进行改造提升，则有可能被定为违规工程，对畜禽标准化、规模化改造带来很大制约。

（三）畜产品疫病防治和质量安全问题相对薄弱

天津地处物流人流密集的交通要道，活畜禽及畜产品流通频繁，在国际国内动物疫情复杂多变的大环境下，畜禽感染病原机会增多，内发疫病和外疫传入两方面的风险都在增加。目前天津病死动物无害化处理、隔离检疫等场所和设施设备尚有欠缺，基层动物防疫基础设施和队伍力量相对薄弱，个别地方基层兽医站人员经费不能保障，一定程度上影响了动物防控工作的开展。部分企业和养殖户缺乏社会责任感，非法添加违禁药物及超剂量使用添加剂、制售假冒伪劣饲料等行为仍有发生；畜产品优质不优价，优质安全畜产品发展的市场内动力不足。

三、畜牧业资源利用及产业发展思路与目标

（一）发展思路

以"稳发展、保供给、保安全、保生态"为目标，以现代化的设施设备、物联网管理、生态循环利用和环境景观打造为重点，集成畜禽先进生产管理技术和工艺，建设智能型、生态型、效益型现代畜牧业园区；加快标准化规模养殖基地和畜禽种业基地建设，打造集规模化养殖、标准化生产、产业化带动、生态化循环和休闲观光于一体的现代畜禽养殖基地，构建特色突出、品质优良、效益显著、环境友好的现代畜牧业产业体系，增强安全畜产品的供给保障能力、市场控制能力、科技支撑能力和辐射带动能力。

（二）基本原则

1. 优化布局，科学发展

逐步减少在环城四区、滨海新区核心区以及远郊五区居住社区和工业园区周边的养殖规模，淘汰小规模散养点位，重点在远郊五区生态环境适宜地区进行集中布局，加快发展畜禽良种和畜产品加工物流产业。

2. 农牧结合，协调发展

以"美丽天津·一号工程"建设为契机，推动种养结合的产业发展模式，有效解决畜牧业养殖污染问题，通过多种途径，推进畜禽生产向循环利用、生态友好型转变，提高畜禽粪便资源化综合利用水平，发展优质高效饲料（饲草）种植，促进畜牧业可持续发展。

3. 加工增值，产业化发展

大力发展畜禽产品加工业、畜牧业生产资料制造业、畜牧业流通服务业，做大做强产业化龙头企业，推进畜牧业生产、加工、销售全面协调发展，提高畜牧业辐射带动能力和综合效益。

4. 科技支撑，引领发展

针对土地资源约束、质量安全、环境污染、疫病防控等突出问题，加强现代畜牧业关键技术的研究开发和示范推广，突破制约畜牧业发展的瓶颈，抢占畜牧业的科技制高点，增强天津畜牧业在环渤海区域的辐射和带动效应。

（三）发展目标

到 2020 年，畜牧业生产结构和区域布局进一步优化，综合生产能力显著增强，规模化、标准化、产业化程度进一步提高，畜牧业继续向资源节约型、技术密集型和环境友好型转变，畜产品有效供给和质量安全得到保障，力争实现五个提升：

1. 畜产品综合生产能力稳步提升

全市畜牧业产值达到 124.78 亿元，年均递增 2%，占农业总产值的比重下降到 20%；全市生猪存栏 202 万头，生猪出栏 400 万头，奶牛存栏 16 万头，蛋鸡存栏 1400 万只，肉鸡出栏 8000 万只，肉牛出栏 21 万头，肉羊出栏 68 万只；肉、蛋、奶产量分别达到 48 万吨、20 万吨和 71 万吨，猪肉、鸡蛋、牛奶自给率分别达到 55%、53% 和 135%（按 2020 年天津市总人口 1700 万人计算），继续位于国内大城市前列。

2. 畜禽良种产业发展水平显著提升

全市畜禽良种繁育体系进一步健全完善，良种化水平明显提高；全市种畜禽场由 50 个发展到 65 个，年供种畜禽生产能力提高 30%，良种产值由 15 亿元增加到 25 亿元，占当年畜牧业产值的比重达到 20%，提高 6.2 个百分点。优秀种公牛存栏 300 头，种公牛站冷冻精液生产能力 500 万剂；父母代肉种鸡存栏 40 万套，父母代蛋种鸡存栏 25 万套，纯种猪生产能力 35 万头。

3. 畜禽养殖规模化标准化水平显著提升

按照现代都市型畜牧业标准化建设要求，加大对养殖基地规模养殖场的提升改造，并按"三段式"工艺开展畜禽粪污治理工程建设；实现养殖基地内规模养殖场设施化、信息化、智能化、生态化、无害化水平全面提高，畜禽粪便资源化利用率达到 100%。畜禽规模化养殖比重达到：生猪 95%、奶牛 100%、蛋鸡 90%、肉鸡 95%。

4. 畜产品质量安全水平显著提升

建立完善的市、区、乡（镇）三级监管体系和畜产品质量安全检验检测体系，包括动物疫病检测中心、病死动物无害化处理中心、投入品质量检测中心和畜禽产品安全检测中心，违禁药物、非法添加物等有害物质得到有效控制，70%以上的畜产品通过无公害产地认定和产品认证，市场兽药抽检合格率由 90%提高到 95%，动物产品兽药残留超标率控制在 0.5%以内，动物发病率、死亡率和公共卫生风险显著降低，外来动物疫病防范和处置能力明显提高。确保畜禽产品质量安全，实现畜产品质量可追溯。

5. 农牧结合生态化水平显著提升

充分利用地域农业生物多样性关系，发展农牧、林牧等复合生态农业生产模式，促进资源循环利用，实现废弃物无害化处理达标排放；建设 1000 平方千米饲料玉米基地、200 平方千米全株玉米基地和 100 平方千米优质苜蓿基地，实现农牧有机结合；依托园区、示范区和养殖基地，发展生态畜牧业，打造一批特色生态农场和生态牧场。

四、畜牧业资源利用及产业发展方向与重点

（一）总体布局

按照天津市现代畜牧业发展思路，对全市畜牧业布局进行区域性和结构性优化，满足单产提高、效益提升、生态安全的要求。除城区和各类保护区、风景名胜区为禁止养殖区外，全市郊区划分为环城协调发展区和远郊综合发展区两个区域；按照生产相对集中的原则，形成科学合理的现代畜牧业发展空间布局。

1. 环城协调发展区

主要涉及东丽、西青、津南、北辰四个环城区以及滨海新区汉沽。以生猪、奶牛、肉鸡为主，除北辰奶牛养殖规模较大外，其他区各种畜禽养殖规模整体较小。该区域未来将控制养殖规模，总量逐步减少，对已有项目进行提升改造，生猪养殖主要分布在东丽和西青，奶牛养殖主要分布在北辰，肉鸡养殖主要分布在西青和津南。

2. 远郊综合发展区

主要包括宝坻、武清、宁河、静海、滨海新区大港、蓟州以及农垦。该区域养殖规模大，品种多，是天津重要的畜禽养殖基地。养殖畜种主要以生猪、奶牛、肉鸡、蛋鸡为主，并积极发展肉牛、肉羊、长毛兔等草食动物，生猪养殖主要分布在宁河、蓟州、宝坻，奶牛养殖主要分布在武清和静海，肉鸡养殖主要分布在宁河、静海和武清，蛋鸡养殖主要分布在蓟州和宝坻，肉牛养殖主要分布在蓟州和宝坻，肉羊养殖主要分布在蓟州、静海、武清和滨海新区（大港）。

（二）发展重点

1. 现代畜牧业产业园区建设

到 2020 年，重点建设国内一流的现代畜牧业产业园区 13 个，其中，生猪养殖园区 5 个（宝坻、宁河各 2 个，西青 1 个），奶牛养殖园区 5 个（武清 2 个，宝坻、西青、北辰各 1 个），肉羊养殖园区 2 个（滨海新区），肉鸡养殖园 1 个（武清）。依托良好投资经营能力的优势畜禽养殖企业，通过提升设施化水平，实现畜牧生产信息化、智能化管理；开展畜禽粪污综合治理，打造生态循环养殖模式；完善休闲观光和文化体验设施，建设科普旅游基地，从环境控制、生产管理、工艺流程、设施设备、产品品质等各个环节达到国内一流水平，使其成为现代畜牧业样板区、循环农业示范区和科普文化展示区，引领现代都市型畜牧业发展。

2. 设施畜牧业示范区建设

到 2020 年，重点对 100 个规模养殖场进行改造提升，主要分布在蓟州 12 个、宝坻 15 个、武清 16 个、宁河 19 个、静海 12 个、西青 5 个、北辰 6 个、滨海新区 15 个。重点提升规模养殖场的设施化、生态化、信息化、无害化、规范化、良种化水平，为畜禽养殖基地起到示范带动作用。一是对落后的养殖场基础设施进行全面改造，完善粪污处理和三级消毒设施。二是对陈旧的设备进行彻底更新，配备风机、湿帘、空调等设备，强化环境控制。三是养殖环境综合整治，对粪污进行有效处理和综合利用。

3. 畜禽养殖基地建设

到 2020 年，重点建设畜禽养殖基地 55 个，包括生猪、奶牛、肉鸡、蛋鸡、肉牛、肉羊六个畜禽品种，涉及 8 个区、85 个乡镇、1010 个规模养殖场。加强畜禽养殖生态环境治理，提高养殖基地疫病防控、畜产品质量安全、生态环境保护整体能力，初步建立起现代化畜牧产业体系；基地畜产品产能占到全市畜产品总产能的60%左右。主要任务：建立区域畜禽疫病诊断服务中心、畜禽投入品质量服务中心和畜禽产品质量安全检测点等公共服务设施，建立病死畜无害化处理体系。基地内年出栏万头以上猪场、10万只以上肉鸡场配套建设无害化处理设施，自行处置病死动物，在各区建设公益性病死动物无害化处理厂，在乡镇建设病死动物收集网点，实行统一收集、集中处理；年出栏5000头以上生猪养殖场配备无害化收集暂存冷库（或冰柜）；按辐射半径20公里内建立畜禽粪便有机肥加工中心，配套相关设备。

（1）生猪养殖基地

重点建设13个（蓟州、宝坻、武清、宁河、静海各2个，西青、北辰、滨海新区大港各1个），年出栏不少于2万头，涉及61个重点乡镇、492个规模养殖场。基地年出栏生猪258万头，占全市生猪预计出栏总量的64.5%。

（2）奶牛养殖基地

重点建设9个（武清、静海、宁河各2个，宝坻、北辰、滨海新区大港各1个），年存栏不少于1万头，涉及31个乡镇、102个规模化养殖场。基地奶牛存栏总量达到12.3万头，占全市奶牛预计存栏总量的76.9%。

（3）肉鸡养殖基地

重点建设9个（宝坻、宁河、静海各2个，武清、西青、滨海新区大港各1个），年出栏不少于100万只，涉及39个乡镇、213个规模化养殖场。基地年出栏肉鸡5056万只，占全市肉鸡预计出栏总量的63.2%。

（4）蛋鸡养殖基地

重点建设13个（蓟州3个，宝坻、宁河、静海各2个，武清、西青、北辰、滨海新区大港各1个），年存栏不少于20万只，涉及39个重点乡镇、156个规模化养殖场。基地蛋鸡存栏量达1023万只，占全市蛋鸡预计存栏总量的73.1%。

（5）肉牛养殖基地

重点建设4个（蓟州、武清、宁河、滨海新区大港各1个），年出栏不少于1万头，涉及9个重点乡镇、25个规模化养殖场。基地年出栏肉牛10.6万头，占全市肉牛预计出栏总量的50.6%。

（6）肉羊养殖基地

重点建设7个（宝坻2个，蓟州、宁河、静海、北辰、滨海新区大港各1个），年出栏不少于1万只，涉及17个重点乡镇、22个规模化养殖场。基地的肉羊出栏量达32.4万只，占全市肉羊预计出栏总量的47.6%。

4. 畜禽种业工程建设

发挥天津在种猪、种羊、种奶牛生产方面的优势，推进以企业为主体的国家生物种业品种研发、繁育与示范，规范畜禽良种选育、生产、销售与服务平台，完善育、繁、推一体化的现代生物种业技术体系，加快培育推广超高产、多抗、优质专用等新品种，做大做强天津畜禽种业。到 2020 年，全面提升种畜禽场基础条件、设施化水平，提高良种化水平。主要任务：一是建立市种猪和奶牛生产性能测定及遗传评估中心各 1 座；二是改造提升种猪场 19 个、奶牛良种场 5 个、种公猪站 1 个、种公牛站 1 个、种禽场 2 个、原种羊场 1 个、种羊扩繁场 3 个，培育肉羊新品种 1 个。

五、畜牧业资源利用及产业发展模式

（一）"两头在内、中间在外"模式

充分发挥天津区位、资金、科技和畜禽产业龙头带动优势，加快畜牧业产业提升，在建设现代畜牧业产业园区和标准化规模养殖场基础上，积极发展畜禽良种繁育、新型兽药、饲料添加剂和畜牧生产加工设备，发挥对环渤海现代畜牧业发展的支撑、引领和带动作用，形成畜禽良种、食品加工产业及企业总部在本市，适当向周边外埠延伸，大规模商品化养殖逐渐向外埠转移，促进生态健康养殖模式的推广，为美丽天津建设作出贡献。

（二）科技型、生态型发展模式

在环城郊区和滨海新区汉沽，重点提高养殖设施自动化水平，发展良种繁育、优质畜禽精养以及特色畜禽养殖，拓展农业功能，因地制宜发展休闲观光牧场，推动产业优化升级和环境生态安全，为社会提供高品质的畜禽产品和特色休闲服务场所，为中小学生提供教育基地。

（三）标准化、规模化发展模式

在远郊五区，按照高产、优质、高效、生态、安全的要求，进行畜禽养殖合理布局，实现农牧结合，依靠科技创新和龙头带动作用，发展环境友好型畜牧业，提高养殖规模化、标准化、集约化和生态化水平，确保生态环境和畜牧业的可持续发展，有效提高区域优质畜产品供给能力。

第三节　天津渔业资源环境问题与可持续发展分析

一、渔业资源利用及产业发展现状

（一）天津渔业资源种类

渔业资源是渔业生产的自然源泉和基础，不仅包括水域中蕴藏的各种鱼类和水生经济动植物，还包括所有与渔业生产和环境有关的水生野生动物、水生饵料生物等。天津渔业资源丰富，种类繁多。

1. 饵料生物资源

（1）浮游动物

浮游动物是鱼类食物链的重要环节，其密度是评估水域自然生产力的依据之一。天津水生浮游动物有 4 类（原生动物、轮虫、枝角、桡足），117 属，优势种主要包括园缸沙壳虫、匕口虫、筒壳虫、弹跳虫、焰毛虫、萼花臂尾轮虫、壶状臂尾轮虫、长肢秀体水蚤、剑水蚤、直额裸腹蚤等 23 种。

（2）底栖动物

底栖动物是杂食性底层鱼类的天然饵料，在养殖水域的食物链中处于重要地位。它对底层水域杂食性鱼类的数量和质量，特别是对优质鱼的产量具有重要影响。天津底栖动物有环节动物、节肢动物和软体动物 3 门，68 种。主要优势种包括苏氏尾鳃蚓、颤蚓、河蚬、纹沼螺、萝卜螺、白旋螺、日本沼虾、日本新糠虾、细长摇蚊幼虫、粗腹摇蚊幼虫等 15 种。

（3）水生植物

水生植物是食草性鱼类的重要饵料。天津浮萍、芦苇等水生植物遍布，且种植密度与生物量较大，这为食草性鱼类的生长提供了天然饵料。天津水生植物有 21 科、44 种，主要优势种有金鱼藻、小浮藻、聚草、芦草、马来眼子菜、香蒲、苦草等 7 种。

2. 鱼类资源

天津有陆栖淡水鱼类 66 种，隶属于 9 目 15 科，主要养殖品种有草鱼、鲢鱼、鳙鱼、鲤鱼、乌鳢、罗非鱼、鲟鱼和白鲳；海洋经济鱼虾类共 68 种，养殖品种主要有半滑舌鳎、大菱鲆、牙鲆、梭鱼、金鲳、石斑鱼、花鲈鱼等；虾类主要有南美白对虾、斑节对虾、中国对虾、日本对虾；蟹类主要有梭子蟹、青蟹等。海洋捕捞品种主要有小黄鱼、带鱼、梭鱼、花鲈鱼、银鲳鱼、麻口鱼、比目鱼、鲶鱼等；蟹类主要有梭子蟹；虾类主要有中国对虾、脊尾白虾、毛虾；贝类主要有红螺、毛蚶、青蛤、缢蛏、栉孔扇贝、密鳞牡蛎；其他类主要品种有乌贼、鱿鱼、章鱼、海蜇等。此外，观赏鱼养殖也具有一定规模，主要为金鱼、锦鲤、淡水热带鱼等多个品种。

（二）天津渔业资源及产业发展现状

1. 渔业资源锐减，渔业捕捞量整体下降

天津近岸地处渤海西部的浅水海湾，水质肥沃，饵料生物十分丰富，是多种鱼、虾、蟹、贝类生长繁殖、栖息的良好场所，历史上渤海湾水生生物约有150多种。从 20 世纪 80 年代开始，由于受到过度捕捞、海洋污染等许多因素的影响，渤海湾渔业生态环境极度恶化，渔业资源由过去的 95 种减少到目前的 75 种；其中，有重要经济价值的渔业资源从过去的 70 种减少到目前的 10 种左右。目前，渤海湾可捕捞达产的渔业品种只有皮皮虾、中国对虾等极少数品种，传统渔业特产野生牙鲆、河豚等已经彻底绝迹。

2. 综合生产能力稳步提高，渔业效益显著

近年来，受城市化快速推进和设施渔业发展的影响，天津市水产养殖规模有所波动，但基本维持在 400 平方千米以上，水产养殖产量呈逐年增长态势，水产养殖业单产水平显著提升。2016 年全市水产养殖面积为 384 平方千米，养殖产量达 39.44 万吨。全市实现渔业总产值 85.8 亿元，比上年增长 7.9%，渔业总产值占全市农林牧渔总产值的比重达 17.35%。渔业综合生产能力稳步提高，经济效益显著，渔民人均纯收入达到 25378 元，已发展成为天津农业的优势主导产业，除满足市民需求外，更成为农民致富增收的重要途径。

3. 渔业产业结构进一步优化，产业竞争力显著提升

天津渔业主要以养殖为主，全市水产养殖以淡水养殖占绝对主导，其产量占水产养殖产量的 96%，近年来主要开展产品带和养殖示范园区建设；创新发展了"工厂化循环水养殖""多品种混养""高密度精养"等多种海水养殖模式，其中工厂化海珍品养殖面积达 100 万平方米。无公害健康水产养殖方式全面推行，全市形成了彭泽鲫、南美白对虾、海珍品及浅海滩涂贝类 4 大优势水产品产业带，渔业向集约化养殖、园区化经营方向转变。观赏渔业、休闲渔业蓬勃发展，从事休闲渔业经营的单位达 536 多家，带动农户 2026 户，年接待能力达156 万人次，休闲渔业产值达 9.87 亿元，占渔业总产值的 11.6%，已成为带动渔民增收的新亮点。建成国家级原、良种场 8 个，市级良种场 16 个，苗种繁育场 68 家，年生产苗种 158 亿尾。全市以种源渔业、生态渔业、设施渔业、休闲

渔业、观赏渔业为主，集生产、生态、休闲等多功能于一体的现代渔业体系初步建立，渔业竞争力显著提升。

4．渔业资源保护逐步加强，可持续利用模式探索推进

近年来，天津市先后实施多项措施保护渔业资源。通过减船减网、控制捕捞强度、在环渤海相关海域实施伏季休渔制度、开展增殖放流活动及人工鱼礁建设、加强河道综合治理和推进生态补偿等措施，强化渔业水域生态环境的修复和对水生生物资源的保护。2017年投入1561.26万元，放流中国对虾、梭子蟹等海洋经济物种15亿单位，放流珍稀濒危物种松江鲈鱼14.96万尾，投放礁体3686个，《天津市海洋牧场建设规划（2016—2020年）》获批，组织制定了《海河（天津段）生物多样性保护实施方案》，为渔业资源创造了良好的庇护、栖息及繁殖场所，维护渔业资源的多样性。海洋牧场建设取得突破，成功进行了20746.67平方米的羊栖菜、鼠尾藻和龙须菜的筏式养殖。此外，还通过建设种质资源保护区、引进名特优水产品等促进渔业资源品质与效益的提升。目前，水产良种场主要生产梭鱼、鲈鱼、草鱼、彭泽鲫、半滑舌鳎、乌克兰鳞鲤、牙鲆、三疣梭子蟹、南美白对虾、中国对虾、中华鳖等多类涉渔品种，水产种质资源恢复迹象明显。

二、渔业资源利用及产业发展面临的生态环境问题

近年来，虽然天津渔业发展呈稳步发展态势，但仍面临养殖水域空间缩小、生态环境恶化、过度捕捞现象严重、种质资源衰退等生态环境问题。渔业资源日益减少，养殖品种病害频发，水产品质量安全受到挑战，严重制约了天津渔业的可持续发展。

（一）养殖水域资源日益短缺

天津内陆区域虽然河流、池塘、洼淀等养殖水面较多，但区域内降水量偏少，养殖用水补充不足；而地下水的长期超采已造成地面沉降并形成多处地下水漏斗区，宜渔水资源更加短缺。此外，随着天津经济的快速发展和工业化、城市化进程的加快推进，养殖水域、滩涂被填平或挤占现象时有发生，养殖水域空间不断减少，养殖水面的开发、利用和保存遇到更多困难和阻力。

（二）养殖水域污染严重

近年来，天津市天然养殖水域污染日趋严重。尤其天津近岸渤海海域每年接纳的陆源污水量达28亿吨，各类污染物质70多万吨，入海污染物大幅度增加，致使渤海环境质量急剧恶化，赤潮现象时有发生。加之渤海湾是一个近封闭的海域，海水循环交换能力弱，几乎成为一个巨大的纳污池。海水中的污染

物主要是无机氮、磷酸盐、油类以及汞、铅等重金属。目前，渤海 20%的海域遭受磷酸盐污染，22%的海域遭受无机氮污染。此外，内陆池塘养殖水体富营养化现象严重，养殖水域生态环境遭到严重恶化。

（三）过度捕捞现象严重

20 世纪 90 年代以后，渤海海域年捕捞量都超过 50 万吨，到 2000 年以后，捕捞量猛增到 100 万吨以上。从事渤海海区作业的渔船 20 世纪 70 年代不到 5000 艘，80 年代发展到近 1 万艘，90 年代达到 1.5 万艘，到 2000 年猛增到近 3 万艘。尽管天津先后采取了捕捞强度控制指标制度、捕捞渔船和功率"双控制"指标制度、捕捞产量"零"增长等多项举措解决捕捞过度问题，恢复渤海渔业资源。但由于利益驱使、管理不到位等原因，渤海酷渔滥捕的问题没有从根本上解决，渔获物的低龄化、小型化、低值化现象严重，可利用资源主体以当龄鱼为主，单位捕捞渔获量下降，过度捕捞现象明显。

（四）鱼类品种种质退化

长期以来，环境污染、粗放掠夺式的捕捞方式，造成了传统优质渔业品种资源衰退程度加剧。虽然近几年天津鱼苗鱼种场的建设为水产养殖提供了可靠的苗种保障，但从整体上看，全市水产良种繁育仍存在缺乏规范化、标准化的操作，以及亲本引进杂乱、近亲化现象严重等问题，致使养殖水面种群混杂，品种种质退化，原有的优良性状发生改变，难以形成高效渔业养殖品种良种化，制约了渔业产业可持续发展。

三、渔业资源利用及产业发展思路与目标

（一）发展思路

瞄准现代都市型渔业发展方向，科学规划养殖水域空间布局，加强渔业资源保护，探索节水、节地、节饲型生态养殖模式，全面推行健康养殖，构建设施型、科技型、生态型、休闲型和外向型都市渔业发展方式，促进食物安全、质量安全和生态安全，走出一条渔业经济健康发展与生态环境持续改善相协调的可持续发展之路，实现渔业经济效益、社会效益和生态效益的有机统一。

（二）发展目标

到 2020 年，全市渔业经济稳步发展，渔业综合实力显著提升，渔业科技创新与成果转化能力明显增强，水产品安全有效供给保障能力进一步提高，渔业资源和生态环境进一步改善；渔业产业结构得到优化，区域布局更趋合理，现代渔业产业体系基本形成，渔民收入持续稳定增长。争取实现以下 4 个显著提升：

1．渔业综合经济实力显著提升

渔业总产值达到 100 亿元，年均增长 5%；水产品总产量达到 52 万吨，年均增长 4%；渔民人均纯收入达到 4 万元，年均增长 10%。设施渔业产值比重达到 30%，休闲渔业产值比重达到 28%。

2．渔业产业化标准化水平显著提升

渔业养殖总面积稳定在 400 平方千米，形成一批国内外知名的水产名牌产品；建成一批标准化程度高、覆盖面广、产业承接与聚集能力强的现代渔业基地，水产养殖生产条件大幅改善。水产品产地抽检合格率达 98%，无公害水产品产量占 90%。

3．渔业科技进步水平显著提升

研发一批渔业科技创新成果，渔业资源开发利用能力、渔业产业技术装备和科技进步水平达到国内领先水平，渔业良种化率达到 90%，渔业科技进步贡献率达到 65%，渔业科技成果转化率为 40%。

4．渔业生态环境保护水平显著提升

建设 3 个省级水产种质资源保护区，投放鱼礁 3.5 万空方，扩大建设海洋牧场面积 4 平方千米，建设 13.33 平方千米藻类立体化养殖示范区，增殖放流各类物种 75 亿尾/只/粒，渔业生态资源得到有效保护，渔业经济与资源环境开发利用协调发展。

四、渔业资源利用及产业发展方向与重点

（一）总体布局

根据养殖水域资源的分布规律和现代渔业的发展特征，因地制宜发展健康生态养殖和工厂化设施养殖。全市共划分为 4 种类型的现代渔业发展区，其发展方向如下：

1．环城休闲渔业发展区

以环城四区养殖水域为主，推进观赏鱼产业相关技术的集成创新，建成观赏鱼产业化示范基地；完善各类垂钓园的基础设施建设，建成休闲渔业发展基地；做大做强种源渔业，实现水产良种生产基地的规模化、产业化发展；大力发展设施渔业，成为全市渔业新技术新模式试验示范基地；壮大水产加工物流企业规模。

2．滨海设施渔业发展区

以滨海新区养殖水域为主，完善滨海渔业科技园区建设，强化园区在现代渔业工程技术、设施装备、养殖方式、品种更新、节能环保等方面的引领示范作用，大力发展循环水海珍品工厂化养殖，鼓励支持养殖龙头企业，通过工厂化水产养殖的技术扩散，带动传统渔业升级。发展优势品种，积极引进推广高附加值新品种，抢占国内外高档海珍品消费市场；建立水产苗种繁育基地，形成与养殖品种相配套、结构合理的苗种供应网络。

3．远郊生态渔业发展区

以远郊五区养殖水域为主，加强池塘清淤改造和基础设施建设，形成优质、高效的养殖基地，发展渔农、渔果、渔菜、渔藕多种形式并存的生态渔业；完善水产苗种繁育场的基础设施建设，全面推进水库、池塘等养殖资源、环境和生产要素的优化配置，开发休闲垂钓、稻蟹观光等形式的休闲渔业，打造一批各具特色的休闲渔业园区。

4．浅海滩涂增殖渔业发展区

围绕可作渔业增养殖的滩涂资源，按照渔港区、养殖区、增殖区和捕捞区的不同分类，有序开展渔业活动。以人工培育和饲养具有经济价值生物物种为主，严格加强水质监测，通过人工增殖放流、繁殖保护、建设人工鱼礁、建立水生生物资源增殖站、开辟种质资源保护区等措施，增加和补充区域生物群体数量。强化捕捞许可证制度、休渔制度、捕捞配额制度等各项保护管理制度，完善渔港安全设施建设，实施产业联动发展策略。

（二）发展重点

1．鲜活水产品生产基地

到 2020 年，建设 22 个共 200 平方千米鲜活水产品基地，每个基地面积要求集中连片规模不低于 6.67 平方千米养殖水面，工厂化养殖规模不低于 2 万平方米。其中，海水养殖基地 2 个、20 平方千米；淡水养殖基地 20 个、180 万平方千米，水产品总产量 30 万吨。主要分布在蓟州（2 个，2.87 平方千米）、宝坻（3 个，19.87 平方千米）、武清（3 个，52.27 平方千米）、宁河（4 个，43.4 平方千米）、静海（1 个，11.4 平方千米）、东丽（1 个，7.87 平方千米）、西青（2 个，27.4 平方千米）、津南（1 个，12.87 平方千米）、北辰（1 个，7.6 平方千米）、滨海新区（4 个，48.67 平方千米），基地主要进行标准化池塘改造，推广优质品种，配备必要快速检测设备。

2．现代设施渔业示范园区

在实施渔业设施提升工程基础上，建设渔业设施提升园区 35 个（池塘园区 20 个、工厂化园区 15 个）。其中，精品园区 10 个、提升园区 25 个，涉及海水工厂化、观赏鱼工厂化、池塘养殖、休闲渔业等四种类型。重点从养殖设施、科技支撑、质量安全、产业带动和经济效益五个方面进行提升，建成基础设施良好、现代化程度高、技术先进、品种优良、环境优雅、管理规范的现代渔业园区。建成后，使全市现代设施渔业园区达到 72 个，年产优质水产品 10 万吨，产值 6.41 亿元。

3．现代渔业产业园区

到 2020 年，建设现代渔业示范园区 4 个，分为淡水池塘型、海水工厂化型两种模式。一是淡水池塘型，主要发展水产苗种、设施渔业、生态渔业、休闲渔业以及饲料加工等配套产业，重点打造科技研发区、智能化养殖示范区、设施养殖区、生态体验区和配套产业区五大功能区，推动现代渔业向科技型、设施型、健康型和服务型方向发展。二是海水工厂化型，建设环保节能型循环水养殖车间、多层循环水养殖车间、智能化育苗车间、池塘生态养殖大棚、水产品精深加工车间等为主要内容，形成海珍品苗种培育、海珍品养殖、饲料加工、海珍品深加工的完整产业链，形成多条具有高科技含量的示范生产线，形成面向天津辐射环渤海的海水养殖的科技服务平台。

五、渔业资源利用及产业发展模式

（一）设施高效渔业发展模式

以海发、诺恩等工厂化水产养殖企业为示范样板，以海水养殖为重点，按照"高投入、高产出、高效益、低消耗"的思路，发展集约、节约的现代化设施高效渔业，提升渔业基础设施，推广应用循环水养殖、工厂化养殖等渔业先进技术，加强科学管理，严格监管养殖环境、药物使用以及水产品质量，推进渔业生产、加工和流通等全方位的标准化进程，进一步提升和保障水产品质量安全水平，提高渔业资源利用率和单位水面的养殖效益。

（二）全产业链渔业发展模式

以龙头企业为主体，依托科技创新，推动渔业产前、产中和产后有机结合，实现传统渔业转型升级。在提供健康、安全水产品的基础上，发展壮大水产良种体系，并将渔业生产与水产品加工、休闲观光等有机结合，拉长加宽增厚渔业产业链，推进渔业产业化经营，形成一二三产有机融合、齐头并进的新格局，使渔业系统结构向多层次、多时序、多产品和高效益方向发展，提升渔业经济，促进渔业的可持续发展和资源价值最大化。

（三）循环利用渔业发展模式

坚持以资源综合利用和高效开发为目标，结合天津不同水域类型特点，充分利用食物链及生态位原理，把两种或三种相互促进的生物物种组合在一个系统内，综合生态种养技术，重点发展蟹—稻、鱼—稻、鱼—鸭、鱼—鹅、鱼—

虾、虾—藻、贝—藻—蟹、稻—鸭—鱼、藕—鱼、菜—稻和菜—鱼养殖模式，构建多层次、多结构、多功能的渔业生产模式，使物种之间达到互利互惠关系。

（四）休闲观光渔业模式

发挥天津池塘、水库、湿地、海洋等不同水域资源独特的优美风光和良好的生态环境优势，将渔业资源与旅游资源相结合，发展文化娱乐型、都市观赏型、竞技体育型、观光体验型、展示教育型等不同类型，集养殖、垂钓、休闲、娱乐、观光、文化、特色餐饮于一体的现代休闲渔业，打造"当一日渔民""海鲜宴""冰钓""鱼疗"等特色休闲渔业优质品牌，满足人们日益突出的休闲旅游需求。

（五）生态修复渔业模式

大力发展生态渔业，推广健康养殖方式，促进渔业由生产型向生态型、产品型向服务型、数量型向质量型转变。同时依据水域环境特点、养殖容量要求，向湿地、水库、河流、坑塘等水域人工投放鱼、虾幼苗，探索生态修复型养殖模式，实现净化水质，维护渔业水域生态平衡，促进渔业持续健康发展，大力发展生态养殖将对净化水质、节能低碳、改善环境和生态平衡起到重要作用。

参考文献

[1] 邱敏，覃志豪，张景卓，王义，钟国活. 江门市农业区域布局研究[J]. 中国农业资源与区划，2011（4）：56—60.

[2] 高中琪. 长江三峡库区生态农业模式及其技术体系[D]. 北京林业大学，2005.

[3] 李瑾，巩前文. 新形势下天津都市型现代农业发展思路研究[J]. 中国农业资源与区划，2011（1）：44—50.

[4] 崔凯，张蕾. 基于适度规模视角的天津农业规模效益、影响因素与发展思路研究[J]. 天津农业科学，2016（3）：40—47.

[5] 叶宗平，刘代明. 建设三峡库区高效生态农业示范村的途径[J]. 山区开发，2002（2）：31—32.

[6] 王金芬. 滨州市生态农业模式研究及应用[D]. 山东农业大学，2004.

[7] 杨建翠. 成都近郊生态农业旅游开发模式研究——以郫县、龙泉驿为例[D]. 成都理工学院，2001.

[8] 陈琼，李瑾. 天津市畜牧业科技进步贡献率的定量测算与分析[J]. 黑龙江畜牧兽医，2017（4）：36—40.

[9] 陈鹏，张蕾，张明亮. 天津畜牧业发展现状分析及对策建议[J]. 天津

农业科，2013（4）：25—28.

　　[10] 红敏，吴妍. 天津加快建设都市型现代畜牧业——访天津市畜牧兽医局局长王红军[J]. 中国畜牧业，2013（19）：51—54.

　　[11] 李瑾，秦静，张蕾. 都市型生态农业可持续发展模式与对策研究——以天津为例[C]. 2014 年中国农业资源与区划学会学术年会论文集，2014.

　　[12] 郭坤龙. 我国玉米产业发展浅析[N]. 期货日报，2012-06-04（004）.

　　[13] 王济民. 国外畜牧业发展模式及启示[J]. 中国家禽，2012（1）：2—6.

　　[14] 董艺，乔延龙. 天津近岸渔业资源现状及修复对策[J]. 天津水产，2011（4）：14—16.

　　[15] 光海. 广东现代渔业聚焦“六大产业、四大体系”[N]. 农民日报，2011-07-26（008）.

第六章 天津农业可持续发展的区域布局优化分析

第一节 农业可持续发展的区域划分

一、农业可持续发展分区意义、原则和方法

（一）分区意义

农业生产具有强烈的地域性，从资源分布、生产条件以及经营方式到社会经济、技术条件等都存在着极其复杂的地域差异，但这种差异并不是杂乱无章，而是有一定规律可循的。可持续发展是一个自然、社会、生态集成的高效、复杂的系统，农业是人与自然、社会联系最紧密的产业，资源环境条件和社会经济条件是制约农业可持续发展最大的影响因素。因此，农业可持续发展区域布局具有明显的地域性，在不同区域甚至同一区域内的不同地点，随着自然生态条件，社会经济结构、功能和对外作用机制的改变，而具有不同的缓冲与抗衡能力，进而会产生不同的生态、经济和社会效益。从理论意义上讲，开展天津农业可持续发展分区研究有利于有针对性地落实国家发展农业的各项举措，有利于分区域针对性开展农业建设，有利于保护生态环境，促进当地农业的可持续发展。从现实意义上讲，按照农业资源环境地域分异规律和社会经济发展实际进行农业生产布局，划分农业可持续发展区，在此基础上，调查各区农业资源生态条件、农业生产条件，根据自身实际情况，分析其农业可持续发展功能定位、发展方向与典型模式，对于开发区域优势生态资源，培育特色主导产业，促进天津农业可持续发展具有重要的现实意义。

（二）分区原则

1. 生态关系原则

生态环境是农业可持续发展的首要条件，农业可持续发展也是从人与自然

关系的角度阐述农业发展和生态环境保护二者协调发展的必要性和重要性，系统各个组成成分及其之间的关系是人为设定的，人为设定的成功与否，直接关系到生态系统功能实现的程度，并最终影响系统经济效益和生态效益的发挥。因此，在进行农业可持续发展区划时必须遵循生态关系原则，充分考虑到系统内部各组成部分功能的协调发挥，促进农业资源环境保护与生态建设。

2．综合分析原则

农业可持续发展是一个复杂的系统，分区时必须统筹兼顾地全面考虑构成农业发展的社会经济条件以及农用地、水等资源环境的各种要素及其综合特征的相似性和差异性，保证所划分出的区域是一种具有自身特点的综合体。

3．一致性原则

分区从理论上讲，要求区域之间的差异最大化，区内之间的差异最小化，也就是通常说的一致性原则。然而，在具体实践中完全相同的农业单元和完全不同的农业单元是不存在的，一致性原则具有相对性，至于保持多大相似程度，则要根据区划目的、对象、分异程度、分区等级体系等实际因素确定。

4．开发保护结合原则

该原则要求农业可持续发展分区要因地制宜，按照不同的资源类型、区域特点，制定具体的开发保护计划。坚持在开发中保护，在保护中开发，立足经济，着眼生态，统筹兼顾，合理开发，综合治理。资源开发的目标应当使农业资源得到合理的永续利用，并使生态环境得到不断改善，确保其永续利用。

5．行政区界完整性原则

行政区划是一个人为的结果，而且具有很强的历史延续性。由于农业生产是在自然过程和人类社会双重作用之下进行的，因此，在进行农业可持续发展区划时应尽量保持行政界线的完整，以便于正确的管理和规划，避免产生纠纷。

（三）分区方法

随着社会经济的发展，农业可持续发展区域划分的研究已经成为一个复杂的社会经济和资源环境耦合体。农业可持续发展分区方法比较多，既有定性的也有定量的；从研究区域上来看既有全国范围的，也有省域、市域、县域的。一般而言，研究区域越广，区间差异性越强，但影响分区的因素也越多；研究区域越小，区间差异越不显著，分区因素也相对单一。本研究作为区域性农业可持续发展研究，主要从宏观上以县域为单元，对天津有农业各区进行可持续发展的区域划分，从战略角度对天津农业可持续发展进行研究。在分区方法上采用系统聚类法进行定量分析。

系统聚类法是一种操作性强，以灰色系统理论为基础，分析和确定因素间的相互影响程度，或因子对主行为的贡献程度而进行评估的一种分析方法，根据因素之间的相似或相异程度来衡量因素间接近的程度。这种方法尤其适用于数据量较少的情况，直观清晰，便于结合实际情况进行定性的技术加工，从而取得良好的效果。聚类分析法的基本思想是，首先，在聚类分析的开始，每个样本自成一类；其次，按照某种方法度量所有样本之间的亲疏程度，并把其中最亲密或者最相似的样本先聚成一小类；再次，度量剩余的样本和小类间的亲疏程度，并将当前最亲密的样本和小类再聚成一类；最后，再度量剩余的样本和小类间的亲疏程度，并将当前最亲密的样本和小类再聚成一类；如此反复，直到所有样本聚成一类为止。具体流程参见图6-1。

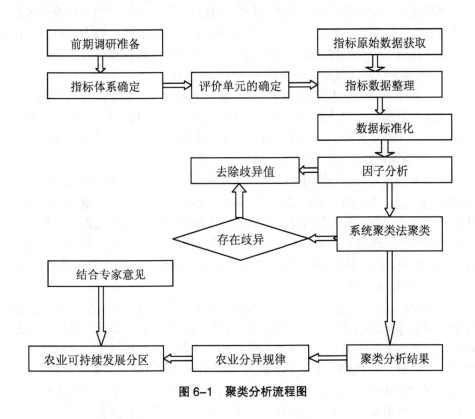

图6-1 聚类分析流程图

二、农业可持续发展分区指标选取

（一）样点选取

由于农业可持续发展的复杂性以及生态环境的多样性，不论进行哪一级划分，在建立数学模型时不可能将所有的单元都参与定量计算，而只能选择资料较齐全可靠、代表性较强且分布适宜的单元作为代表样点进行数据处理，这样不仅避免了那些类型似是而非、界线模棱两可的单元的干扰，又可以减少大量的计算。天津有农业的区共 10 个，区下面包括若干个乡镇。根据农业经济发展水平，平原、山区、海滨的地理位置特征以及光、热、水、土等自然资源的不同组合，较均匀地选择了 10 个区单元作为一级农业可持续发展区划的代表样点。

（二）区划依据

由于区划依据随区划对象、区划尺度、区划目的及区划研究者的不同而存在较大的差异，因此，区划依据确定是一个极其复杂的过程。但是无论什么区划，其依据的确定和各个指标的选取应尽可能地体现区划的目的并反映出区域的分异规律。因此，在选定依据时应主要考虑对天津农业影响较大的自然、社会和经济因素，这样既可以抓住问题的本质，又不至于评估体系过于庞杂。

1．气候和地貌因素是区域自然环境分异的基础

天津属于暖温带半湿润季风性气候，在南北方向上以太阳辐射、日照、水分、温度指标为主的气候差异是区域自然环境分异最重要的因素。此外，多年平均降水地区性差异相似的规律，促进了自然环境分异基本格局的形成。

2．土壤和植被的差异是区域自然环境分异的标志性因素

土壤和植被是自然地理环境各要素长时间综合作用的结果，代表了自然环境演化的历史，也比较容易获得较为详细的资料，是农业生态环境分区的主要依据。由于在早期的开发过程中，受强烈人为活动影响，原生植被几乎消失，植被的地带性表现也不明显。加之植被调查资料的缺乏，在此主要采取耕地、园林地、草地、渔业养殖面积、绿色农业面积等反映生态环境整体质量的指标。

3．经济发展水平

经济发展水平并不是农业可持续发展分区的直接依据，但是它与农业生态环境问题有很大的相关性。一方面表现为较发达的地区，人口比较集中，生态环境问题较为突出；另一方面表现为经济相对不发达地区对资源依赖程度高，利用方式粗放，对生态环境压力较重。因此，在本研究中，从实际操作性出发，选取农林牧渔业总产值、第一产业增加值占地区生产总值比重、农民人均可支配收入、乡村劳动力、劳动生产率、土地产出率指标进行评定。

4．遵循相关国家政策文件

《全国农业可持续发展规划（2015—2030 年）》《建立以绿色生态农业为导向的农业补贴制度改革方案》以及《天津市国土规划（2016—2030）》《天津市城市总体规划（2015—2030 年）》《天津市"十三五"生态环境保护规划》《天

津市主体功能区规划》《京津冀现代农业协同发展规划（2016—2020 年）》《农业部天津市人民政府共同推进农业供给侧结构性改革落实京津冀农业协同发展战略合作框架协议》等。

（三）指标体系的建立

按照上述原则，以蓟州区、宝坻区、武清区、宁河区、北辰区、津南区、西青区、东丽区、静海区、滨海新区 10 个有农业区作为分区单元，在借鉴大量已有相关研究成果的基础上，结合天津农村社会经济发展的实际，咨询相关专家及实践探讨，综合考虑数据的可获取性，经过多轮筛选，从自然条件、生态条件、社会经济条件三个方面构建 19 个指标。详见表 6-1。

表 6-1　天津农业可持续发展分区指标表

类别	指标	单位
自然条件	年太阳辐射	千卡/平方厘米·年
	日照时间	h
	≥10℃积温	℃
	降水量	mm
	水域面积比重	%
	无霜期	d
资源条件	耕地面积	ha
	耕地后备资源面积	ha
	园林地面积	ha
	牧草地面积	ha
	渔业养殖面积	ha
	林木覆盖率	ha
	生态用地率	ha
	绿色农业面积	ha
	高标准农田面积占耕地面积比重	%
	盐碱化面积占土地面积比重	%
社会经济条件	人均地区生产总值	亿元/人
	人口密度	人/平方千米
	农业人口占总人口比重	%
	农林牧渔业总产值	万元
	第一产业增加值占地区生产总值比重	%
	大专学历以上农业技术推广服务人员占比	%
	农民人均纯收入	元
	农业劳动力占乡村劳动力比重	%
	劳动生产率	元/人
	土地产出率	元/公顷

三、系统聚类法定量分区

（一）分类步骤

1. 各项指标的原始数据标准化转换

这里指标数据选取年份为 2016 年，数据标准化转换方法很多，有对数转换法、平方根转换法、中心化转换法、规格化转换法和标准化转换法等。采用标准化转换法处理，其公式可表示为：

$$Z_{ij} = \frac{X_{ij} - \bar{X}_j}{\sigma_j} \tag{4.1}$$

$$\sigma_j = \sqrt{\frac{1}{n-1} \sum_{i=1}^{n} (X_{ij} - X_j)} \tag{4.2}$$

式中，X_{ij} 为各项指标的实际值，X_j 为 X_{ij} 的均值，σ_j 为 X_{ij} 的标准差。

2. 计算各项指标之间的聚类距离

聚类距离计算方法很多，有欧氏距离、绝对值距离、切比雪夫距离、兰氏距离、马氏距离和卡方距离等。根据以上区划指标来计算各项指标的欧氏距离，其公式可表示为：

$$d_{ij} = \sqrt{\sum_{k=1}^{n} (X_{ik} - X_{jk})^2} \tag{4.3}$$

3. 选择聚类方法

与类间距离相应的聚类方法也有很多，如最短距离法、最长距离法、中间距离法、重心法、UPGMA 法、可变类平均法和离差平方和法等。笔者根据区划指标的特性，采用离差平方和法进行聚类分析，即设 G_p 与 G_q 并类为 G_r，则 G_r 与另一类的距离为：

$$D^2_{kr} = (\frac{n_i + n_p}{n_i + n_r})D^2_{kp} + (\frac{n_i + n_q}{n_i + n_r})D^2_{kq} + (\frac{n_i}{n_i + n_r})D^2_{pq} \tag{4.4}$$

4. 输出结果

将上述数据整理后，输入系统聚类软件系统，分析结果如图 6-2 所示。

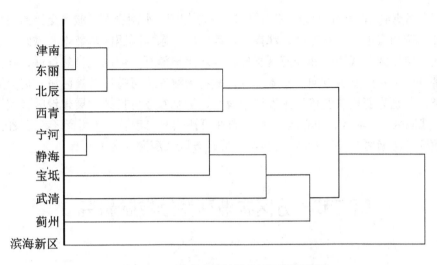

图 6-2　天津农业可持续发展区划聚类图

综合以上分析结果，可将天津现代都市型农业分成三类区、四类区、五类区、六类区，结果如表 6-2 所示。

表 6-2　天津农业可持续发展区划分类表

	三类区	四类区	五类区	六类区
1：蓟州区	1	1	1	1
2：宝坻区	1	2	2	2
3：宁河区	1	2	2	2
4：静海区	1	2	2	2
5：武清区	1	2	3	3
6：北辰区	2	3	4	4
7：津南区	2	3	4	4
8：西青区	2	3	4	5
9：东丽区	2	3	4	4
10：滨海新区	3	4	5	6

（二）分区结果

综合以上主导因素定性分析和系统聚类定量分析结果，可将天津农业可持续发展建设区分成三类区、四类区、五类区、六类区，结果如表 6-2 和图 6-2

所示。考虑到 10 个有农业区依山傍海、平洼相间、水网密布、城乡交错的地域特征，蓟州有山区，北辰区、津南区、西青区、东丽区四区紧邻中心城区，宁河区、宝坻区、武清区和静海区虽然在地域上被隔开，但四区自然条件、社会经济条件、农业发展方向等基本一致，故将天津农业可持续发展区域布局分为四类，分别为蓟州农业可持续发展建设区、远郊农业可持续发展建设区（宝坻区、武清区、宁河区、静海区）、环城农业可持续发展建设区（西青区、北辰区、东丽区、津南区）、滨海农业可持续发展建设区（滨海新区）。

第二节　分区农业可持续发展研究

一、蓟州农业可持续发展区

（一）区域位置、资源基础及生态特征

1. 行政区域及地理位置

该区分布在天津市最北部的蓟州区，地处以北京、天津、唐山和承德四市为主的京津冀地区的腹心地带，地理位置为北纬 39°45′14″ 至 40°15′06″，东经 117°07′42″ 至 117°47′24″ 之间，总面积 1590 平方千米，是连接北京、天津中心城区、滨海新区、秦皇岛、唐山、承德的重要节点。南距天津市中心城区 115 公里，西距北京 88 公里，东距唐山 90 公里，北距承德 220 公里。

2. 自然资源基础

全区地形复杂，属于华北平原与燕山山脉过渡地带，是天津市唯一的山区，土地资源类型多样，土壤以棕壤土和褐土为主，多数通透性好，适耕性强。中部为山前坡地和坡积平原，南部含洼地，南北高差 1076.7 米，东部是面积为 129 平方千米的于桥水库。蓟州区属于温带半湿润性季风气候，四季分明，是天津降水量最多的区之一，水资源相对较为丰富。植被属于暖温带落叶林，北部山区以人工林、次生林为主，山前坡地以果树为主，南部平原以农作为主。

3. 人文生态特点

蓟州地形地貌独特，生态资源丰富，山地和森林资源十分丰富，土地总面积的 2/3 为山区和库区，有山有水，有平原有洼地，生态植被茂密，林地面积占全市总林地面积的 77.09%，具有良好的生态环境、丰富的旅游资源以及悠久的历史文化资源，历来是天津名特优产品生产基地和旅游胜地，被誉为天津的后花园。境内山清水秀，空气清新，水质优良，气候宜人；名胜古迹众多，有盘山风景区、黄崖关长城、翠屏湖度假区、城区古文物、中上元古界标准地层剖面和八仙山原始次生林自然保护区等。其中，盘山被列为国家级风景名胜区，八仙山和中上元古界标准地层剖面分别被列为国家级自然保护区。蓟州区内还有国家重点保护的千年古刹——独乐寺，以及白塔寺、鼓楼、文庙、公输子庙、关帝庙、城隍庙、天仙宫等文物古迹。自然风景秀丽，有盘山、长城、古城、翠屏湖、中上元古界、八仙山原始次生林等风景区和自然保护区。地貌多样，地势倾斜的结构造成水土、植被、光和热的垂直分异和水平分异，因此形成了多层次、立体结构的生态环境条件，加之与外省市相邻边界较长，具有发展立体生态农业的边际优势。

（二）开发条件、经济概况及产业特色

1. 开发条件

2005 年蓟州区农用地面积 106337.5 公顷，占土地总面积的 66.9%，按照 2020 年的土地利用总体规划数据，蓟州区农用地面积 109712.5 公顷，占土地总面积的比例将提高至 69.0%。2016 年蓟州区耕地面积 49760 公顷，占土地总面积的 31.3%，主要分布在南部平原区，可供开发的耕地后备资源不足，且主要分布在肩负着生态保育功能的北部山区。2005 年园地面积 19235.4 公顷，占土地总面积的 12.1%，主要分布在北部山区和南部平原地区；林地面积 31790.8 公顷，占土地总面积的 20.0%，主要分布在北部山区。按照蓟州区土地利用总体规划，2020 年园地面积将调整为 19297 公顷，占土地总面积的 12.1%；林地面积将增加至 36508 公顷，占土地总面积的 23%。其他农用地面积由 2005 年的 7738.4 公顷降至 2020 年的 6371.6 公顷，占土地总面积的比例由 4.9% 降至 4.0%。水资源相对丰富，2016 年水产养殖面积 633 公顷，占土地总面积的 0.4%。按照土地利用规划，2020 年全区生态用地总面积将占到土地总面积的 78%。生态资源丰富充足，是天津北部的生态屏障，担负着打造京津绿色生态屏障、护卫京津生态安全的重任，但由于前些年发展模式导致的生态保护压力加大。

2. 经济条件

2016 年蓟州区完成地区生产总值 422.98 亿元，在 10 个有农业的区中位居最后，比上年同期增长 7.5%，三产结构为 7.2:31:61.8。蓟州区总人口为 86.25 万人，人均 GDP 为 49041 元/人，人口密度为 539 人/平方千米。农业人口占总人口的 80%，农民收入为 19165 元，低于全市农民收入平均水平 911 元。境内农业生产资源相对短缺，2016 年耕地面积占全市总耕地面积的 13.0%，园地面积占全市园地总面积的 52%，林地面积占全市林地总面积的 77%，水产养殖面积占全市养殖总面积的 1.68%。2016 年该区完成农业增加值 30.61 亿元，同比增长 4%，劳均农林牧渔业增加值为 24548 元，低于全市平均水平 12136 元。农林牧渔及服务业内部结构比为 51.3:0.9:42.2:1.9:3.7，主要以种植业和畜牧业为主。农产品加工业总产值 18 亿元，占农业总产值的 25.4%，近些年来农业二三产业融合发展成效明显，农林牧渔业服务业增加值比重显著提高。具体情况参见图 6-3。

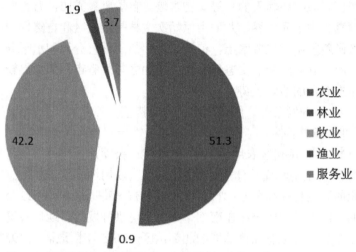

图 6-3　蓟州农业可持续发展区农林牧渔业内部结构

3．产业特色

蓟州区野生动植物资源富集，野生植物近千种，其中列入国家及天津市野生植物保护物种有 108 种，如国家三类保护植物核桃楸，华北地区特有的模式植物东陵八仙花。动物资源有脊椎动物 296 种，昆虫 420 种。动植物资源中，药用动植物达 427 种，是天津市最大的野生中药材基地。蓟州区是全市绿色食品基地，农产品以蔬菜和粮食为主，其次为肉类、禽蛋、水果、牛奶和水产品；2016 年蓟州区食用农产品总产量为 87.63 万吨，占全市总量的 10.3%，乡村人口人均农产品产量为 1663 千克。目前，已形成以禽蛋、畜产、蔬菜、果品、粮食、水产等为主的多个系列绿色食品基地。先后涌现出了上仓北虫草、泗溜安定庄西红柿、东施古绿普生有机蔬菜、出头岭镇中峪村白灵菇、马伸桥蓝莓等一批设施农业新亮点。特色果品生产形成规模，初步形成了百里核桃川、盘山磨盘柿、长城沿线板栗的三大果品生产基地，打造出"天津板栗""黄花山核桃""盘山磨盘柿""红花峪桑葚" 4 个地理标志性产品，以及优质梨、有机苹果、脆枣等特色产品。北部山区盛产干鲜果品，盘山柿子、西龙虎峪板栗、翠屏湖葡萄、下营安梨、孙各庄核桃、马伸桥蓝莓、出头岭食用菌、三间房红枣、罗庄子红香酥梨、别山金丝小枣远近闻名。公乐亭稻米、青甸洼水稻享誉京津地区。渔阳蔬菜、桑梓西瓜、马各庄大葱、王家浅萝卜久负盛名。翠屏湖水域盛产鱼虾，元、鳜、鲤、鲫四大名鱼独具特色，州河金翅鲤鱼为清宫御膳佳品。蓟州区列入农业部特色农产品区域布局规划目录产品有6个，即红小豆、丹参、板栗、柿子、特色梨、特色枣；被国家工商总局商标局授予地理标志证明商标有州河鲤鱼；被国家质检总局授予地理标志保护产品有5个，即盘山磨盘柿、天津板栗、黄花山核桃、州河鲤、红花峪桑葚。

在发挥好农业维护生态环境、保护生态平衡的生态功能的同时，蓟州区积极拓展农业的休闲旅游功能，将观光过程、观光活动本身纳入自然资源、生态环境的再生产过程，满足旅游者对农业观光休闲品种多样性、内容丰富性和体验差异性的要求；着重地域特色、文化特色、景区特色和产品特色，创造了具有竞争力价值的品牌，在丰富观光休闲农业产品的同时，为现代农业科学技术的完善和普及做出了贡献。

（三）农业发展现状

近年来，蓟州区深入推进"一减三增"结构调整，积极培育优势特色现代农业，"十二五"已累计调减粮食100平方千米，积极发展蔬菜、苗木等经济作物，2016年粮食占地面积348平方千米，蔬菜等经济作物占地面积149.33平方千米（蔬菜油料作物约82.67平方千米，苗木花卉约66.67平方千米），粮食与经济作物占地面积之比为2.3:1，形成了以粮食、蔬菜、果品、畜禽、水产品、苗木花卉为主的六大主导产业。

2016年蓟州区农业总产值70.94亿元，其中，种植业产值33.97亿元，占47.9%；林业产值0.49亿元，占0.7%；畜牧业产值34.97亿元，占49.3%；渔业产值1.52亿元，占2.1%。总体呈现种植业、畜牧业竞相发展的格局，已初步形成农业发展的四大板块，一是东部高效作物区：以于桥水库汇水流域的西龙虎峪、马伸桥、出头岭、渔阳、别山、五百户等6个镇22米高程以上区域为重点，耕地面积占全区的18.8%，其中菜田面积占全区的22.3%；林地面积占全区的28.5%，其中经济林面积占全区的25.7%，主要发展金银花、核桃、蓝莓和蔬菜等生态农业、高效农业。二是南部优质蔬菜区：以南部平原、洼区的上仓、下仓、杨津庄、下窝头、东施古、侯家营、礼明庄等7个镇为重点，耕地面积占全区的45.6%，其中菜田面积占全区的49.5%；林地面积占全区的7.0%，其中经济林面积占全区的0.1%，主要发展绿色蔬菜产业。三是西部苗木花卉区：以邦均、东二营、白涧、尤古庄、桑梓、泗溜、东赵等7个镇为重点，耕地面积占全区的 28.9%，其中菜田面积占全区的 26.4%；林地面积占全区的 6.5%，其中经济林面积占全区的 5.4%。主要发展中高档苗木花卉产业，花卉苗木面积已达到 46.67 平方千米，占全区花卉苗木总面积的 70%以上。四是北部休闲农业区：以北部山区的官庄、罗庄子、下营、孙各庄、穿芳峪等 5 个乡镇为重点，耕地面积占全区的 6.7%，其中菜田面积占全区的 1.8%；林地面积占全区的 57.9%，其中经济林面积占全区的 68.9%。充分发挥自然资源和景区优势，立足林果特色产业，主要发展乡村休闲旅游产业。

（四）主导功能定位、发展方向及建设途径

1．主导功能定位

借势京津冀协同发展，打开开放型发展格局，坚持生态涵养区定位，发挥比较优势，推进与京津冀地区周边县市的错位融合发展。强化山区生态保育功能，重点发展绿色农业、生态农业和休闲农业，突出农业观光旅游功能，拓展生态农业示范服务功能，巩固绿色果品供给功能，培育特色品牌，努力建成山区生态旅游及休闲度假基地、京津都市圈"绿心"和区域生态经济协调发展示范区以及农业生态旅游目的地。

2．发展方向

瞄准京津大都市绿色消费需求，推进与京津冀地区周边区县市的错位融合发展，针对区域高档农产品市场、农业休闲产业市场进行联合开发，形成长期的竞争优势。强化生态保育功能，防止面源污染，拓展农业的生态示范和生态服务功能；巩固绿色农产品的供给功能，积极开发粮食、蔬菜无公害农产品、绿色农产品和有机农产品等生态产品，提供优质、高效、安全、环保的农产品；突出生态观光旅游功能，弘扬农耕文化，开发农业文化产品，提升农业品位；推广循环农业技术，建立起粮、经、饲三元种植结构体系，建立林牧、林农、林草结合的复合生态系统，形成节能、降耗的生态农业发展模式。建设与自然条件相适应的粮、鱼、肉、蛋、禽农业生态系统，以绿色生态为导向，推动现代绿色农业高水平发展，把"三农"大文章做好做精，把蓟州区建设成为京津两大都市的菜园、果园、公园和乐园。

3．建设途径

（1）优化农业产业结构

以"稳供给、促增收、保安全"为主攻方向，大力推进低碳、生态及适度规模方式，通过加强基础设施建设，调整优化农业结构，优化区域布局，强化质量安全监管，构建新型产业体系，实现持续、健康、生态、循环的现代农业产业格局。突出绿色生态，重点发展绿色蔬菜、优质果品、中高档苗木和食用花卉等高效经济作物，做优东部生态农业、西部特色农业、南部高效农业、北部休闲农业四大板块。坚持规模与质量、效益相结合，产业开发与生态保护相结合，稳定现有规模，提升质量和品质，加快畜禽分散养殖向规模养殖转变，实现蓟州区畜牧业从传统向现代转变，从粗放饲养向精细饲养转变，从注意数量向注重质量转变。进一步促进渔业资源合理配置，着力建设生态集约高效的"一特三区"产业格局，推进渔业产业良性健康发展。在东部南河洼建设生态渔业产业区，示范推广稻鱼、蔬鱼、藕鱼等生态养殖模式，模拟自然生长空间环境、水体环境和生态环境，提高水产品品质和养殖效益。

（2）提高三产融合发展水平

主动融入京津冀一体化进程，推动产城融合发展，深度挖掘农业多种功能，按照"粮经饲统筹、农林牧渔结合、种养加一体、一二三产业融合发展"的要求，加快种养业内部各产业间融合发展，积极推进农业全产业链建设，培育壮大农村新产业、新业态、新模式，实现一二三产互联互动。加快打造绿色食品生产加工基地，培养一批农产品交易及配货中心和农产品定点供应基地，着力建设集仓储、交易、加工、配送以及综合服务等多功能于一体，设施先进、功能齐全、专业化程度高的大型综合农产品批发物流与展示中心——农品集团。挖掘农业生态价值、休闲价值、文化价值，推动农业产业链、供应链、价值链重构和演化升级，培育加工带动型、旅游带动型、商贸物流型、特色农业多功能开发型等多种模式的三产融合发展项目，通过农业综合开发、农村综合改革转移支付等渠道开展试点示范，形成可复制、可推广的经验模式，带动全区农业向三产融合方向发展。着力将生态优势转化为经济优势，走经济发展与生态保护双赢之路，促进生产空间、生活空间、生态空间和谐发展。实施"互联网+农业"行动计划，加快农产品电子商务平台建设，拓宽绿色农产品销售渠道，做强绿色农产品品牌，农品联盟，提高蓟州区绿色农产品知名度。

（3）强化农产品质量安全监管

全面建成农产品质量安全检验检测体系，构建全程覆盖、运转高效的农产品质量安全监管格局。加大农产品监管力度，完善农药、化肥、种子监管的各种机制，从源头控制农产品质量安全。提升农业标准化生产能力，建立健全农产品（种植业）质量安全预警体系和农产品质量追溯制度，建立运转高效、反应迅速、从生产到市场的农产品（种植业）质量安全全程监控体系，将全区农产品批发市场纳入监管，大宗农产品实现无公害生产。建立全程可追溯、互联共享的农产品安全追溯管理信息平台，健全风险监测评估和检验检测体系。完善绿色食品管理体系，发挥蓟州区农产品质量检测中心作用，以优质农产品品牌为引领，强化农产品生产、加工、流通企业诚信意识和安全责任，建立更为严格的监管责任制和责任追究制度。

（4）健全新型农业经营体系

支持农民专业合作社规范化建设、农业产业化发展和农业社会化服务组织培育，着力推动家庭农场、专业大户、农民合作社、农业产业化龙头企业等各类新型农业经营主体发展壮大，提高新型农业经营主体综合素质、发展活力和农业规模经营效益。通过政策引导、资金扶持、典型带动，加快发展新型农业经营主体。培育壮大一批市场前景好、科技含量高、经营规模大、带动能力强的大型农业产业化龙头企业，加快现有龙头企业升级改造，扶持培育本地绿色食品中小企业做大做强，形成具有较强市场竞争力的企业集群。引导企业加强自主创新，强化质量意识和品牌建设，努力打造企业核心竞争力。以规模化种养基地为基础，积极培育现代农业产业园，鼓励引导家庭农场、农民合作社、农业产业化龙头企业等新型经营主体，通过股份合作等形式入园创业创新，发展多种形式的适度规模经营，搭建一批创业见习、创客服务平台，将产业园打造成为新型经营主体"双创"的孵化区。支持多种类型的新型农业服务主体开展专业化、规模化服务，实施农业社会化服务支撑工程，扩大政府购买农业公益性服务机制创新试点。通过政府购买、资助、奖励等方式，支持科研机构、行业协会、龙头企业和具有资质的经营性服务组织从事农业公益性服务。大力培育主体多元、形式多样、竞争充分的农业经营性服务组织，创新服务模式，鼓励开展农业生产全程社会化服务。

（5）完善基础设施支撑条件

立足蓟州区农业产业最急需、最关键、最薄弱的环节和领域为重点，围绕推进现代农业基础设施建设组织实施一批重大工程，全面夯实农业可持续发展的物质基础。按照集中连片、旱涝保收、稳产高产、生态友好的要求，继续加强农田基础设施建设，努力提高抗御自然风险的能力。从蓟州区实际出发，以改造中低产田为主，坚持不懈地搞好以土壤培肥、节水设施建设为重点的农业基础设施建设。着力实施沃土工程、节水灌溉工程、科教兴农示范工程、建设好优质农产品基地、绿色食品基地、良种繁育基地和工厂化育苗中心。强化小型农田水利设施建设，实施小水窖和雨水积蓄工程，推进灌溉用小水窖、塘坝建设，提高蓄水能力。实施农业节水灌溉工程，扩大节水灌溉面积，缓解蓟州区水资源的供需矛盾，使蓟州区的粮食种植结构发生根本性转化，由粗放低产、低效，向名、特、优高产、高效型发展，提高灌溉标准，促进经济社会及生态的全面协调和可持续发展。

（6）努力打造田园综合体

以农业生产和乡村田园景观作为基础，通过资源整合和综合开发，促进产业集聚、产业互动、产业融合和产业链条的延伸，拓展多种服务功能，打造集循环农业、创意农业、农事体验于一体的田园综合体，带动区域经济发展，让农民充分参与和受益。依托现代农业产业园聚集现代生产要素的平台优势，以上仓现代农业示范区、杨津庄牡丹园、马伸桥蓝莓产业园、孙各庄蜂蜜园等为代表的现代农业产业园为载体，在发展特色农产品规模化种养基础上，促进特色农业规模生产、加工物流、研发示范、休闲服务、文化传承等功能相互融合，延长产业链条，大力开发休闲农业、循环农业、创意农业，形成蓟州区特色优势农业产业的集群，并辅以营造优美的园林景观、配套完善的基础设施和休闲服务设施，打造集特色农业科技展示、加工物流、科普教育、生态观光、休闲体验、餐饮娱乐、文化创意、乡村旅游等多业态于一体的三产融合体，吸引城乡居民互动，带动农民就业增收。发挥蓟州区山水生态资源优势，借助特色文化旅游景观节点，突出野趣主题，以乡野公园建设为依托，以"绿色发展"为主线，以创新驱动、绿色生态、三产融合为核心，以高效林果生产、优质农产品加工、生态观光休闲、康养度假旅游、民俗文化体验等为产业方向，推动要素跨界配置、主体跨界经营、业态跨界创新，着力农业生产设施、基础设施建设和生态景观环境营造，开发独具特色的乡野餐饮菜肴，举办民俗体验和文化节庆活动，推行绿色健康生活方式，构建山水环境优美、特色突出的生态景观格局的同时，提供集乡野产品、野趣抒情、露营体验、感受自然于一体的休闲场所，将绿水青山转变为金山银山，搭建"产、城、人、文"四位一体有机结合的重要功能平台，形成一二三产联动互融的田园综合体。

二、武清农业可持续发展区

（一）区域位置、资源基础及生态特征

1. 行政区域及地理位置

该区分布在天津市西北部的武清区，海河水系下游，地理位置为北纬39°07′05″至39°42′20″，东经116°46′43″至117°19′59″之间，东西宽41.78公里，南北长65.22公里，北与北京市通州区、河北省廊坊市香河县相连，南与天津市北辰区、西青区、河北省霸州市相邻，东与天津市宝坻区、宁河区搭界，西与河北省廊坊市安次区接壤。

武清区位于京津城市发展轴的中间点，是天津连接北京的门户，距离北京中心城区 71 公里，距离天津中心城区 13 公里，距离首都机场 90 公里，距离天津港 71 公里，距离滨海国际机场 35 公里。交通位置非常重要，连接京沪之间的京沪高速公路、京沪高铁贯穿南北；联系京津之间的京津塘高速公路、京津高速公路、京津公路、京津城际铁路、京山铁路横贯东西；另有京廊高速公路、国道 112 高速公路、廊良公路等穿境而过，"九纵九横"的路网体系赋予了武清区得天独厚的区位优势。

2．自然资源基础

武清区地处华北平原东北部，海河流域下游，为微度起伏的冲积平原。地面倾斜平缓，海拔高度不大，地形相对低洼，境内地势自西、北、南三面向东南方向倾斜。土壤分为砂性土、壤质土、黏性土三大类，以壤质土分布最为广泛，黏性土主要分布在离河较近的河间或平原洼地。耕地主要分布在武清区的北部和西部，园地主要分布在南部，林地多沿着道路、河流呈现带状分布，水域主要分在东部。武清区属温带半湿润大陆性季风气候，四季分明。春季日照长，干旱、少雨、多风；夏季炎热，降雨集中；秋季昼暖夜凉，温差大；冬季寒冷，北风多，日照少，降水稀少。

境内有永定河、北运河、青龙湾河、排污河 4 条一级河道，以及龙河、龙凤河故道、北新河等 7 条二级河道，纵横区境 269.7 公里，年径流量 4.2 亿立方米。境内平均年产水量 1.58 亿立方米，地下水储量 1.5 亿立方米，可开采量 1 亿立方米。区内有上马台、小于庄和黄庄三座水库，总蓄水量 3600 万立方米。

3．人文生态特点

武清区历史悠久，素有"京津走廊"的美誉，有着上千年的文化底蕴，著名的京杭大运河就在它的怀抱中穿过。早在明清时期，作为漕运之冲的武清就已成为中国北方商贸、文化的枢纽，是历代帝王环顾、将相驻足之地，多处留有康熙、乾隆等皇帝以及历代文人骚客的诗词墨迹。另外，田野风光优美，有永定河故道国家湿地公园、报成寺、泉州古城、燕王湖湿地生态园、天鹅湖度假村、港北森林公园、君利农业示范园等景点，具有发展集现代农业、休闲旅游、田园社区为一体的农业综合体的优势。

（二）开发条件、经济概况及产业特色

1．开发条件

2005 年武清区农用地面积 117948.9 公顷，占土地总面积的 75%，按照 2020 年的土地利用总体规划数据，全区农用地面积 118553.9 公顷，占土地总面积的比例将提高至 75.3%。2016 年全区耕地面积 84820 公顷，占土地总面积的 42.3%，主要分布在北部和西部，耕地后备资源严重不足。2005 年园地面积 3448.4 公顷，占土地总面积的 2.2%，主要分布在南部；林地面积 1771 公顷，主要分布在河道、河流、路的两侧。按照全区土地利用总体规划，2020 年园地面积将调整为 3457.2 公顷，占土地总面积的 2.2%；林地面积将增加至 2031 公顷，占土地总面积的 1.3%。其他农用地面积由 2005 年的 22604.2 公顷降至 2020 年的 20667.8 公顷，占土地总面积的比例由 14.4%降至 13.1%。

2. 经济概况

2016 年武清区完成地区生产总值 1144.99 亿元，在 10 个有农业的区中位居第一，比上年同期增长 11.5%，三产结构为 3.6:54.1:42.2。总人口 92.27 万人，人均 GDP 为 124091 元/人，人口密度 572 人/平方公里，农业人口占总人口的 66.4%，农民收入 20361 元，高于全市农民收入平均水平 285 元。武清是天津农业大区，农业经济总量较大，农业综合发展实力较强，粮食、蔬菜、生鲜乳三大产业生产规模和产量均占全市的 1/3 左右，是京津地区重要的"菜篮子""粮袋子"以及华北地区规模最大的无公害生鲜奶生产基地和优质奶牛输出基地。2016 年耕地面积占全市总耕地面积的 22.0%，园地面积占全市园地总面积的 9.3%，林地面积占全市林地总面积的 4.3%，水产养殖面积占全市养殖总面积的 18%。2016 年该区完成农业增加值 55 亿元，劳均农林牧渔业增加值为 34034 元，低于全市平均水平 2650 元。农林牧渔及服务业内部结构比为 50.7:2.4:13.9:7.5:25.5，农业内部结构以种植业和服务业为主，牧业、渔业和林业都有一定程度的发展，内部结构较为合理。农产品加工业总产值 39 亿元，占农业总产值的 43%，近些年来，在国家可持续发展试验示范区建设中，充分发挥了示范引领作用，发展成效显著。农林牧渔业内部结构如图 6-4 所示。

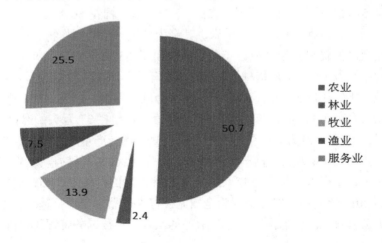

图 6-4 武清农业可持续发展区农林牧渔业内部结构

3．产业特色

武清是天津的农业大区，农业在区域经济发展中占有重要地位。区位条件优越，主动对接京津冀大市场，坚持外向型农业和内向型农业并重，生产型农业、生态型农业和生活型农业并举，加快转变农业发展方式，大力发展高效农业、设施农业、休闲农业，建设京津冀重要农产品供应基地，打造出东马房豆制品、猫不闻速冻食品等一批在京津冀影响力较大的农产品品牌。通过实施"大绿大水"工程，全区初具"水清、岸绿、景美、游畅"景色。已建成津溪桃源、北国之春等休闲农业园区30余个，特色农家院200余个。先后被评为全国粮食生产先进单位、全国40个农业农村信息化示范基地之一、"国家农产品质量安全区（市）"创建试点、全国休闲农业与乡村旅游示范区，初步形成了"一核三区一带"的农业产业布局，其中"一核"即以天津市农科院创新基地为核心的农业科技核，"三区"即绿色蔬菜产业示范区、精品奶牛养殖示范区、农产品加工物流产业区，"一带"即以北运河为重点的生态观光产业带。本区生产的农产品常年供应天津、北京两大城市及周边地区。农产品以蔬菜、粮食和牛奶为主，其次为水产品、肉类、禽蛋；2016年武清区食用农产品总产量为213.74万吨，占全市总量的25.1%，乡村人口人均农产品产量为3561千克。目前，已形成以规模种养、精深加工、营销配送、休闲旅游等生态高效、循环发展的新型农业发展结构，农业现代化建设水平位居天津前列。

（三）农业发展现状

一是优势主导产业特色鲜明。全区现有耕地面积860平方千米，其中粮食占地546.67平方千米、蔬菜173.33平方千米、棉花30平方千米、果园32.67平方千米、苗圃10.67平方千米，其余为瓜类、油料等作物。粮食、蔬菜、奶牛是我区的优势主导产业。年粮食播种面积933.33平方千米（小麦播种面积371.33平方千米，玉米播种面积562平方千米），产量6.6亿公斤，蔬菜产量175万吨，奶牛存栏5.2万头，年产鲜奶23万吨。粮食、蔬菜、奶牛产业规模和产量均占全市1/3左右。年生猪饲养量64万头，出栏37万头；肉鸡饲养量1300万只，出栏1000万只；蛋鸡存栏224万只，鸡蛋产量2万吨；肉牛饲养量2.7万头，出栏1.4万头；肉羊饲养量16万只，出栏9万只；淡水养殖水面60平方千米，年产水产品5万吨。2005年被评为全国奶牛生产20强县之一。2005年和2010年先后被农业部评为全国无公害农产品生产示范基地县达标单位、全国无公害农产品标志推广与监管示范县。2012年被国务院评为全国粮食生产先进单位。

二是设施农业发展迅速。全区设施棚室总面积达到 120 平方千米,占蔬菜基地面积的 70%。已建成君利、梅厂、北国之春、农情缘等一批规模较大的设施农业生产基地。

三是农机装备水平不断提高。全区农机总动力达到 110.8 万千瓦,各种农业机械 8.1 万台套,农机总值达到 10.8 亿元。农业机播比例达到 100%,机收比例为 92.5%。拖拉机保有量为 7092 台,配套农具 11269 台套。共有排灌机械 2.4 万台,田间管理机械 1107 台,小麦联合收获机 891 台,玉米联合收获机 559 台,设施农业机械 4000 余台套,畜牧水产养殖机械 1.2 万台套。

四是新型农业经营主体快速发展。全区农业龙头企业发展到 78 家,农民专业合作社 800 余家,带动 90% 以上的农户进入产业化经营体系。有 45 家企业被认定为区级以上农业龙头企业,56 家合作社被评为区级以上示范合作社。田水铺青萝卜、黑马蔬菜、益捷绿色食品猪肉、绿翅肉鸡、猫不闻速冻食品、和平牌挂面等农产品品牌在京津地区乃至全国享有较高知名度。

五是农产品质量安全水平不断提升。全区有 150.67 平方千米蔬菜基地、414.67 平方千米粮食基地、15.33 平方千米果品基地通过了无公害农产品认证。17 家企业、合作社的 42 个农产品通过了有机或绿色食品认证。

六是农业抵御风险能力显著增强。近年来,通过农业综合开发、中型灌区节水配套改造和小农水项目建设,每年新增高标准农田面积 5 万亩以上,农田水、电、路等基础设施建设进一步完善,农业生产条件显著提高,基本实现"田成方、林成网、路相通、渠相连、旱能浇、涝能排、高产稳产"。

七是"水、绿"自然环境不断提升。近年来,投资近 30 亿元,实施了"大绿大水"工程建设,逐步将武清建设成为生态之城、宜居之城。全区有林地面积 519.33 平方千米,森林覆盖率为 33%。通过实施水系贯通工程,对近 150 公里河渠进行了综合治理,水环境初具"水清、岸绿、景美、游畅"的景象。特别是 2012 年以来,实施了北运河郊野公园建设,将北运河沿线打造为重要的经济带、景观带和产业带。

八是农业发展成绩显著。2012 年初,被农业部认定为全国第二批国家现代农业示范区。2013 年 5 月被农业部、财政部评定为全国 21 个国家现代农业示范区农业改革与建设试点之一。6 月被农业部评定为全国 40 个农业农村信息化示范基地之一。

(四)主导功能定位、发展方向及建设途径

1. 主导功能定位

以资源环境承载力为基础,充分发挥武清区在京津冀的区位优势,发展休闲、绿色、生态的综合现代都市型农业，按照环保、绿色、综合的发展要求，对接京津冀，面向京冀市场，按照突出区域特色和错位发展要求，注重农业生态、生产和生活的协调发展，改善生态保护功能，拓展休闲观光功能，强化安全健康农产品供给功能，建设符合京津冀现代农业协同发展和城乡统筹发展新需要的多元现代农业发展空间层级，努力建成规模化、标准化、设施化农产品生产基地，农产品精深加工基地和农业观光旅游基地，增强保供给、休闲旅游、生态涵养、节水农业可持续发展后劲，构建农业可持续发展长效机制，建成国家级农业可持续发展试验示范区和农业绿色发展先行区。

2．发展方向

一是巩固提高农产品供给功能，以蔬菜、粮食作为主导产业，大力发展设施农业，重点发展智能化温室；建设奶牛、肉牛、生猪、肉羊、肉鸡、蛋鸡等优势畜产品设施养殖基地。二是充分利用农产品资源优势，围绕蔬菜、粮食、牛奶、畜禽等特色优势农产品，延伸产业链条，引进先进加工技术和设备，发展劳动密集型农产品深加工和精深加工，培育资源主导型加工企业集群。三是新建、改扩建一批良种繁育场，发展种源农业，建设蔬菜、水稻、淡水水产品、种猪、奶牛等种业基地。四是建设一批特色鲜明的农业综合体和农业旅游景点，将农事活动、采摘垂钓、休闲娱乐和科普教育等功能相结合，带动农村服务业水平和服务质量的提升，为当地劳动力拓展就业增收渠道。

3．建设途径

（1）大力推进农业产业化发展。一是大力培育种养有机结合的循环型农民合作社和示范家庭农场，培育种养结合的农民合作社和家庭农场。二是做好土地适度规模经营试点工作。积极探索创新，发展种养结合生态循环绿色农牧业，打造好镇域农业适度规模经营试点建设，为全区、乃至全市的农业适度规模经营工作提供切实可行的参考经验。

（2）推动一二三产融合发展，促进农业资源高效利用、农业面源污染治理和农村生态环境修复，打造果蔬、畜禽、林业苗圃、加工物流生产集中区优势，进一步拓宽农产品销售渠道。巩固津农宝电子商务平台，引导经营主体上线销售。同时，以北京农展馆武清农产品销售专区为依托，努力打造面向北京市场的武清农产品电子商务平台，不断开拓北京销售市场。

（3）加快农村产权制度改革工作。一是进一步抓好天津市产权流转交易市场武清区分市场建设，组织培训，加大宣传，对有条件、有意愿进场交易的农村产权品种进行梳理，并提交天津农交所进场交易；二是配合试点镇抓好农村集体资产股份合作制改革各项工作，在充分总结先期试点经验的基础上，在全区逐步推开。

（4）发展休闲农业。结合北运河综合开发工程的实施，对沿线自然和人文资源进行挖掘，着力将北运河打造为我区重要的经济带、文化带、旅游带、景观带，带动北运河沿线村庄发展休闲观光农业。

（5）提升科技服务水平，为现代农业建设提供强有力的服务体系保障和技术支撑。"科技是第一生产力"，现代农业要以科学发展观为统领，把农业新科技、新品种的应用推广作为推进现代农业发展的根本。要大力进行新技术、新品种的研发，加强基层农技推广体系的建设，提高科技服务水平，推进新技术、新品种在生产第一线的应用，大幅提高农业科技成果转化率和贡献率。加强农技推广体系建设，按照"稳定公益性，放活经营性"的思路，加强基层农技推广体系建设，巩固和完善农技推广中心建设，在改革中创新发展镇街农技推广机构和其他民间农技推广服务组织，为现代农业建设提供强有力的服务体系保障和技术支撑。

（6）强化农业招商，吸引民间资本投资现代农业建设。把大项目好项目引进，作为农业发展提质量、增后劲、上水平的关键。坚持现代都市型农业发展方向，以农业示范园和研发、育种、转化领域的优质企业为主攻方向，组建专门招商队伍，制定农业招商专门政策，不断加大攻关对接力度，强化农业招商指标任务分解考核，推动形成全区农业招商新热潮。

三、滨海农业可持续区

（一）区域位置、资源基础及生态特征

1. 行政区域及地理位置

该区位于环渤海地区的中心位置，天津市中心区的东面，渤海湾顶端，濒临渤海，北与河北省丰南区为邻，南与河北省黄骅市为界。地理坐标位于北纬 38°40′ 至 39°00′，东经 117°20′ 至 118°00′。全区拥有海岸线 153 公里，陆域面积 2270 平方公里，海域面积 3000 平方公里，区域内部的路网建设已经基本成形。

2. 自然资源基础

滨海新区地处华北平原北部，位于山东半岛与辽东半岛交汇点上，海河流域下游，地貌类型具有从海积冲积平原、海积平原到潮间带组成的比较完整的地貌分布带规律。区内，湿地面积较大，分布较广，不仅沿海分布着广阔的海域滩涂，陆域范围内的滩涂、河流水面、水库等湿地面积占滨海新区陆域总面积的 30%。属于暖温带季风性大陆气候，并具有海洋性气候特点：冬季寒冷、少雪，春季干旱多风，夏季气温高、湿度大、降水集中，秋季秋高气爽、风和日丽。耕地主要分布在汉沽北部和大港西南部，园地主要集中在汉沽西部和塘沽西南部，林地多沿道路、河流呈带状分布，主要分布在长深高速公路、津塘高速公路、津晋高速公路等高等级公路两侧以及蓟运河部分河段两侧、官港森林公园。

3. 人文生态特点

滨海新区有着广阔的水域滩涂和湿地，众多人工湖泊和类型多样的自然湿地，形成了独特的"河、海、湖"自然生态系统。良好的自然环境造就了丰富的生物种类，野生动物包括鸟类、兽类、两栖类、爬行类、鱼类等物种，是天津鸟类、鱼类资源最丰富的生物多样区，旅游资源丰富。同时还有天然湿地营城湖，该湖系蓟运河裁弯取直形成的"U"形淡水湖，湖堤周长15公里，水面166.67公顷，水库容量500万立方米，蓟运河现成为天津北系重要的防洪排涝河道，河面宽阔，景色优美。另外，位于蛏头沽南部的贝壳堤具有较高的科研教育价值。海滨休闲旅游区则以建设宜居生态型城区为出发点，整合海滨休闲旅游区休闲服务资源，成为天津最时尚、环境最优美的国际级一体化休闲度假地。海滨休闲旅游区有一半的面积在海上。北塘位于天津市塘沽北部，是蓟运河、永定新河、潮白新河流入渤海的交汇处，水产资源丰富，盛产各种鲜美的鱼、吓、蟹、贝等十几个品种。得天独厚的自然环境、丰富的渔业资源，使北塘享有"金邦玉带"之美名。滨海新区"倚重"海洋资源，依托航母主题公园、国家海洋博物馆、国际邮轮母港、中心渔港等，打造了国际游乐港、主题公园、环渤海中心渔港、北塘渔人码头、海滨旅游度假区及游艇景观。

（二）开发条件、经济概况及产业特色

1. 开发条件

2005年滨海新区农用地面积84708.7公顷，占土地总面积的37.3%，按照2020年的土地利用总体规划数据，全区农用地面积63004.3公顷，占土地总面积的比例将降至27.8%；可开发为耕地的未利用地约8550公顷，占陆域总面积的3.8%。2016年全区耕地面积为21547公顷，占土地总面积的9.5%，受灌溉水资源短缺、耕地盐渍化、土壤污染等因素的影响，耕地质量不高，中低产田面积较大，耕地后备资源有限。按照全区土地利用总体规划，2020年园地面积将调整为2792.8公顷，占陆域面积的1.2%，比2005年减少3045公顷，主要分布在（原汉沽区）西部和（原塘沽区）西南部；林地面积将增加至7354公顷，占土地总面积的3.2%，多沿道路、河流呈带状分布。其他农用地面积调整为32072.9公顷，占土地总面积的比例降至14.2%。该区林木覆盖率较低，土壤盐碱、土质黏重、地下水位过高，植树造林难度较大，但有着可供开发利用的盐碱荒地。

2. 经济条件

2016 年滨海新区完成地区生产总值 10002.3 亿元,在 10 个有农业的区中仅次于武清区,名列第二,比上年同期增长 10.8%,三产结构为 0.1:59.4:40.5。总人口 128.18 万人,人均 GDP 为 780332 元/人,人口密度为 555 人/平方公里,农业人口占总人口的 16.4%。该区拥有雄厚的工业基础,是天津快速推进城市化的地区;农民收入 20719 元,高于全市农民平均收入 643 元。2016 年耕地面积占全市总耕地面积的 5.6%,园地面积占全市园地总面积的 9.2%,林地面积占全市林地总面积的 4.3%,水产养殖面积占全市养殖总面积的 21%。2016 年该区完成农业增加值 11.8 亿元,劳均农林牧渔业增加值为 26246 元,低于全市平均水平 10438 元。农林牧渔及服务业内部结构比为 30.9:0.1:29.1:39.9:0.1,农业内部结构以渔业、种植业和牧业为主。具体情况如图 6-5 所示。

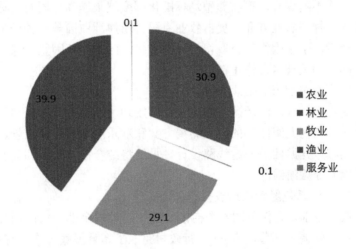

图 6-5　滨海农业可持续发展区农林牧渔业内部结构

3. 产业特色

新区濒临渤海,区域内已形成海水养殖、特色葡萄和冬枣种植等特色农业产业链,是天津市水产品生产的重要基地。著名的渤海对虾,肉肥味美,在国内外市场上久负盛名。梭子蟹个体肥大,青紫透亮,味道鲜美。海淡水养殖业发展迅速,以养殖东方红鳍豚、牙鲆、南美白对虾为重点,建成了规模工厂化养殖车间,成为环渤海规模较大、科技含量最高、相对集中的水产珍品繁养基地以及海淡水珍品、无公害蔬菜、名贵花卉、食用菌、珍禽等生产、加工基地,以及华大绿色食品、诺恩水产、金豚苗种、金龙珍品科技型产业化龙头企业。

畜牧业快速发展，引进了蓝狐、鸵鸟、绿头野鸭、珍珠鸡、梅花鹿等多种珍稀品种。此外，这一区域农业休闲与生态功能作用日益明显，依托葡萄、冬枣、水产养殖和海洋渔业等产业发展起来的特色农业休闲旅游业已初具规模，同时中新生态城在提升区域生态调节和环境保护的功能方面发挥着重要的作用。

（三）农业发展现状

近些年来，新区坚持农业工作稳中求进总基调和保供增收、提质增效、创新驱动总要求，主动适应新常态，加快农业结构调整，积极发展滨海现代都市型农业，持续深化农村改革，提高农民收入水平，加快美丽乡村建设，助推强街强镇战略，加强机关自身建设，实现了结构改革的平稳对接。

1. 现代渔业、畜牧养殖业和种源农业进展较快

循环水养殖项目、渔业设施提升项目和养殖池塘改造项目等土建基础设施建设工作不断提升，畜牧养殖场标准化程度越来越高，同时，苜蓿种植工作进展顺利。种源农业方面，奥群牧业有限公司澳洲白肉羊原种场扩建已完成基础设施建设，全基因组项目取得阶段性成果。同华大基因签订保密协议和技术开发合同，相关技术合作正在加快推进。

2. 休闲农业线路已具雏形

初步完成《滨海新区休闲农业旅游规划（2015—2020 年)》编制工作，确定"一带三区九组团"的规划布局方案和欢乐渔家游、精品创意游、慢享时光游、田园风光游四条旅游线路设计。最终将结合特色小镇和美丽乡村建设，确定休闲农业旅游线路。

3. 土地承包经营权确权登记颁证工作

截至目前，有任务的 6 个街镇、72 个行政村全部完成前期准备环节各项工作。在权属调查环节，有 66 个行政村完成了调查摸底工作，有 62 个行政村完成了绘制地籍草图工作，有 26 个行政村完成了上报信息工作。在审核公示环节，有 17 个行政村完成了公示修正工作，有 3 个行政村完成了确认上报工作。全区现有市级农业产业化龙头企业 30 家，有 8 家龙头企业获得"金农奖"，有 17 个农产品品牌。全区登记注册各类农民专业合作社 873 家，其中国家级合作社 8 家、市级合作社 59 家。全区进入产业化体系的农户占总农户比重达到 65%，农村承包土地流转面积达 92.07 平方千米。

4. 北大港国家公园建设

一是制定了国家公园（主园区）建设方案，建立了多行业、多单位参与规划设计的机制，确保总体规划设计更具前瞻性、战略性和可操作性。二是深化科技交流合作。天津市林业局、美国保尔森中心，成立了天津北大港国家公园

专家指导委员会，签署《天津北大港湿地保护合作框架协议》，并进行了项目对接。三是持续加强湿地保护管理。实施了北大港湿地保护与修复、湿地与野生动物保护及迎宾街南延绿化等一系列工程。第一批数字化湿地监控系统投入使用。

5. 设施农业水平不断提升

全区共有 9 个农业科技园区、1 个市级现代农业示范园区、7 个区级农业产业园区、13 个农业标准化生产示范基地。设施农业面积达 25.51 平方千米，放心菜基地 10 平方千米，规模畜牧养殖小区 118 个，设施渔业企业 82 家，珍品鱼类工厂化养殖达 80 万平方米。休闲观光农业蓬勃发展，现有 2 个国家休闲农业和乡村旅游五星级园区（企业），1 个全国休闲农业和乡村旅游示范村点，3 个市级休闲农业示范园区，休闲农业年接待游客 108 万人次以上，年收入超过 7200 万元，占全市休闲农业收入的 6.86%。

6. 科教兴区支撑作用显著

"十二五"期间，全区进一步深化"三院三校"农业科技合作，在渔业工厂化健康养殖，葡萄、冬枣种植及保鲜加工等领域始终保持了国内领先的科技水平。围绕农民收入倍增计划、美丽乡村建设等方面，新型职业农民技能培训有序推进。2015 年，开展培训 3854 人次，452 人取得农业行业职业资格证书，373 人取得新型职业农民证书，为农业农村经济发展提供了智力支撑。

（四）主导功能定位、发展方向及建设途径

1. 主导功能定位

按照都市型、外向型农业的发展方向，重点围绕海产品高效养殖、海产品精深加工、农产品加工物流基地、农业高新技术产业核心区、新业态农业发展先行区等优势海洋农业发展，加快对传统农业的改造和提升，拓展海滨观光旅游功能，突出生态功能建设，强化海洋科技研发转化功能和综合服务功能，努力建成滨海生态旅游和休闲观光基地，形成"海洋都市型"农业特色。建成与滨海新区总体定位相匹配，布局科学合理、经济结构优化、产业特色明显、科技水平先进、管理高效集约、综合效益突出、功能丰富多元、生态环境良好的农业经济体系，全面提升现代都市型农业保生态、促增收、增效益的能力。

2. 发展方向

一是提升滨海农业科技园区和现代农业产业聚集区功能，加快现代农业产业转型，试验研发农业技术，通过废弃物循环利用和生物物理防治等措施，发展节能、节水、生态、环保的高效种养业；二是实施生态养殖工程，依靠渔业生态修复技术体系发展海水养殖业，加速实现海洋渔业外向型生产；三

是围绕海珍品、玫瑰香葡萄、冬枣、花卉、食用菌、观赏鱼，精心打造农业旅游基地；四是建立苗木良种繁育基地，形成立体化种养体系；五是利用资源优势，吸收国内外先进技术，建立生态工程、生物工程和盐碱地治理等农业试验平台；六是对接国际贸易新规则，探索政策新途径，创新服务新模式，形成农业对外合作的政策洼地和制度高地；七是建设跨境农产品展销中心、电子商务平台和仓储物流中心等，打造海外农业示范园区、境外示范农场、农产品出口基地。

3．建设途径

（1）修复退化土地，通过生物工程措施实现农业生态保护功能。开展土地综合治理，修复退化土地，实行立体农业模式，搞好农、林、果、鱼并举，改善农业生态环境；搞好土、肥、水、药等农业资源的高效利用，在智能温室、日光温室中推广有机生态基质栽培技术等高效科技发展模式，发展节约、集约型农业；通过提供特色美食、农事活动体验、生态空间享受等不同的旅游农业产品，构建富有特色的产品体系，营造优美、舒适的生态环境。

（2）开发利用盐碱荒地，发展有利于生态保护的农业旅游。采取生物措施进行盐碱地综合治理，有计划地对荒碱地进行开发整治，培育可治理盐碱地的高耐盐的经济林、薪炭林、牧草等植物新品种，改善海岸带生态环境，营造由农田防护林、滨海风景林组成的盐碱地森林景观，建立盐碱地生物旅游景区；开发盐田风光、风力发电等景观，把该区逐步打造成为海滨自然生态和民俗文化特色有机融合的休闲旅游度假目的地。

（3）合理利用海洋资源，保护海洋生态。进一步优化渔业结构和区域布局，合理利用海洋资源发展生态渔业和循环水工厂化养殖，采用先进的生物工程技术和水处理技术，整治养殖水域环境，净化养殖水体；加强海洋生物的保护和利用，修复水产资源，实施浅海生态鱼礁示范工程，发展科学的捕捞业、生态健康的养殖业、高效的加工业、繁荣的流通业、兴旺的休闲渔业，保证水产品质量安全，优化产业体系，保护海洋生态环境。

（4）推广立体循环农业模式，提高土地利用率。依托绿化苗木基地，利用林下的遮阳环境，采用露天与拱棚相结合的模式生产食用菌，废弃菌渣作为肥料可为树木提供养分，促进林木的生长，建立起林菌立体种植体系。在适宜地区适当发展林下土鸡散养，家禽粪便可作为优质的有机肥料返回林地，建立起林禽立体种养体系，建设粪污综合利用系统。

（5）依靠科技进步，打造海洋农业的窗口。吸引国外资金、技术、人才和管理经验，同时凭借滨海新区人才、技术、信息、政策等方面的优势，开办中外合资的科技型生态农场、生态渔场、创汇农业基地等，形成一批农业研究开发成果，促进技术密集的高效农业发展，努力打造高科技、高效益、高水平和市场竞争力强的海洋农业试验基地。

四、环城农业可持续发展区

（一）区域范围、资源基础及生态特征

1．行政区域及地理位置

该区分布在天津中心市区周围的环城地区，与天津中心市区地域上相互交错，距离市中心最近，包括东丽区、西青区、津南区和北辰区，地理坐标位于北纬 38°50′02″至 39°21′11″，东经 116°53′至 117°33′，行政区划面积 1924 平方公里，交通便利，区位优势得天独厚。

2．自然资源基础

环城都市型高端农业主导区土地平坦，海拔多在 1—3 米左右，大致西高东低，土壤分布大致由西向东随地势变化由普通潮土为主递变为盐化潮土为主。属于暖温带季风性大陆性气候，冬季寒冷干燥，春季干旱多风，夏季炎热多雨，秋季凉爽少雨，光热资源丰富，宜于高端、精细化式的农业发展。

3．人文生态特点

该区是中心城区内部绿化带，地势低平，西高东低，境内河渠稠密，洼淀众多，城市化影响明显，农业技术装备水平较高，同时，生态旅游资源较为丰富，包括以天嘉湖、东丽湖、鸭淀水库、永金水库、北运河等为主的生态水域资源，以小站练兵、崇文尚武、天穆清真、杨柳青年画、赶大营、葛沽宝辇等为主的民俗文化资源，以及以现代农业园区、休闲度假庄园和花卉交易市场等众多农业园区为主的特色农产品资源。特殊的区位优势、资源基础和物质实力为开发出具有高科技含量，可以获得高效益回报的农业提供了基础，有力地促进了该区农业的高端化、精细化、节约化发展。

（二）开发条件、经济概况及产业特色

1．开发条件

该区人多地少，土地资源较为紧张。2005 年环城区农用地面积占土地总面积的 57.8%，耕地占土地总面积的 30%，园地占土地总面积的 2.7%，林地占土地总面积的 0.9%，其他农用地占土地总面积的 24%。按照 2020 年的土地利用总体规划数据，耕地、园地、林地面积分别占全区总面积的 30.5%、2.7%、10.4%。2016 年，该区耕地面积为 49080 公顷，占土地总面积的 25.5%；林地面积增长迅速，园地面积变动不大；耕地后备资源匮乏，耕地保护压力较大，农用地进一步开发的潜力非常有限。总的来说，该区农业生产优势明显，市场化程度较高，城乡联系密切，劳动力资源丰富，农业技术装备水平较高，有利于推广农业生物利用、农业信息化等高新技术，促进高端精准农业发展，提升农业规模化、产业化、标准化、集约化、信息化水平，已经形成了信息化和工业化深度融合、工业化和城镇化良性互动、城镇化和农业现代化相互协调的良好局面。

2．经济概况

环城都市型高端农业主导区经济发达，收入水平较高，2016 年完成地区生产总值 3924.83 亿元，占全市生产总值的 22%，其中，西青区和北辰区的地区生产总值较高，均超过 1000 亿元，三产结构为 0.9:53.8:45.3。总人口 163.25 万人，人均 GDP 为 240420 元/人，人口密度为 854 人/平方公里，是五种类型区中人口密度最大的地区，农业人口占总人口的 51%，农民人均纯收入 23971 元，高于全市平均水平 3896 元。2016 年耕地面积占全市总耕地面积的 31%，水产养殖面积占全市养殖总面积的 24.2%。2016 年该区完成农业增加值 35.7 亿元，劳均农林牧渔业增加值为 54611 元，高于全市平均水平 17927 元。农林牧渔及服务业内部结构比为 46.6:2.3:18.1:11.3:21.7，农业内部结构以种植业和服务业为主。具体情况如图 6-6 所示。

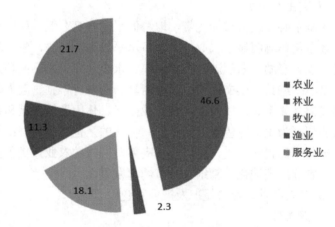

图 6-6　环城农业可持续发展区农林牧渔业内部结构

3．产业特色

这一区域中，农业具有重要的休闲与文化传承功能，以花卉、食用菌、蔬菜、观赏鱼、淡水鱼生产为主，已经形成园艺、农产品物流和观光农业为主的格局，曹庄花卉市场、东丽花鸟鱼虫市场已成为北方具有重要影响力的花卉、观赏鱼集散中心，以津南国家农业科技园区、农业高新技术示范园区、西青第六埠农业示范园、北辰龙顺庄园等为代表的农业园区功能不断完善，被认证为农业旅游景点，成为辐射带动全市都市农业发展的重要力量。

该区城市化水平高，紧邻中心市区，具有拓展农业休闲观光功能的区位优势、市场优势，有一批历史悠久的农产品品牌。北辰区在建设现代农业过程中，注重开发农业的食品保障、就业增收、生态保护、原料供给、观光休闲等功能，切实转变养殖业增长方式，全面拓展农业功能，提升农业现代化水平。西青区是天津市重要的农业科技示范基地之一，农业设施化、标准化、产业化水平不断提高，沙窝萝卜、食用菌等12家农民专业化合作社，通过农业项目带动，加快了凯润无公害食用菌基地、张家窝蝴蝶兰种植基地、张家窝冬枣、杨柳青鲜食玉米等加工基地的建设，实现了农产品的增值增效。通过种植养殖、高端经济作物等基地的扩建，蔬菜、高端经济作物、畜禽、水产等主导产业均保持了良好的发展势头。东丽区积极调整农业产业结构，大力发展都市型农业，推动农业发展转型升级，花卉、食用菌、观赏鱼、畜禽种养业已成为四大主导产业，产业化程度显著提高。津南区农业已形成以"一优三特"（优质小站稻、特色蔬菜、特色畜禽、特色水产品）为主导的农业生产结构，拥有"日思牌"小站稻、"神农"牌蔬菜种子、"宏程"牌蔬菜种子等农业名牌产品。天津津南国家农业科技园区和津南循环农业园区建设为农业多功能拓展奠定了基础。

（三）农业发展现状

环城都市型高端农业主导区主动适应经济发展新常态，调结构、促转型，加快转变农业发展方式，立足特色优势，瞄准高端生态，强化科技创新，坚持以规模高端农业、休闲观光农业、安全生态农业、种源科技农业为主导，发展步伐稳步推进。

1. 农业产业结构调整初见成效

通过"稳定粮食生产、发展生态林业、控制养殖业、大力促进三产融合"，农、林、牧、渔、服务业内部结构不断优化。其中以天津滨海国际花卉科技园区、天津滨海傲绿农业科技园区、天津滨海宽达生态农业科技园为核心的天津滨海国家农业科技园区，本着建成北方地区高档花卉产业集群、天津农业高新技术转化推广中心、天津工厂化蔬菜种苗供应基地、天津有机农产品产业化示范基地、北方淡水鱼养殖及加工基地的建设目标，现已完成投资20.61亿元，园区建设已具一定规模，沙窝萝卜、精武放心肉等10个品牌被评为市级以上名牌产品，在聚集农业科技项目和高端人才、优化科技资源配置、提高区域科技集成创新能力和成果转化效力等方面均取得明显成效，成为天津现代农业发展的新名片。

2. 农业产业园区建设步伐加快

以重大项目为依托，积极促进土地、资金、政策向园区集中，人才、技术、服务向园区集聚，建设高标准农业产业园。其中张家窝现代农业产业园和东淀现代都市型农业核心区被认定为市级示范园。另外，镇级的当城农业休闲园、高速北园、三街农业产业园、精武生态养殖园等8个园区正在加紧建设，依托龙头企业规划建设了花卉、食用菌、蔬菜、南美白对虾、观赏鱼等一批特色产业园区，为农业产业园区发挥产业带动功能、示范展示功能、旅游观光功能奠定了坚实基础，设施农业建设已走在全市前列。

3. 农业多功能性不断拓展

依托良好的生态环境和深厚的人文底蕴，利用新农村建设成果，不断开发观光休闲、农耕文化体验、农家乐等生态观光农业模式。积极打造休闲农业精品项目，科学规划，错位发展，塑造主题多样、特色鲜明的生态观光农业品牌，建成了水高庄园、张家窝农业产业园、辛口镇城市小菜园等休闲观光旅游景点，举办了张家窝冬枣节和沙窝萝卜文化节等农业节庆活动，展现了休闲旅游农业巨大的发展潜力。鼓励农业产业化组织开展"农超对接""直销店""电子商务"等多种方式的农产品直供直销，畅通了鲜活农产品销售渠道，有效开拓了农产品中高端消费市场。

4. 农业科技支撑能力稳步增强

依托国家级农业科技园区搭建农业科技融资、信息、品牌服务平台，滨海国际花卉科技园区已入驻国家级实验室1家、省部级实验室1家及地市级实验室1家，与中国科学院植物研究所签署了"共建'花卉育种联合研发中心'的框架协议"。全国农业行业首家"院士专家工作站"落户滨海傲绿农业科技园区。成立了全市第一家以农业科技为主导的农业专业孵化器，为农业科技资源的战略性集聚及农业科技成果转化提供了有力支撑。进一步强化农业龙头企业为农业科技创新主体的地位，大顺园林、傲绿等农业企业被纳入天津市科技"小巨人"培育计划。组织实施测土配方、秸秆反应堆、重金属修复、集约化养殖等科技项目，提高农业科技推广应用能力和综合利用效率。加大对农业技术的指导和推动力度，以推进物联网信息技术在设施农业中的应用为契机，加快该区农业信息化建设，提升农业智能化管控水平。

（四）主导功能定位、发展方向及建设途径

1. 主导功能定位

坚持"绿色精品、生态高端、休闲观光、文化创意"发展定位，建设与城市发展相协调的蔬菜、瓜果、牛奶、水产等鲜活农产品供应基地和观光休闲农

业基地；巩固农业精品生产功能，强化农业高新技术孵化培育、示范带动、服务辐射等服务功能，围绕城市居民生活需要，培育一批质量保障、文化传承、功能多样的绿色农产品和休闲观光服务产品；努力构建高端农业产业体系和休闲观光农业体系，打造成为天津市的"O"字形花园和高端农业生产区。

2．发展方向

一是重点发展高端设施农业和农产品直供直销，建立安全蔬果产业化基地，充分发挥农田的生态服务功能，形成生态环境保护带、生态隔离带效应，维护区域生态安全；二是逐步降低畜牧业份额，严格控制新建畜禽养殖场；三是发展健康水产业，规范池塘生态养殖，扶持工厂化水产养殖基地建设；四是着力建设一批规模较大、经营规范、效益显著、特色明显的集约型、观光型农业示范园区，促进农业与二三产业深度融合，发挥典型示范带动作用。

3．建设途径

（1）加强对农田投入品管理力度，扶持引导高端农业做大做强

合理使用化肥、农药、农膜，围绕蔬菜、花卉、食用菌、小站稻、淡水产品等优势农产品建设，以新品种、新技术、新装备等"三新"技术和模式创新为抓手，积极开展高端农业精品科技提升行动，发展优势农产品的苗种繁育、设施化生产为主的高科技农业，在做优质量的基础上做好精品农产品的品牌打造，大力发展地理标志和证明商标精品农产品，打响绿色品牌、生态品牌、精品品牌。

（2）调整畜禽养殖的空间格局，促进畜牧业与生态环境和谐发展

合理调整畜禽养殖布局，限制畜牧业发展，现有的畜禽场逐步分期分批关闭、搬迁；现有的畜禽场在一定时间内全部完成畜禽粪便综合治理，取消散养户，适当建设集约化、标准化管理和产业化经营的高标准生态畜禽养殖园区，保护区域生态环境。

（3）充分利用资源优势，发展生态渔业、观赏渔业和休闲渔业

以发展高端渔业为目标，倡导节水、节地、节能等资源循环利用生产方式，促进渔业由生产型向质量型转变；发展水面养鱼、水边垂钓、岸上餐饮娱乐、设施渔业展示、渔文化传承等，推进绿色生态健康水产养殖全产业链建设。

（4）通过规划、设计与施工，大力发展以农业和农村为载体的旅游业

在环境敏感区、脆弱区划定生态红线，合理保持农业生产空间，加快发展农业新业态，积极拓展农业生态休闲观光功能；采取大集中、小分散的布局，充分利用农业风光资源，大力发展休闲观光农业，以旅游引导生产，加强人工对自然的修饰，以文化创意的特色、精美别致的小景、休闲设施和科普教育为主要吸引力，积极发展集精品生产、餐饮娱乐、休闲体验、生态观光、绿色教育、文化创

意等多功能为一体的农业休闲旅游综合体，推动农业多业态发展和多功能建设。

五、远郊农业可持续发展区

（一）区域位置、资源基础及生态特征

1. 行政区域及地理位置

该区分布在天津远郊地区，包括宝坻区、宁河区和静海区，行政区划面积4421平方公里，分为南北两翼，其中，北翼包括宝坻区和宁河区，南翼包括静海区。北翼两个区地势大致西北高，东南略低，南翼静海区地势大致西南高，东北略低。其中，宝坻区位于天津市北部，东隔蓟运河与河北省玉田县相望，西与河北省香河县垄连，南抵武清区、宁河区，北靠蓟州区和河北省三河市，地处京津唐腹心地带，地理位置得天独厚。宁河区位于天津市东北部、渤海湾西北部，北邻河北省唐山市的玉田县、丰润区，南至天津市东丽区、滨海新区（塘沽界），东接河北省唐山市的丰润区、丰南区和天津市滨海新区（汉沽界），西连宝坻区、武清区，是天津市联系南北方、沟通中西部的综合交通枢纽的重要组成部分。静海区位于天津市西南部，东与滨海新区为邻，东北隔独流河与西青区相望，其余各向为河北省诸市县环绕，西北与河北省霸州市相连，西与文安县接壤，西南与大城县毗邻，南与青县、黄骅市交界，是北上京津南下江浙的必经之地，素有"津门首驿"之称。

2. 资源基础

远郊都市型高效农业主导区海拔在4米以下，境内地势平坦，为典型的低平原，土壤耕作历史悠久，已熟化为耕作土，土层丰厚，主要是河流冲击形成的潮土类型，地处九河下梢，水系发达，河网密布，属于暖温带季风性大陆气候，境内宁河区、静海区和宝坻区有一定的牧草地分布，土壤以潮土、沼泽土、水稻土和盐化湿潮土为主，性状较好，土质肥沃，适宜耕作。

3. 生态特征

该区环境优美，生态景观较为自然，风光秀丽，空气清新，境内林带成荫，田园隽秀，农业绿色空间较为广阔。静海林海、青龙湾固沙林、青南生态林、青北森林公园等是该区主要的生态林地资源，农田防护林营造的田成方、林成网、路相通、沟相连的建设景观，形成了层次多样、结构合理、功能完备的城乡生态网络。此外，该区低洼处洼淀较多，以七里海、团泊洼为主的湿地资源营造了温泉名城、生态水乡、湿地特色等生态景观。人文生态景观十分丰富，有非物质文化遗产、文化古迹等众多重要资源。湿地、林地、农田、地热等特殊资源，为发展生态旅游观光提供了优越的条件。

（二）开发条件、经济概况及产业特色

1．开发条件

该区农用地资源较为丰富，以生产大宗农产品为主，是天津主要农产品生产基地，人口最多、耕地面积最大、农业从业人员比重最高，同时也是天津市农业生产功能和就业保障功能最为集中的地区。2005 年远郊都市型高效农业主导区农用地面积占土地总面积的 71%，耕地占土地总面积的 51.3%，园地占土地总面积的 0.9%，林地占土地总面积的 0.2%，其他农用地占土地总面积的 18.5%。按照 2020 年的土地利用总体规划数据，耕地、园地、林地面积分别占全区总面积的 50%、0.8%、1.4%。2016 年，该区耕地面积为 177387 公顷，占土地总面积的 46.4%。总的来说，该区农业生产优势较为明显，劳动力资源丰富，农业发展的空间优势明显，具备农业规模化、产业化、标准化等高效农业发展的模式特征。

2．经济条件

远郊都市型高效农业主导区属于全市农业资源最为丰富的地区，农业生产功能、就业和生活保障功能较为突出和优先。2016 年完成地区生产总值 1931.1 亿元，占全市生产总值的 10.8%，其中，静海区和宝坻区生产总值势均力敌，分别为 684.83 亿元和 684.07 亿元，宁河区为 562.28 亿元，三产结构为 5.0:48.7:46.1，农业所占比重较大。总人口 170.93 万人，人均 GDP 为 112970 元/人。人口密度为 386 人/平方公里，是五种类型区中人口密度最小的地区。农业人口占总人口的 75%。农民人均纯收入 19418 元，低于全市平均水平 658 元。2016 年耕地面积占全市总耕地面积的 46.4%，水产养殖面积占全市养殖总面积的 35.4%。2016 年该区完成农业增加值 93 亿元，农林牧渔及服务业内部结构比为 32.9:2.2:24.7:9.4:62.2，农业内部结构以种植业、服务业和畜牧业为主。具体情况如图 6-7 所示。

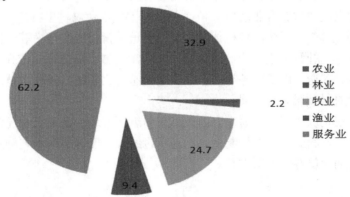

图6-7　远郊农业可持续发展区农林牧渔业内部结构

3．产业特色

该区是天津主要农产品生产基地，其中，宁河区是优质小站稻、棉花和商品粮生产基地区，是全国无公害农产品生产基地示范区，打造了小站稻、无公害蔬菜、棉花、生猪、奶牛、肉鸡、长毛兔、水产品八大优势产品基地，培育了津沽小站米、天河种猪、换新观赏鱼、七里海河蟹等一批市级以上农产品品牌；宝坻区为我国北方重要的粮棉生产基地，经济作物中的"三辣"（五叶齐大葱、红皮大蒜、天鹰椒）驰名中外，大新现代农业示范园被国家绿委会认定为绿色蔬菜生产基地；静海区更是加大农业种植结构调整力度，林海循环经济区被评为天津市首个国家级绿色农业示范区，引进了林地食用菌种植模式，为农民增收致富开辟了新途径。总之，远郊农业建设区农业生产经营规模较大，农业发展空间和潜力较大。

（三）农业发展现状

远郊都市型高效农业主导区围绕京津冀协同发展和全市发展都市型农业的定位，促进农业转型升级、提质增效。

一是着力提高资源利用科学化水平，围绕良种繁育、稻渔立体种养等优势和特色产业，深化与京津等地农业部门、科研院所合作交流，拓宽科技成果对接农业农村资源渠道，不断积蓄发展底气。

二是发展模式实现新融合。就"农业抓农业、农村抓农村"思维惯性进一步破解，多产业融合共进趋势初显，涌现出一批一、二、三产融合发展模式。"水稻种植+水产养殖"模式巩固扩面，在八门城、黄庄、尔王庄等镇发展稻鳅、稻蟹等立体种养面积达到 26.67 平米千米。"水族养殖+休闲文化"模式发展壮大，以水族文化创意产业园和嘉禾田园为龙头，建成冷热水鱼养殖基地，打造休闲文化亮点，鱼类养殖业发展路子有效拓宽。"乡村旅游+"模式多头并进，借助发展乡村旅游业之风，40 个旅游村围绕农业农村出特色、打品牌，涌现出大钟庄镇牛庄子葫芦种植体验、周良街道马营村民俗马术等一批农村发展新亮点。"互联网+"模式广泛运用，面向京津冀城市群的宣传推介力度持续加大，直销、配送、电子商务等农产品流通业态占比提高，互联网技术的运用在全区农业农村领域逐步扩展。

三是以"三农"为重点的改革正向纵深推进，新型农业经营体系、集体财权制度、农业支持保护制度、土地承包经营制度等不断得到确立和完善，土地流转面积保持全市领先。

（四）主导功能定位、发展方向及建设途径

1．主导功能定位

依托生态资源优势和特色农业基础，进一步释放发展活力，顺应京津冀协同发展大势，站位大局谋划，依托优势发展，外联内扶，厚积薄发，立足自身优势，着力调整优化农业产业结构，积极推进农业规模化发展、设施化建设、产业化经营、标准化生产、社会化服务，将农业的产前、产中、产后各环节结成完整的产业链条，进行产业化经营，打造商品粮、商品菜和奶类农产品供应基地及肉、蛋、果等农产品深加工基地。培养壮大龙头企业，联农带农，实现产业集群，引导农业与二三产业融合发展，以湿地、林地和农田为依托，拓展农业生态休闲观光功能。

2．发展方向

一是以粮食、果蔬、肉禽、牛奶和水产品作为主导产业，大力发展高效农业，确保农产品有效供给；二是建立规模化、专业化种植与养殖业复合系统，实现植物性生产、动物转化、微生物循环、系列加工增值，促进物质循环利用，减少废弃物排放；三是建立农业服务体系，建设一批特色鲜明的农业园区和农业旅游景点；四是发展农产品保鲜、精深加工以及生物农药、生物饲料、生物肥料等绿色加工，延伸产业链条，提升综合效益；五是构建现代都市型农业生产体系、经营体系，推动农业高端化、品牌化、市场化发展，增加农业综合效益，努力建设面向京津的"菜篮子"和"米袋子"。

3．建设途径

（1）加强农业技术研发转化，提高高效农产品比例

根据土壤类型与功能调整土地利用方式和结构，采用先进的耕作技术以及轮、间、套作种植方式和饲养方法，推行高效农业生产模式；重点建设绿色蔬菜、食用菌、奶牛、肉牛、生猪、肉羊、肉鸡、蛋鸡等优势农产品高效示范基地，引导农民发展高效农业，全面开发无公害、绿色、有机食品及现代种业，提高绿色农产品的比例。紧密结合京津绿色消费新热点，着力发展有机蔬菜、优质粮以及稻区立体种养、食用菌生产、淡水养殖等特色农业。推广生态农业生产方式，控制化肥、农药使用强度，推行病虫害生物防治技术。做大做强获得国家地理标志的农产品品牌，推动远郊地理标志产品进入京津高端市场。

（2）充分发挥区域生态环境优势，发展农业观光旅游业

依托本地自然资源禀赋基础，合理开发区域生态资源优势，充分利用荒水荒滩，开发生态休闲渔业；强化对农田、水源、湿地等自然资源的保护，保持农业资源的自然美感，营造地域特色；以辽阔气魄的大景、养生休闲、民俗文

化和大型主题旅游活动为主要吸引力，努力构建自然生态之美，发展休闲观光农业，打造集旅游、休闲、餐饮、文化、科普、娱乐为一体的农业新兴产业和田园乡野特色。以建设京津都市圈大湖景区和全产业休闲基地为目标，发挥健康产业园、林海循环经济示范区、农业产业园、美丽乡村及"湖、湿地、河、文化"资源优势，建设一批生态旅游精品点位。挖掘传统文化资源，促进关联产业互动发展，加大知名文化旅游品牌培育，提升旅游业整体规模和水平。

（3）以现代科学技术为依托，发展农产品加工业

以节水、绿色、高效农业为方向，大力推进科技农业发展。加强与京津冀地区农业科研院所、高等院校的产学研合作，积极争取粮食、蔬菜、花卉等优质新品种规模化推广，打造良种产业化种植基地。在调整农业生产模式的同时，将高效、生态融入农产品内涵，围绕粮食、蔬菜、畜禽、牛奶等特色优势农产品，大力发展食品加工业；从种养殖、保鲜、加工及相关技术入手，引进先进加工技术和设备，发展劳动密集型农产品深加工和精深加工，培育资源主导型加工企业集群，引导农业集中连片、特色化发展；形成具有一定规模的无公害、绿色、有机农产品产业化基地，实现农产品加工增值，进一步提高农业社会经济效益。

（4）发展高效设施农业，培育特色林下经济

以龙海现代农业产业带为核心，重点发展设施冷棚建设。以运河沿岸老棚区为重点，实施设施农业改造提升工程，提高设施建设水平，新增设施农业 15.33 平方千米，重点建设设施西瓜及食用菌核心区、蔬菜产品供应保障基地及现代农业示范基地。以林海现代化设施农业基地为依托，打造林海高效设施农业种植区、子牙河两岸瓜果产业带，开展放心果蔬产地认证，建立林海农产品"消费者—农场"物流链，发展外向型农业，推动农产品走向国际市场。不断强化种苗繁育、生态种养、林下经济、绿色食品加工、健康养老等领域的特色优势，建设安全农产品的必需保障基地、绿色农产品的加工物流基地、健康养老的生态休闲基地和工商资本开发建设的现代农业示范基地。重点推广林菌、林药、林禽、林花等模式，培育林下经济特色产品和生产基地。建设一批设施农业生产基地，加快形成集群效应，带动区域高效设施种植业、农产品物流业和观光休闲业发展。

（5）创新农业发展模式，加快农业循环经济发展

构建种植、养殖、农业废弃物加工产业链条。发挥南部大洼地区稻湿资源优势，推广稻—鱼（蟹）种养结合发展模式，提高稻鱼立体养殖规模。探索畜—沼—果（粮、菜）发展模式，推进规模化养殖场循环化改造，鼓励养殖企业拓展有机肥料、沼气生产以及农业种植环节，促进畜禽粪便资源化利用。

参考文献

[1] 周玉亮. 枣庄市生态农业区划与模式研究[D]. 山东农业大学，2010.

[2] 秦静，李瑾，黄学群. 天津农业可持续发展的区域布局及途径[C]. 2015年中国农业资源与区划学会学术年会论文集，2015.

[3] 秦静，贾凤伶. 科技推动天津市农村创新能力建设评价及路径研究[J]. 湖北农业科学，2016（13）：3511—3515.

[4] 王玉娟. 东北生态农业分区及其发展方向研究[D]. 东北师范大学，2006.

[5] 刘秀英，黄国勤. 江西省生态农业区划研究[J]. 中国农学通报，2007（12）：347—355.

[6] 陈晓红，王玉娟，万鲁河，解瑞峰. 基于层次聚类分析东北地区生态农业区划研究[J]. 经济地理，2012（1）：137—140.

[7] 秦静，黄学群. 天津现代都市型生态农业分区规划及发展研究[J]. 天津农业科学，2015（2）.

[8] 秦静，李瑾，张蕾. 基于系统聚类的天津生态农业分区发展研究[C]. 2014年中国农业资源与区划学会学术年会论文集，2014.

[9] 朱晓霞. 基于承载力分析的蓟州区土地资源优化配置研究[D]. 天津师范大学，2005.

[10] 李树德，李瑾，黄学群，孙国兴. 天津沿海都市型现代农业功能区划及发展重点研究[J]. 中国农业资源与区划，2008（3）：36—41.

[11] 李瑾，巩前文. 新形势下天津都市型现代农业发展思路研究[C]. 2010年中国农业资源与区划学会学术年会论文集，2010.

[12] 郭军. 发展现代农业是建设社会主义新农村的必然抉择[J]. 今日中国论坛，2007（8）：60—63.

[13] 李超. 天津市武清区生态足迹与生态承载力分析[C]. 2014中国环境科学学会学术年会，2014.

[14] 曲宁，高艳芳，虞冬青，孟力，张丽恒，仲成春. 天津构建现代都市农业典范[J]. 天津经济，2016（5）：19—26.

[15] 刘立颖. 天津区县创新视角下的产业发展研究[D]. 天津大学，2010.

[16] 宋琨. 京津绿城 健康静海[N]. 天津日报，2016-09-03.

第七章　天津农业可持续发展途径与重点任务

第一节　天津农业可持续发展的战略途径

天津农业资源可持续利用与生态保护将实施三大战略，即农业资源节约保护战略、农业资源循环利用战略、农业转型及功能拓展战略。

一、农业资源节约保护战略

立足现有的土地资源、水资源、山林资源、湿地资源、生物资源等农业资源，走节约集约利用型农业发展道路。以节地、节水、节肥、节药、节种、节能等高效低耗为目标，建立集约化、清洁化农业生产体系，发展节水农业、节地农业、设施农业、精准农业等，推广应用节约型的耕作、播种、施肥、施药、灌溉与旱作农业等技术，建立平原、山区、滨海等不同区域的资源节约集约利用型农业发展模式；通过试验示范、典型带动，合理利用各类农业资源，优化农业系统内部结构，延长农业生态产业链，实现资源节约集约利用，缓解农业资源短缺和社会需求不断增长的矛盾。

1. 加强基本农田保护

在严格控制耕地资源占用的原则下，加强对基本农田的保护，遵守和执行《土地管理法》《基本农田保护法》等法律法规，严格落实天津市生态用地红线划定方案，正确处理经济发展与耕地保护之间的关系，严格控制非农建设过多占用耕地；合理引导农民住宅相对集中建设，促进自然村落适度撤并，加强对"空心村"用地改造，积极开展宅基地、工矿废弃地复垦工作，实现耕地资源占补平衡；推进中低产田改造，推广农牧结合种养方式，增施有机肥料，扩大绿肥种植和农作物秸秆还田，增加耕层厚度和熟土利用，实施测土配方施肥，改善土壤通透性和质地，提高耕地质量；严格制止弃耕抛荒现象，提高耕地利用率。

2．合理开发利用荒山荒地

利用蓟州区荒山荒地等资源发展生物质原料作物种植，推广生态农业技术，建立林牧、林农、林草结合的复合生态系统，加强畜禽粪便的综合开发利用，形成节能、降耗的生态农业发展模式。在小于 3°的山间平地上选择山地杂粮品种，开发杂粮有机食品；3°—7°的缓坡地突出发展瓜类、粮食、果品等绿色生态食品；7°—15°的缓坡地大力发展以梨、桃、杏等采摘果品为主的观光采摘园；15°—25°的坡地增加园地和林地面积，建立生产发展与环境改善相结合的生态果园；大于 25°的坡地实施生态林建设工程，提高林地质量和水土保持能力。

3．大力发展节水农业

大力发展节水农业，根据天津不同生态农业功能区特点，推进农业节水按照工程措施、农业措施、生物措施和管道措施相结合，常规技术与高新技术相结合的思路，加强渠道防渗、低压管道输水、喷微灌等节水灌溉技术、农田保蓄水技术、适水种植技术、节水管理技术以及节水新材料、新设备等的应用，提高农业灌溉水利用率；适当调减高耗水农作物种植面积，推进渠道防渗、雨水集蓄、灌区配套等农业节水灌溉工程建设，加强田间管理，完善节水灌溉管理体系，建立适用于不同地区的多种类型节水灌溉制度。

4．维护湿地生态体系

加强湿地综合管理，对湿地保护区周边的农业项目进行筛选，采取生态清淤、植被恢复、增殖放流、人工鱼礁、饲草料种植、配方施肥等措施，实施清洁生产，建立健康种养模式，有效减缓和降解水质富营养化，维护湿地保护区生态体系的平衡。从保护生态、挖掘农业生态涵养功能出发，对河道、河滩、洼区、滩涂地带进行湿地修复，加快湿地边缘防护林带建设，增强湿地系统净化空气、调节气候、减少噪音、防洪排水等作用，确保湿地资源的可持续利用。在重点湿地区域及周边，建设农业湿地野外观测站，及时准确地掌握农业湿地现状及动态变化，为保护利用农业湿地资源提供科学依据。建立农业湿地生态补偿机制，对发展有机农业、健康种养殖、实行清洁生产技术的生产者或企业给予补偿。

二、农业资源循环利用战略

为适应农业绿色发展的需要，围绕构建农业全产业链，以深度开发利用农业资源为目标，走立体复合、循环利用的农业发展道路。以提高农业资源利用效率为核心，高效利用农业生产空间，广泛运用现代科学技术、现代技术装备、现代物质条件，推进种养结合、粮经结合和农牧渔结合，通过多物种共栖、多层次配置、多时序交错、多产业协调发展的复合型、循环型农业开发模式，延伸农业产业链，开展农业资源的深度加工转换，提高农业资源利用率、农产品附加值、产品产出率和综合效益，多层次、多环节、全方位实现农业资源的多级增值。以低投入、低消耗、高效益为特征，紧紧围绕作物秸秆、植物残枝、畜禽粪便、农产品加工下脚料等农业废弃资源，通过循环的方式，把废弃物变为肥料、燃料和饲料，解决污染物的去向问题，减少农业生产的外部投入，实现"资源→产品→再生资源"的农业循环发展。

1. 建设高标准农田

坚持生态农业发展理念，重新调整农田格局，建成集中连片、设施配套、高产稳产、生态良好、抗灾能力强、与现代农业生产和经营方式相适应的高标准基本农田，提高抵御自然灾害的能力；加大高标准农田建设力度，把土壤改良、培肥地力、耕地质量等作为高标准农田建设的重要内容，不断提高作物的可持续增产能力。提高管理服务专业化水平，大力推行统一整地播种、统一育苗栽插、统一肥水管理、统一病虫防治、统一机械收获的"五统一"技术服务，促进技术全面入户到田。加快生产过程机械化水平，充分发挥农机作用，促进农机农艺融合，力争小麦、玉米耕种收全程机械化。

2. 开展高产创建示范

依托高标准农田，调整作物品种结构、种植规模，通过落实节地、节肥、节水等种植模式，开展高产创建示范，带动区域大田作物增产增效。结合粮食直补、良种补贴、农机补贴等政策导向，以小麦、玉米为重点，以优质、高产、节本、增效为目标，示范展示主导品种和主推技术，强化政策引导、行政督导、专家指导和信息服务，实现主推品种优良化、主推技术规范化、耕种收全程机械化、生产服务社会化。

3. 提升设施农业发展水平

在设施农业"4412"工程基础上，进一步整合利用资金、土地、科技等资源，以设施农业示范园、现代畜牧业示范园和优质水产示范园为主要提升对象，依靠农业清洁生产技术、农业物联网技术、运输保鲜配送技术、畜禽生态养殖技术、健康水产养殖技术、农业点源污染控制技术、面源污染减量化技术等，使农产品达到"环境有监测，生产有档案，加工有规程，质量有追溯，上市有标识，产品有检验"的标准，并实现农业资源的高效利用和废弃物的无害化排放。

4．推进生态有机农业发展

从天津现代都市型农业资源特点出发，种植业主要根据土壤类型、水源条件、装备条件与主栽品种，采用粮果兼作、粮菜兼作、粮经间作、粮药间作等模式，以及林药模式、林菌模式、林禽模式，提高复种指数和产出水平。全面实施测土配方施肥、水肥一体、过腹还田、留茬免耕、生物防治和精准施药、微灌滴灌等环境友好的先进农业生产技术，广泛使用复合肥、有机肥、农家肥，提高农药化肥使用效率，降低农业资源消耗和污染物排放。畜牧业创新健康养殖模式，采用粪便堆积发酵还田、颗粒有机肥加工、沼气能源利用、生态立体养殖以及污水三级沉降等模式，完善畜禽养殖废弃物综合利用、节能、节水、无害化处理和环境保护等设施，实现畜禽养殖场废弃物达标排放。渔业推行生态化、工厂化等循环水养殖模式，采用先进的生物工程技术和水处理技术，整治养殖水域环境，净化养殖水体，实现水资源的节约利用，实施浅海生态鱼礁示范工程，加强海洋滩涂资源、海洋多样生物资源的保护和利用，保护海洋生态环境。

5．开发利用盐碱荒地

采取生物措施进行盐碱地综合治理，筛选引进耐盐碱的林木、花卉、蔬菜、牧草等植物新品种，推广海水淡化、海淡水工厂化养殖技术、植物咸水直灌和补灌技术等，有计划地对滨海盐碱地进行开发整治，营造由农田防护林、盐田汪子、咸水灌溉田、沿海风景林组成的盐碱地生态景观，改善盐碱荒地生态环境；依托滨海农业科技园区及农业企业，开发盐碱地特色观光及休闲项目，逐步利用盐碱荒地打造海滨特色农业区和休闲旅游度假目的地。

6．发展低碳环保农业

以产业为链条，实现种养加一体化经营，实现废弃物资源再利用。重点开发太阳能、风能、微水电等可再生能源，推进农业装备和机械节能，替代化石燃料，减少二氧化碳排放。在远郊区域开展畜禽养殖废弃物和污水治理，建设沼气工程，综合利用沼气、沼肥和沼液，达到节约能源，低碳环保的目的。大力推进秸秆还田、粮肥轮作、配方施肥、生物防治、一膜多茬、旧膜覆盖等技术的普及，开展秸秆养菌技术示范、畜禽生态床养殖技术示范，以及秸秆青贮、氨化和微生物发酵技术示范、食用菌废弃物利用技术示范、菜地废弃物循环利用技术示范、地膜回收技术示范，有效利用农业废弃物资源，推进农业废弃物的肥料化、基料化、饲料化、能源化、产业化。

三、农业转型及功能拓展战略

立足区域生态环境、农业生产资源、区位交通条件和劳动力充足的优势，因地制宜开发现代农业的精品生产功能、景观营造功能、休闲观光功能、文化传承功能和示范服务功能，转变农业发展方式，建立现代都市型农业体系。做大加工物流产业，引导专业合作社创办加工销售企业，适度促进农产品加工物流企业集聚发展，围绕蔬菜、牛奶、果品、畜禽等优势农产品，面向京津地区，着重发展农产品加工及冷链配送，提高冷链流通率、冷藏运输率，降低农产品流通环节产品腐损率；发展集生态观光、休闲度假、农事体验、节庆会展、科技示范、文化创意、餐饮娱乐、康体养生等于一体的现代服务型农业，促进现代都市型农业产业升级和功能提升，实现农业增效、农民增收和农村繁荣。

1．发展农产品加工物流业

以市场需求为导向，发展劳动密集型农产品深加工和精深加工，培育资源主导型加工企业集群。以引进加工龙头企业和培育农业合作组织为切入点，以高新技术为引领，着力构建"生产者→合作组织、运销企业→批发市场→加工、物流配送→集贸市场、超市→消费者"农产品流通体系，努力降低农产品流通成本；加强现代生物技术、微电子、新材料和节能减排等技术在农产品加工中的应用推广，开发新的产品，延伸产业链，循环利用，实现农产品加工增值；以现有农产品批发市场及各乡镇集贸市场为基础，重点加强各种高性能冷却、冷冻设备自动化分拣、清洗和加工包装设备，温控设施以及经济适用的农产品预冷设施、移动式冷却装置、节能环保的冷链运输工具、先进的陈列销售设备等冷链物流装备的研发与推广；推动企业利用现代信息技术，发展电商农业，高起点提升和新建一批专业化的集商检、包装、冷藏、初加工、深加工、运输、配送等功能为一体的农产品加工配送中心及产地农产品批发市场。

2．发展休闲观光农业

从资源利用最大化的角度，依托农家庭院、农业生产活动、农田风貌，拓展农业功能，开发休闲观光农业项目，把农业精品生产与参与性农事活动相结合，提高土地利用率，增加农民收入。合理开发区域生态资源和农业资源，强化对农田、水源、湿地等自然资源的保护，依托田园、水系、林地和池塘，结合作物种植、苗木种植、畜禽养殖、水产养殖等产业，规范改造基础设施，增加住宿餐饮设施，发展生态型休闲观光农业。鼓励产学研合作，以新品种、新技术、新材料、新工艺的示范、科普为主要功能，向游客展示农业发展历史及现代农业科技成果，发展展示型休闲观光农业。依托农民承包地，规划为若干小区，以种植单元形式，出租给城市居民种植花草、蔬菜、果树或经营家庭农艺，发展体验型休闲观光农业。挖掘本地特有的民俗文化、民宿特点，提供购物、垂钓、农家菜品尝、住农家屋等服务，发展农家生活型休闲观光农业。

第二节　天津农业可持续发展的重点任务

一、加强基础设施建设，改善农业生产条件

1．加大对农业的投入支持

财政支出、固定资产投资、土地出让收入都要优先投向农业基础设施建设，推进大中型灌区续建配套节水改造以及农村电网改造。继续增加预算内固定资产投资和农业综合开发、农村土地整治投入，安排中长期政策性贷款，有计划分片推进中低产田改造，大力创建现代农业示范区，加快把全市基本农田建成高标准农田。

2．加强农田水利基本建设

充分利用年度农田水利建设的有利时机，抓紧修复因洪涝灾害地质灾害损毁的水利工程，特别是水库、堤防、农田灌排设施和水源工程，确保春播春种和安全度汛；进一步加强田间工程、农灌沟渠等设施建设，完善农田灌排体系，努力发展节水灌溉面积，扩大保灌水田面积；对小水库、山塘等蓄水工程进行清淤扩容、整修加固，干旱和半干旱地区要因地制宜兴修雨水集蓄利用工程，大力发展集雨节灌。

3．大力推广标准农田建设

粮食主要产区的耕地建设农田林网，减少风蚀危害，同时改变局部地区小气候，增加土壤含水量；继续推进基本农田地改造，抓好测土配方施肥、粮食高产创建等农业发展项目的实施，稳步推进基本农田建设、中低产田地改造等项目建设，进一步夯实农业基础设施，改善全市农业生产条件，提高农业生产持续发展的能力。

二、加强科技创新，提高农业资源利用率

1．提高资源利用水平

针对各区农业生产资源特点及农村经济发展的需求，体现出经济高效性、

生态合理性及景观美好性，将种植业、养殖业、农产品加工业、资源开发利用及生态保护和环境改善等领域新技术成果进行技术组装配套并完善，形成规范化和标准化高效生态农业新技术体系，充分利用地域农业生物多样性关系，发展间种、套种、种养循环、种养加一体、农林牧渔系统等复合生态农业生产模式，促进作物秸秆、牲畜粪便、农畜产品加工剩余物等农业有机废弃物综合利用。

2．创新生态农业技术

着眼国际国内先进水平，强化生态农业科技创新，本着产量、质量、效益兼顾的原则，增加投入，加大科研力度，采取多种措施和途径激励生态农业科技创新的产出，尽快在育种技术、农产品加工技术、节水农业技术、循环农业技术和农业可持续发展技术上实现突破。

3．推广生态农业技术

大力推进科技经济一体化进程，转变推广方式，通过创办生态农业服务示范基地、建立生态农业科技示范园、组织技术承包和技术开发等形式，提高实用技术的覆盖率和到位率，加强生态农业推广队伍和体系建设，促进生态农业新技术的推广应用。

三、农业污染治理，改善农村生态环境

1．开展资源调查

综合考虑农业资源合理利用和承受能力、生态农业的基本功能、外部投入的可能性与规模及天津城市发展对生态农业的要求等因素，开展天津市农业生态环境调查，对于未开发资源，要分析区域生态农业建设发展面临的主要生态环境问题。以此为据，制定农业建设目标，强化超前性的生态环境质量评价、监督与管理。

2．坚持规划引领

先规划后开发，制定详细的规划实施方案，强调各相关机构要严格按照规划要求制定本辖区和本部门的具体实施规划，各司其职，各负所责，精心组织，实施规划的长效、动态监管；每隔3—5年时间，由市政府组织相关专家学者、部门代表对规划的实施情况进行核查和监督，评价规划实施情况及效益，提出针对性的调整对策和方案，妥善处理好农业资源开发和生态环境保护的关系。

3．进行治理修复

对于已经开发利用的生态农业资源，积极推进以优化农业资源利用效率、农业生态环境修复治理、科学使用农药化肥、加快农业废弃物资源化利用和农村可再生能源建设为重点的农业工程，探索作物秸秆、废弃农膜、养殖废水等

综合利用技术和模式，推广秸秆气化、秸秆饲料化、沼气、生物能源、生产有机肥和无害化畜禽粪便还田等循环农业模式，治理规模化畜禽养殖污染，促进农业废弃物的减量化、资源化、无害化。

四、开展生态建设，恢复和提高生态系统功能

1．加强生态旅游开发保护

对农业生态旅游资源进行整体规划和综合开发，坚持"边开发边保护"的原则，防止农业生态旅游资源开发中产生的环境负面影响，发展生态自然观光旅游，防止造成植被的破坏和旅游带来的环境污染，维护良好的生态系统。

2．注重生态保育工程建设

加大荒山造林种草力度，大力开展天然林保护工程，进行封山育林、育草。对现有的荒山和森林进行造林与改造，营造水土保持林，建立防护林体系，增加地表植被覆盖率；建设和恢复小型库区草、灌、林植被生态系统，加大农田防护林建设力度，加强区内森林植被的保护工作以及水库的保育工作；把蓟州区北部中低山涵养水源的所有林地都划为生态公益林进行管理，禁止一切对水源保护不利的开发行为，加强水土流失的治理，封山育林，改善树种结构，提高集水区的涵养能力，防止出现新的水土流失。

3．大力发展现代生态农业

发展优质高效的生态农业，严格控制化肥、农药的使用量，推广有机肥，特别是大面积的无公害食品和绿色食品生产、加工，重点抓好名优生态园基地建设，扩大特色农作物种植，建设生态农业，发展无公害的、绿色食品等，尽量消减污染物外排量，减轻水污染负荷。

五、大力推进农业节能减排，发展循环农业

1．打造农业循环经济产业链

大力推广秸秆直接还田特别是秸秆机械化还田技术，培肥地力，发展无公害生产。通过青贮、微贮、氨化技术，把秸秆转化为优质饲料，促进养殖业发展；推广猪（鸡、牛）—沼气—菜（果、瓜、稻、鱼）模式，推进生态家园建设，为农民生活提供新能源，为农业生产提供优质肥料。通过种养结合，形成互促互用良性循环。主要推广农牧、林牧、农渔、渔稻共生等高效生态农业模式，拉长绿色生态型循环经济产业链条。

2．推广节能降耗农业生产模式

在农业生产的各个环节，通过推广先进的农业技术，达到节约用地、用水、

用种、用肥、用药、用膜、用能的目标；在种植业上大力推广轻型栽培和免耕栽培，重点推广水稻的"旱抛秧"、水田直播、油菜免耕和农作物化学调节技术，大力提倡机收、机整、机运，减少农业用工和降低劳动强度；在水产养殖上大力推广机械代替人工作业，重点推广机增氧、机投料、机清池；在畜牧养殖上大力推广工厂化、机械化、集约化养殖。

3．开展乡村清洁示范工程建设

大力推广生物、物理、化学相配套的农作物病虫害综合防控技术，全面推广高效、低毒、低残留农药，充分发挥植保专业合作社（协会）的作用，开展专业化统防统治，提高科学防治水平，减少化学农药的使用量。全面实施测土配方施肥，控制化肥投入总量，优化施肥结构，科学调配肥料比例，提高肥料利用率，最大限度减少和控制因过量施肥造成的氮磷积累，污染水质。

六、推进防灾减灾体系建设，增强抵御灾害能力

1．构建防灾减灾体系

建设完善市区县级农作物灾害监测预警与控制站，在市区县农业部门整合相关资源，建立健全农业重大灾害防控机构，建成以区县级以上机构为主导，乡镇人员为纽带，多元化专业化服务组织为基础的重大农业灾害防灾减灾体系。区县级以上机构主要开展重大灾害监测预报、检疫、风险评估，以及社会化专业防治的组织、管理、监督等工作，切实履行公共管理和服务职能。

2．建立重大灾害应急管理

建立以政府为主导的快速反应机制，要逐级建立政府领导牵头、有关部门参与的重大农业灾害应急防控指挥机构，建立健全集中领导、统一指挥、反应灵敏、运转高效的工作机制，提高应急防控能力。建立政府主导型的农业政策性保险机制，大力发展农业保险，建立政策性的农业保险机构和农业重大生物灾害风险保障基金，防范和分散农业风险，对重大农业灾害污染农产品、病死畜禽处理进行补贴。

3．加强重大灾害防控科技支撑能力

依托市级农业科研单位，建立天津市农业重大生物灾害防灾减灾研究中心，通过构建一批有害生物风险分析、监测预警和危机应急应对技术研发平台，加强灾害监测预警预报、灾害风险与损失评估、紧急救援与指挥调度、恢复重建规划与建设、动态决策支持等方面的关键技术研究，强化科研协作，积极引进和吸收国内外先进的防灾减灾技术，加快防灾减灾科技成果转化与产业化应用，为农业重大灾害防控提供有力的技术支撑。

七、建立长效机制，促进农业可持续发展

1．建立环境监测预警系统

天津市各级政府和有关部门要制定专项实施规划，尽快建立市区县级农业生态环境监测预警系统，保障农业生态安全。针对部分农业投入品进行定期检测，健全主要污染物的评价和考核指标体系，制定严格的污染物排放地方标准，将环境质量标准的实施纳入地方政府的政绩考核。

2．严格划分行业投入品标准

根据种植业、畜禽养殖业、水产养殖业和农村生活产生的主要污染物种类、产生量、排放量及其去向，摸清农业面源污染物排放规律和主要影响因子，掌握农业污染的动态变化趋势，根据种植业、畜禽养殖业、水产养殖业、休闲农业等行业各自特点和发展目标，严格划分行业生态标准，在保证农业可持续发展的前提下，分别制定化肥、农药、饲料等投入品的实施方案和标准，通过点源控制、以点带面、逐步展开的形式，严格落实。

3．建立农业生态补偿框架体系

针对天津全市的农田、森林、水源保护等不同内容，从"谁来补、补给谁、如何补、补多少"等方面科学设计生态补偿机制。尽快出台天津全市统一的生态补偿实施办法，积极拓展生态建设和保护资金来源，扩大农业生态补偿基金的来源。建立健全农业生态补偿工作推进和保障制度，营造有利于生态建设和保护的舆论氛围。

参考文献

[1] 黄学群，秦静．天津农业资源可持续利用的思路、途径及对策[C]．2015年中国农业资源与区划学会学术年会论文集，2015．

[2] 李永坤．转变农业发展方式 提高农业现代化水平[J]．三明农业科技，2010（3）：24—28．

[3] 王美青，卫新，徐萍，孙永朋．推进浙江农业资源持续高效利用[J]．浙江经济，2013（2）：42—43．

[4] 杨芳，李梅芳．中国果蔬产品冷链物流现状及需求趋势研究[J]．学理论，2011（22）：89—91．

[5] 焦泰文．发展现代农业 促进节能减排[J]．政策，2007（8）：36．

[6] 赵西华．关于建立江苏省农业重大生物灾害防灾减灾体系的思考[J]．江苏农业科学，2011（1）：1—3．

[7] 林旭东，郑传芳. 构建福建防灾减灾长效机制的实践与对策[J]. 发展研究，2012（4）：102—104.

[8] 孙传生，张力辉. 吉林黑土区水土流失及其防治对策[J]. 水土保持研究，2004（3）：160—162.

[9] 武兰芳，欧阳竹，唐登银，程维新，张兴权. 生态农业发展新思路[J]. 中国生态农业学报，2004（2）：3.

第八章 天津农业可持续发展的关键技术与重点工程

第一节 天津农业可持续发展的关键技术

一、资源利用类技术

1. 推广应用节水技术

（1）水浇地免耕节水技术的推广应用，培育和选择小麦、玉米节水抗旱品种并科学应用抗旱保水剂拌种，并与增施有机肥、平衡施肥相结合，以肥调水，实施免耕播种，达到节约水分的目标。

（2）旱地深耕截雨蓄水技术的推广应用，在选择抗旱、耐旱品种基础上，采用地膜全覆盖种植，改垄背种植为垄底种植，汇集雨水，实现降水就地入渗。

2. 采用保护耕作措施

（1）采用免耕、少耕、秸秆还田覆盖等保护性农业耕作措施，充分利用有机肥资源，增加土壤有机质、抗蚀性，改良土壤，减少水土流失；有条件的农村可以使用沼气能源利用方式，将秸秆用沼气发酵材料再还田，解决能源缺乏与秸秆自接还田的矛盾，还可以采用地膜覆盖等耕作措施。

（2）增施有机肥

为保护土壤，提高农产品质量，生产绿色无公害食品，应尽量用人力增施有机肥，减少化肥施用量；还可以达到降低农业生产成本，增加农民收入的目的。

免耕是指在一定年限内，不实施任何耕作措施，在作物收获后用化学除草剂灭草，在地上直接播种的耕作方法。少耕法是只在土壤表层进行耕作，一次耕作完成多种作业，尽量减少耕作，降低土壤扰动次数，增加土壤。

3. 开发非耕地农业

（1）依靠科技进步，大力发展山地农业、草原农业、水体农业和白色农业等非耕地农业，促进粮食增产，减轻耕地农业的压力，实现耕地的可持续利用。

（2）建立非耕地设施农业综合生产技术培训与推广体系，加强技术研发，为促进非耕地设施农业的发展提供科技支撑。

二、环境治理类技术

1. 重金属污染生物修复

（1）生物修复：利用自然界中超积累植物或者遗传工程培育植物系统及其根际微生物群落来移去、挥发或稳定土壤环境中的重金属污染物，或降低重金属的毒性，以期达到清除污染、修复或治理土壤为目的的一种新兴绿色生物技术。根据植物修复的机理和作用过程，重金属污染土壤的植物修复技术主要包括植物提取、植物挥发和植物稳定

（2）动物修复：动物修复是利用土壤中的某些低等动物（如蚯蚓）能吸收土壤中的重金属这一特性，通过习居的土壤动物或投放高富集动物对土壤重金属吸收、降解、转移，以去除重金属或抑制其毒性。

2. 治理农业面源污染

（1）推广秸秆还田、氨化、青贮技术，提高秸秆综合利用率；鼓励农户和企业采用清洁生产、健康生活方式，控制和治理农村生产生活污染；实行农业生态补偿制度，对种植业实施化肥、农药减量控害工程，畜禽养殖业实施畜禽粪便资源化、无害化处理工程，水产养殖业实施健康养殖工程等给予适当的经济补偿，从而保证农业减排各项指标任务顺利完成，有效控制农业面源污染蔓延的态势。

（2）大力推广示范"农田水微循环利用""稻田养鱼（鸭）""猪－沼－果（菜）"等新的模式和技术，进行循环利用，降低农业面源污染的数量。如发展以沼气为纽带的庭院式生态农业模式，将种植业、养殖业与沼气使用相结合，以获得最佳的生态效益与经济效益。有效地缓解农村人、畜禽粪尿给农村生态环境造成的污染，有效解决畜禽粪便对地表水、地下水和空气的污染问题。使用沼液替代传统的农药浸种，减少了农药的使用量，减轻农药对农田的污染；沼液、沼渣是优质的有机肥，沼肥的施用减少了化肥和农药的施用量，提高了土壤有机质的含量，减轻化肥和农药对农产品、土壤和水体的污染。

3. 建立完善监测技术体系

（1）进一步完善农业生态环境和农产品安全监测网络技术体系，提升监测技术检测能力；建立高效的农业面源污染预报预警系统和快速反应系统以及重大农业面源污染事故监测体系，加快建立化肥、农药等化学投入品的监测体系，

切实加强化肥、农药等农资市场管理，建立统一的生产、销售、使用档案资料，有效实施农业生产全过程的管理监控。

（2）加大农产品产地环境安全监督监测技术工作力度，实行农业生态环境和农产品安全报告制度，建立完善安全农产品的强制性质量标准技术体系，切实有效地开展无公害农产品、绿色食品、有机食品的认证工作。

三、农业生态保护与建设类技术

1．保护野生植物资源

（1）对列入《国家重点保护野生植物名录》的农业野生植物物种，开展系统调查，查清每个物种的分布范围、地理位置、种群数量、生态环境和濒危状况，利用全球卫星定位系统（GPS）对所有调查的种群进行定位，全面掌握全市农业野生植物资源状况。

（2）对处于濒危状态、急需保护的重点农业野生植物，建立原生境保护区，在大别山区、皖南山区建设主要农业野生植物资源异位保存圃，开展农业野生植物资源抢救性收集，并对有重要经济价值的功能基因进行标记和开发利用。

2．推进生态农业建设

（1）因地制宜，推进农业结构调整，优化养殖业发展布局，引导养殖业向适度规模、相对集中方向发展，种养结合，推行标准化、清洁化、健康化生产。依托特有的水文、气候和自然景观资源优势，大力发展旅游农业、观光农业和"农家乐"产业。

（2）完善农田灌溉设施，推广节水农业和旱地模式化栽培技术，实施坡耕地和中低产田改造，大力推广"猪—沼—果（菜、鱼）"等生态农业模式，推广科学施肥、农作物病虫害绿色防控等技术，控制和减少农药、化肥施用量，推进农作物秸秆等农业废弃资源的综合利用，实行农用地膜回收利用，促进生态农业、循环农业和有机农业发展。加快推进无公害农产品、绿色食品和有机农产品基地建设，实现品种优质化、生产集约化、产品安全化和管理科学化。

3．推广使用绿色能源

（1）利用太阳能、沼气、风力、生物能、浅层地能等可再生资源，减少污染和能耗。

（2）尽可能采用节能、环保、轻型、可回收利用的材料与设备，基础设施、接待服务设施、农业生产设施等建设方式对环境的负面影响最小化，提高农业生态环境治理效果。

第二节 天津农业可持续发展的重点工程

一、实施农业产业提升工程

继续推进天津现代都市型农业发展，强化产业带动、项目带动、园区带动发展模式，推进产业集聚升级，发展新兴产业，促进农民创业就业，构建高效的农业产业经济体系。

1．加快发展现代农业

以现代农业园区建设为平台，发展农业规模化、标准化、集约化和产业化经营，提升设施农业发展水平；推广种养结合等新型农作制度，大力发展生态循环农业，扩大无公害农产品、绿色食品、有机食品生产，提高农产品质量安全水平，打造安全、优质的农产品名优品牌；加快推进农民专业合作组织发展，提升农民就业增收水平；以农产品物流集团和批发市场建设为重点，构建从农田到餐桌的现代农产品物流体系，提升农业服务城市的供给保障能力。

2．大力发展休闲农业与乡村旅游

充分利用农村特色农业、山水资源、田园景观、地域文化和人文传统，加强统一规划，明确特色定位，建成一批农业主题公园、休闲观光园区、生态度假农庄、生态农场等，打造精品旅游景点；结合"一域一色""一村一品"，探索节庆农业、会展农业等现代农业新型业态；通过特色活动设计，挖掘乡村文化内涵与民俗风情，打造一批特色鲜明、影响力广的休闲农业品牌；实施休闲农业规范提升工程，强化设施建设，推行污染整治，提升服务层次和水平，促进休闲农业与乡村旅游可持续发展。

二、实施科技创新工程

继续加大农业科技创新力度，继续挖掘科技的创新引领潜力。引进推广现代化农业科技，把新技术融入农业生产经营的各领域、各环节，进一步实现对传统农业生产经营的改造提升和创新发展。

1．加大农业新技术研发

积极借助首都优势科技资源，推进多方科技合作，建立一批技术创新试验示范基地，推进先进适用技术和优良品种的研发，力争在重大技术创新方面实现率先突破。积极开展农业清洁生产技术示范，推广测土配方施肥、安全用药、旱作节水等适用技术，继续推进保护性耕作和农作物秸秆综合利用等技术。

2. 做大做强种源农业

充分发挥良种领域科技和产业优势，继续推进猪、菜、棉、奶牛、肉羊、优质粮等种业发展，支持扩大种业品种，着力推进良种繁育示范基地、工厂化育苗基地建设，打造一批"育繁推一体化"现代农作物种业集团和畜禽种业企业，力争进一步扩大天津传统优势领域领先水平，补齐种业发展短板。

3. 完善农业技术推广与新型农民培训机制

深化农业技术体系改革，加强农业技术推广机构试验示范基地、监测设备等条件建设，提高农机推广人员综合业务素养。创新农民培训机制，推广订单、委培等新型培训方式，针对农业发展需要，开展技术运用、设备操作、信息技术、市场营销、电子商务等重点领域的技能培训。

三、实施设施农业提升工程

设施化、园区化成为天津现代都市型农业建设的一大特色和亮点。要继续提高农业现代化水平，必须按照设施农业物质装备、经营方式、管理手段、综合效益达到全国领先水平，部分接近世界领先水平的标准要求，推进设施农业改造提升，重点是二代以上新型节能日光温室。

1. 提升设施农业装备水平

加快耕整地机械、滴灌微喷、水肥一体化、高效植保等先进种植设施装备运用，推动现代化畜牧产业园区和精细畜禽养殖园区建设，加强新型高效水体增氧模式、水体改良、清淤等水产养殖装备的引进与示范推广。

2. 提升设施产品结构水平

大力发展高附加值的设施农产品，注重提升设施园艺产品的品质，重点扶持一批精品蔬菜、食用菌、苗木花卉、海淡水珍品、观赏鱼、畜牧良种和耐盐碱植物等优质特色品牌农产品。

3. 提升设施园区功能化水平

进一步挖掘园区发展潜力，注重开发农业生态旅游产业，把农业园区建成能观光、能采摘、能垂钓、能餐饮、能住宿的多功能现代农业园区，实现园区经济、社会、生态、文化、服务等功能的拓展与融合。

四、实施放心农产品工程

保障优质、安全农产品有效供给是现代都市型农业发展的基本目标，更是农业可持续发展的重要标志。为进一步防范潜在风险，确保天津农产品安全供给，实现全市农产品质量安全抽检合格率99%以上，实施放心农产品工程。

1．继续推进农业标准化生产

强化生产源头管理，对农产品产地开展分类、分级治理，推行农药、化肥等农业投入品购销实名制；制定和完善产前、产中和产后衔接的农业标准，鼓励引导农民合作社、农业企业实施全程标准化控制，建立质量安全追溯制度。

2．加快放心农产品基地建设

推进放心农产品基地规模化、标准化、制度化和信息化建设，扩大"放心菜"基地规模，加快"放心水产品""放心猪肉""放心肉鸡""放心蛋"基地建设，逐步实现主要农产品全覆盖。

3．健全农产品安全监管体系

健全市、区（县）、乡镇三级农产品质量监管体系，进一步完善市级综合性质检中心条件，加快地市级综合质检和区县级质检中心建设，推进农业乡镇速测点建设。

五、实施生态农业建设工程

按照农业资源可持续利用、生态功能可持续发挥和农业生产可持续发展的基本要求，大力推进现代都市型生态农业发展建设。力争把产品安全与生态环境建设有机结合，达到投入品减量化、生产过程清洁化、废物利用资源化、产品供给无害化、绿色服务多样化的目标，实现农业生态效益、经济效益与社会效益的高度统一。

1．农业资源高效利用

充分利用地域农业生物多样性关系，发展间种、套种、种养循环、种养加一体、农林牧渔系统等复合生态农业生产模式；促进作物秸秆、牲畜粪便、农畜产品加工剩余物等农业有机废弃物综合利用，实现废弃物资源化、能源化的多层次利用；推广应用太阳能、地热能等新型清洁能源与可再生能源。

2．农业投入品减量化

建立节地、节水、节肥、节药、节能的资源节约型生态农业技术体系；推广应用滴灌喷灌、地膜覆盖、根系分区灌溉等节水技术；广泛推广测土配方施肥技术、水肥一体化技术；鼓励增施有机肥，发展绿肥种植，推广秸秆还田；大力推广农业、生物、物理等相结合的综合防治技术；提高地膜回收率，推广使用无污染、可降解的农膜，从而减轻残膜危害；降低农药、化肥施用强度，进一步推广高效低毒低残留农药应用。

3．农业环境治理优化

实施农业环境综合整治工程，建设垃圾处理、污水治理、卫生改厕等环保设施，使农村垃圾减量化、资源化、无害化处理水平明显提高；深入实施污水净化沼气工程，畜禽养殖场（户）普遍应用沼气利用技术，力争实现农村沼气集中供气；加快推进农业面源污染治理，探索建立重点污染区域生态补偿制度。

六、实施农业资源保护工程

农业资源保护是对农业赖以生存发展的土地资源、水资源、生物资源等的有效保护，是维护农业生态系统平衡，稳定和提高农业生态系统能力，实现农业可持续发展的重要环节。

1．农业水土资源保护

以水土保持为中心，加强生态环境建设，提高水土资源的质量和利用效率；严格保护并合理利用耕地资源，积极采取科学有效的保护性耕作措施和改土培肥技术，提高耕地地力；水资源开发需对地表水、地下水和降水统筹考虑，大中小水利工程蓄水、引水、提水相结合，充分利用一切水资源。

2．农业生物多样性保护

科学开发农业生物资源，合理确定利用规模，防止盲目开发、过度开发，把开发对生物多样性的影响降到最低，重点保护天津珍稀的生物物种多样性、生物遗传基因多样性和生态系统类型多样性，实施珍稀濒危物种保护、重要和退化生态系统保护与修复、保护区保护地建设、生物多样性监测信息网络建设、外来有害物种生物防治等工程。

参考文献

[1] 唐光耀．山西省农业资源特征及利用对策研究[D]．西北农科技大学，2011．

[2] 孙传生，张力辉．吉林黑土区水土流失及其防治对策[J]．水土保持研究，2004（3）：160—162．

[3] 佚名．科学促进兴安盟非耕地设施农业发展[J]．农业工程技术（温室园艺），2011（8）：78．

[4] 朱兰保，盛蒂．重金属污染土壤生物修复技术研究进展[J]．工业安全与环保，2011（2）：20—21．

[5] 李伟华，袁仲，张慎举．农业面源污染现状与控制措施[J]．安徽农业科学，2007（33）．

[6] 邱友凤，王曼芮，李翠兰. 连云港市郊农业面源污染现状及防治对策[J]. 现代农业科技，2008（5）.

[7] 湖南省乡镇企业局. 湖南省休闲农业发展规划（2011—2020）[J]. 中国乡镇企业，2013（1）：4—13.

[8] 农业部部长韩长赋. 扎实深化农村改革加快发展现代农业——在全国农业工作会议上的讲话[J]. 农村工作通讯，2014（1）：11—18.

[9] 唐光耀. 山西省农业资源特征及利用对策研究[D]. 西北农林科技大学，2011.

[10] 易志霞，王本严. 探讨生物多样性保护与扶贫开发[J]. 科技视界，2013（23）.

第九章 天津农业可持续发展的保障措施

一、加强组织领导

成立由市主管领导任组长，市农委、环保、发改委、规划、国土、水务、财政、金融、税务、科技、旅游、技术监督等相关部门为成员单位的农业可持续发展领导小组，有农业的区成立相应的机构，形成强有力的领导体系，对天津农业可持续发展工作进行指导、协调和督查。领导小组主要负责申请财政支农资金、重大问题决策、重点项目审批以及相关政策制定等，各区相应的组织机构负责制定农业可持续发展的配套政策和具体任务，分级管理、上下联动，共同推进天津农业可持续发展。加强各涉农部门协调与分工，将农业环境保护与可持续发展纳入部门考核目标，依标管理，确保责任到位，措施到位，投入到位。

大力培育适应市场竞争机制的农业龙头企业、农民合作社、专业大户、家庭农场等，将分散的农民组织起来，推进多种形式适度规模经营。将分散的土地集中起来，便于落实农业可持续发展的各项补贴政策和重点工程，在保障农民利益的同时，推动农业实现可持续发展。

加强农业项目及工程管理，建立健全种植业、养殖业、休闲农业等环境影响评价联动机制，特别是在全市农业结构"一减三增"，大力发展绿色生态农业、高效节水农业、休闲农业的大背景下，必须严格履行环境影响评价程序，对各区各级农林牧渔、休闲农业建设项目，水域、湿地资源开发利用项目，都要把主要污染物排放总量控制指标作为农业发展和配套项目审批的前置条件。

二、强化科技支撑

创新农业科研组织方式，建立全市农业科技协同创新联盟，依托国家级农业科技园区及其联盟，进一步整合科研院所、高校、企业的资源和力量。健全农业科技创新的绩效评价和激励机制。充分利用市场机制，吸引社会资本和资源，参与农业可持续发展科技创新。建立科技成果转化交易平台，按照利益共享、风险共担的原则，积极探索"项目+基地+企业""科研院所+高校+生产单位+龙头企业"等现代农业技术集成与示范转化模式。进一步加大基层农技推广体系改革与建设力度。创新科技成果评价机制，按照规定对在农业可持续发展领域有突出贡献的技术人才给予奖励。

瞄准环境友好型农业产业体系的科技需求，充分利用高等院校、科研院所、科技型企业的创新资源，加大农田生态修复、农业废弃资源利用、农业高效节水等方面的研究和相关技术产品开发，重点加快以综合处理农业有机废弃物、养殖粪污等为主料的腐熟剂、堆肥接种剂、微生物添加剂的规模化生产；开展天敌昆虫筛选、饲养、规模化繁育、释放技术开发，实现丽蚜小蜂、捕食螨、蠮蜻、秽蝇等优良天敌昆虫的工厂化生产；研究开发高性能生物环保材料和生物制剂，开展污水高效处理菌剂、生物膜、污泥减量化菌剂等生物制剂的开发和推广应用；加快生态系统修复专用植物材料、制剂和装备的研发与规模化应用；组织实施农业可持续发展重大工程，提高抗逆新品种、昆虫外激素和天敌、节水灌溉设施设备、缓释肥料、生物可降解地膜、绿色生长调节剂的应用普及率，实现经济效益和环境保护双重目标，利用农业信息网络专家系统、农业数据库及模拟技术、农业资源遥感技术等信息技术提高农业资源利用效率。

强化人才培养，依托农业科研、推广项目和人才培训工程，加强资源环境保护领域农业科技人才队伍建设。充分利用农业高等教育、农民职业教育等培训渠道，培养农村环境监测、生态修复等方面的技能型人才。在新型职业农民培育及农村实用人才带头人示范培训中，强化农业可持续发展的理念和实用技术培训，为农业可持续发展提供坚实的人才保障。

三、完善扶持政策

综合运用财税、投资、信贷、价格等政策措施，以天津市农业可持续发展专项资金为引导，调节和引导农业投资主体的经营行为，建立自觉节约资源和保护环境的激励约束机制。允许农民以土地经营权入股发展农业产业化经营，围绕发展休闲农业、生态农业、循环农业，鼓励农村专业合作组织或相关企业投入基础设施建设和参与运营管理，对土地经营规模相当于当地户均承包地面积 10—15 倍，务农收入相当于当地二、三产业务工收入的给予重点支持。瞄准农业良种繁育体系、农业信息和市场体系、农产品质量安全体系、动植物防疫检疫体系、农业资源与生态保护体系，加大投入及补贴力度，出台促进各体系协调发展的相关政策细则。进一步完善重点农田和村庄水污染防治专项资金管理办法，加强农村生活垃圾和污水处理设施建设，推动环境保护基础设施和服务向农村、小城镇延伸。通过资金投入和税收优惠政策鼓励工业企业保护农业环境，市财政设立专项资金，对涉及水资源保护、农业农村环境治理、农业生态保护修复、试验示范等农业可持续发展的重大工程项目给予扶持；对利用废水、废气、废渣等废弃物作为原料进行生产的减征或免征所得税；对实施农村污染源治理项目的企业，实行税收优惠、低息或无息绿色专项贷款等。

健全农业可持续发展投入保障体系，把农业生态环境保护、农产品质量安全等公益性支出列入各级乡镇财政年度预算，适时增加同级建设经费安排。鼓励引导金融资本、社会资本投资重点向农业资源利用、环境治理和生态保护等农业可持续发展领域转移。推行第三方运行管理、政府购买服务、成立农村环保合作社等方式，加大对农业和农村中小型水利、环保基础设施的投资，推进保护性耕作和农作物秸秆综合利用，稳定和提高耕地的生产能力，并引导各方力量投向农业、农村资源环境保护领域。将农业环境治理列入利用外资、发行企业债券的重点领域，扩大资金来源渠道，切实提高资金管理和使用效益，健全完善监督检查、绩效评价和问责机制。

建立健全农业资源有偿使用和生态补偿机制。推进农业水价改革，制定水权转让、交易制度，推行阶梯水价，引导节约用水。建立农业碳汇交易制度，促进低碳发展。探索建立第三方治理模式，实现市场化有偿服务。完善森林、湿地、水土保持等生态补偿制度。建立健全重要水源地、重要水生态修复治理区和蓄滞洪区生态补偿机制。立足现代都市型农业所提供的生态服务价值，分项目制定生态补偿实施办法，将基本农田、水源地、生态湿地、生态公益林等区域作为转移支付的重点，积极探索政府和社会公众共同设立补偿基金的模式，建立多元化的生态建设和保护资金。开展地下水超采漏斗区综合治理、湿地生态效益补偿和退耕还湿试点，通过财政奖补、结构调整等综合措施，保证修复区农民总体收入水平不降低。继续开展渔业增殖放流，落实好公益林补偿政策。

继续实施并健全完善农业可持续发展的各项补贴等政策。根据天津市都市型农业的特点，在现有的粮食良种补贴的基础上，增加补贴的强度和规模，并逐步向林果、花卉、水产以及部分畜禽品种延伸，形成规范运作的农业良种补贴制度。推广测土配方施肥、安全用药、旱作节水等适用技术，对农户秸秆还田、深耕深松、生物炭土壤改良、施用有机肥、种植绿肥等给予奖励；启动高效缓释肥补贴试点和低毒低残留农药补贴试点，启动农膜和残膜回收再利用试点，继续对规模养殖场畜禽粪便资源化利用进行补贴。严格控制渔业捕捞强度，继续实施增殖放流和水产养殖生态环境修复补助政策。

四、健全法律法规

建立可持续农业法律保障体系，结合天津都市型现代农业发展要求，研究制（修）订土壤污染防治、耕地质量保护、农药管理、肥料管理、湿地保护、农业环境监测、农田废旧地膜综合治理、农产品产地安全管理、农业野生植物保护等法规规章，参照已有法律法规，出台适合天津现代都市型农业可持续发展的系列法律法规，细化土壤污染、生态保护、农业环境监测等法规条例；完善农业和农村节能减排法规体系，健全农业各产业节能规范、节能减排标准体系；制（修）订耕地质量、土壤环境质量、农用地膜、饲料添加剂重金属含量等标准，为生态环境保护与建设提供依据。

落实最严格的耕地保护制度、节约集约用地制度、水资源管理制度、环境保护制度，强化监督考核和激励约束；加强对土壤肥力、水土流失、环境污染和自然灾害的监测和预警，特别是重点农业区域的相关监测与预警；积极开展对耕地、水资源、林地、湿地、野生生物、沿海滩涂等的监测和预警，建立农业资源安全预警和信息系统工作的报告制度；完善水资源保护条例，倡导节水灌溉，集雨灌溉，利用微咸水、工业及生活污水的达标回收水灌溉等措施，提高水资源利用率。

加大执法监督力度。健全执法队伍，整合执法力量，改善执法条件。落实农业资源保护、环境治理和生态保护等各类法律法规，加强跨行政区资源环境合作执法和部门联动执法，依法严惩农业资源环境违法行为。开展相关法律法规执行效果监测与督察，健全重大环境事件和污染事故责任追究制度及损害赔偿制度。

五、落实监督监管

完善天津市各区合作监管机制，建立区域公共监测和综合治理平台，针对影响农业、农村生态环境的面源、点源污染源，加快农业环境保护管理网络建设，对水、土、气、肥、药、膜、重金属等要素，增加监测项目，提高监测频率，确保土壤环境质量、水环境质量、大气环境质量达到安全农产品生产要求。选择典型区县，规范评价方法、完善程序，开展农业生态修复及环境优化综合测评，围绕农业发展水平、农产品质量安全水平、绿色产品供给水平、生态涵养保护水平、可持续发展水平等方面选取考核评价指标，进行监测分析，科学评价发展水平，为推动全市农业可持续发展提供科学依据。

夯实农产品质量安全可追溯机制。发挥各区县农产品质量安全检测中心的作用，建立全市主要农产品生产管理档案制度，健全产地认定、产品认证与标准管理、档案管理有机结合的农产品质量安全可追溯体系；建立蔬菜、果品、水产等鲜活农产品生产管理系统及与超市对接的质量追溯系统，实现生产记录可存储、产品流向可追踪、贮存信息可查询；完善农产品全程质量监控制度，为重点乡镇、基地、企业配备快速检测仪器，配合做好绿色、有机农产品质量管理和检测工作，确保农产品检测合格率保持在98%以上。

建立社会监督机制。发挥新闻媒体的宣传和监督作用，保障对农业生态环境的知情权、参与权和监督权，广泛动员公众、非政府组织参与保护与监督。逐步推行农业生态环境公告制度，健全农业环境污染举报制度，广泛接受社会公众的监督，引导全社会树立勤俭节约、保护生态环境的观念，改变不合理的消费和生活方式。增强节能减排意识，按照减量化和资源化的要求，降低能源消耗，减少污染排放，充分利用农业废弃物，自觉履行绿色发展、建设节约型社会的责任。

参考文献

[1] 黄学群，秦静. 天津农业资源可持续利用的思路、途径及对策[C]. 2015年中国农业资源与区划学会学术年会论文集，2015.

[2] 刘北桦，詹玲，尤飞，翟丽梅，王亚静. 美国农业环境治理及对我国的启示[J]. 中国农业资源与区划，2015（4）：54—58.

[3] 徐建军. 我国农业环境政策与农业可持续发展[J]. 安徽农业科学，2014（10）：2994—2995.

[4] 新华社. 中共中央国务院印发《关于全面深化农村改革加快推进农业现代化的若干意见》[N]. 人民日报，2014-01-20（001）.

[5] 杨祥禄，郭鹏. 加强农业生态环境保护和建设促进农业可持续发展[J]. 四川农业与农机，2015（6）：8—10.

[6] 赵经平. "保护"与"治理"并重坚定地走农业可持续发展道路[N]. 农民日报，2015-05-28（001）.

[7] 罗其友，唐曲，刘洋，高明杰，马力阳. 中国农业可持续发展评价指标体系构建及研究[J]. 中国农学通报，2017（27）：158—164.

乡村发展篇

第十章　天津农村发展现状及阶段特征

第一节　天津农村社会经济发展现状

一、农村基本情况

（一）天津农村发展形势

1. 新常态下农村经济发展呈现整体向好态势

经济发展新常态下，尽管天津经济面临着较大下行压力，但经济发展长期向好的基本面没有变，经济结构调整优化的前进态势没有变。近些年来，天津认真贯彻落实党中央"三农"决策部署，按照习近平总书记"三个着力"的要求，牢固树立五大发展理念，以"五位一体"总体布局和"四个全面"战略布局为统领，紧抓"京津冀协同发展""一带一路"等重大历史机遇，努力克服经济下行压力，着力解决人民日益增长的美好生活需要和不平衡不充分的发展之间的矛盾，主动适应、把握和引领经济发展新常态，真抓实干，转变发展方式，大力发展现代都市型农业，全面深化农村改革，千方百计增加农民收入，持续改善农村生态环境，着力加强农村基层基础建设，农业农村各项工作保持快速发展的良好态势。

2. 乡村振兴战略提供了机遇

截至 2016 年，天津仍有三千多个村庄，其中大部分为远郊五区的规划保留村庄，这些村庄人口、资源环境对经济发展的约束力还很强，农村污水垃圾治理等生态环境问题不容乐观，农村教育、医疗、养老、健身等公共服务设施建设压力日渐增大，乡村建设的任务还十分艰巨。党的十九大报告提出实施乡村振兴战略，首次将农业农村工作上升为国家战略，标志着我国乡村发展进入了新阶段。实施乡村振兴战略，是以习近平同志为核心的党中央立足社会主义初级阶段基本国情做出的科学研判，是站在新的历史起点上顺应时代发展的重大机遇，是解决我国社会主要矛盾、实现全面建成小康社会和"两个一百年"奋斗目标的必然要求，是做好新时代"三农"工作的总抓手。

天津是大城市小农村、大郊区小城区，具有城市化率较高、农民数量较少、农业占生产总值比重低的特点。实施乡村振兴战略，是落实农业农村优先发展要求的具体体现，是补齐天津农业农村"短板"的关键举措，是加快天津现代都市型农业发展的重要途径，是全面建成高质量小康社会的根本保障。从党的十九大到党的二十大，是我国"两个一百年"奋斗目标的历史交汇期，"一带一路"和京津冀协同发展重大国家战略的深入实施使天津乡村统筹利用市场资源进行发展的空间更加广阔。经过改革开放40年的快速发展，天津和京冀地区已进入后工业化或工业化中后期发展阶段，城镇化也达到了很高水平，城市反哺乡村，带动乡村的能力大为增强，为天津乡村实现全面振兴创造了良好条件。随着全面深化改革的深入推进，资金、技术、人才等资源要素下乡的制度障碍逐渐扫清，农村土地房屋、集体资产等资源逐渐盘活，释放出巨大的制度红利，有利于助推天津乡村加快振兴进程。广大农民对美好生活的新期待和热情，为做好乡村振兴各项工作源源不断地注入动力。

（二）经济发展现状

1. 范围界定

截至 2016 年，天津有农业的区共有 10 个，包括环城的东丽、津南、西青、北辰四个区，远郊的蓟州、宝坻、武清、宁河、静海五个区和滨海新区，所辖面积 1.17 万平方公里，按照广义上的理解，农村地区面积约占全市面积的 98.8%。农村作为天津经济社会结构最重要、最基础的部分具有深刻的意义。2016 年末，全市有 6 个乡，121 个镇，3683 个行政村。农村常住人口共有 123.4 万户、378.4 万人[①]，占全市常住人口 1562.12 万人的 24.2%。乡村从业人员 182 万人，其中农业从业人员 60.5 万人，占乡村从业人员的 33.2%。

2. 经济发展情况

2016 年天津有农业的区生产总值实际完成 7423.97 亿元，占全市生产总值的 41.5%。其中，第一产业完成 203.56 亿元[②]，比上年同期增长 3.2%；第二产业完成 3804.58 亿元，比上年同期增长 11.1%；第三产业完成 3415.83 亿元，比上年同期增长 9.2%。农口九区一般公共财政收入实际完成 676.21 亿元，比上年同期增长 7.6%。固定资产投资实际完成 8521.35 亿元，比上年同期增长 9.4%。

---

①除了包含单纯的坐落在乡村的人口，还包括城中村、城镇周边以及宅基地换房的村庄人口。

②全市（含滨海新区）第一产业 220.22 亿元，增速为 3.0%；农业增加值 222.05 亿元，增速为 3.0%。

农村居民人均可支配收入实际达到 20076 元，比上年同期增长 8.6%。其中，工资性收入 12048 元，比上年同期增长 9.2%；家庭经营净收入 5309 元，比上年同期增长 7.3%；财产净收入 894 元，比上年同期增长 15.3%；转移净收入 1824 元，比上年同期增长 5.7%。外资实际到位额完成 23.06 亿美元，完成全年工作目标的 100.3%（2016 年外资按照商务部新的外商投资统计口径核算，未相应调整上年同期数，所以无增速数据）。到位内资额实际完成 2618.33 亿元，比上年同期增长 13.4%（2016 年开始内资统计口径统一为市外口径）。天津有农业的区企业出口创汇实际完成 133.26 亿美元，比上年同期下降 4.3%。

二、天津农村社会经济发展成效

（一）农村重点领域改革全面深化

1. 研究出台了全面深化改革的方案举措

按照《中共中央国务院关于稳步推进农村集体产权制度改革的意见》《中共中央国务院关于深入推进农业供给侧结构性改革加快培育农业农村发展新动能的若干意见》《中共中央办公厅国务院办公厅关于完善农村土地所有权承包权经营权分置办法的意见》，紧紧围绕农业供给侧结构性改革，培育农业农村发展新动能，出台了《关于推进规模新型农业经营主体产品网络销售全覆盖实施方案》《关于种养业规模化规范化经营全覆盖实施方案》《关于深化农村产权制度改革实现农村产权确权全覆盖实施方案》《关于农业产业化经营体系全覆盖实施方案》，全面深化农村改革，激发农村发展活力。

2. 新型经营主体蓬勃发展

大力培育新型农业经营主体，组织召开了全市促进农民合作社加快发展暨推动农业经营体系实现全覆盖现场推动会,对经营主体培育工作做了安排部署。加大了对各类经营主体的财政扶持力度，通过财政补贴的手段，引导经营主体流转农户承包地、完善基础设施、提高生产经营能力。2016 年，全市登记注册农民合作社已突破 1.2 万家，累计培育土地股份合作社 86 家,示范家庭农场 111 家，农业龙头企业达到 451 家，其中市级以上农业龙头企业达到 226 家。全市 80%以上的流转土地由各类新型经营主体经营，新型农业经营主体已成为天津发展适度规模经营的主力军。

3. 承包土地确权流转加快推进

2016 年，全市应开展登记的 2707 个村已经全部完成登记工作，共登记承包地面积 2419.33 平方千米，发放承包经营权证书 59 万份，发证率达 99%，有效地解决了承包地块面积不准、四至不清、空间位置不明、登记簿不健全、档案管理不规范等问题。进一步明确了农民对承包地的占有、使用、收益权利，稳定了土地承包关系，真正"确实权、颁铁证"，让农民吃上了"定心丸"，引导农户按照依法、自愿的原则流转土地，全市累计流转家庭承包地 1209.67 平方千米，流转率达到 45%，其中 80% 的流转土地实现了规模经营。

4．农村土地三项改革试点取得阶段性进展

蓟州区列入国家农村宅基地制度改革试点，统筹协调推进土地征收和集体经营性建设用地入市改革试点，完成配套制度设计，积极实践探索，取得显著成效。蓟州区通过稳步推进"宅基地制度改革"，在盘活更多土地资源的基础上，探索农村集体经营性建设用地入市，为土地增值、农民增收拓宽了更多渠道。截至 2017 年底，蓟州区完成"三级四规"编制工作，实现 25 个乡镇、781 个村全覆盖。以"两完善、两探索"为内容的宅基地试点工作成效显著，有效盘活农村闲置宅基地，完成 781 个村宅基地的确权工作，12.12 万宗宅基地已确权登记，走在全国 15 个试点地区的前列。

5．农村集体产权制度改革稳步推进

按照"定成员""清资产""建组织""赋权能""强监管""促发展"六项重点任务，推开了村集体产权股份合作制改革试点 114 个，建成了覆盖全市，三维一体、统一规范的农村产权流转交易市场。率先在全国省级层面建成覆盖 10 个涉农区、151 个镇（街）的市—区—镇（街）"三位一体"的农村产权流转交易市场服务体系。截至 2017 年底，767 个村完成改革，确认村集体经济组织成员 55.2 万人，清查核实村集体统一经营的资源性资产 138 平方千米，村集体资产总额 7.5 亿元。宝坻区作为试点区，完成 749 个村的农村集体产权制度改革工作，占应开展改革的 755 个村集体经济组织的 99.2%。农村集体产权制度改革全面推开。

6．农村金融体制改革取得积极进展

农业保险产品由 2012 年的 11 个险种扩大到 18 个险种，保障范围进一步扩大。截至 2017 年底，在保余额达到 5.5 亿元，累计担保贷款 12 亿元，年末涉农贷款余额 2272.7 亿元，涉农银行网点 1300 多个，累计投放"两权"抵押贷款 910 万元。

（二）强村富民工作成效显著

1．农民生活质量显著提高

在经济下行压力较大、影响农民收入的不确定因素增加的情况下，通过加大农村劳动力转移就业服务和技能培训、加快推进一二三次产业融合、开展低收入群体帮扶等多措并举，积极拓宽农民增收路径。2016 年，面对经济下行压

力和方方面面的困难，各区、各部门迎难而上，不断加大对农民增收工作组织推动力度，想对策、出实招，探索出了很多值得借鉴推广的经验和办法，也取得了明显成效。全市农村居民人均可支配收入达到 20076 元，增幅达到 8.6%，高于北京 0.1 个百分点。2017 年农村居民人均可支配收入 21754 元，比去年增长 8.4%，持续保持了良好的增收势头。农村居民消费"质""量"齐升，人均消费支出年均增长 14.5%，人均消费支出占人均可支配收入的比重由 61.4%上升到 75.3%，交通通信、家庭用品和服务消费年均增幅均在 20%左右，消费提升态势明显，农村居民恩格尔系数从 2012 年的 36.2%下降到 2017 年的 29.6%。

2. 困难村帮扶工作成效显著

2013 年天津启动困难村帮扶行动以来，市级机关、市属企事业单位 670 个驻村工作组，围绕加强基层组织建设、推进强村富民、改善农村生产生活条件、提供有效智力支撑、完善基层治理机制、维护农村安定稳定等六项任务，对全市 500 个困难村开展驻村帮扶工作，以"一村一策和一村一品"为依托，坚持因地制宜，因村施策，适宜发展什么就做什么，强基固业，扶助困难村自我持续发展，促进农民增收致富。例如，宝坻区加快推进困难村旅游产业建设，对符合条件的 16 个困难村给予优先考虑，整合资金政策，推动困难村更好更快发展。西青区探索创新了以乡镇为单位打包设计产业项目，打捆使用补贴资金入股，由乡镇集体企业牵头承担项目建设，困难村每年保底分红，确保了村集体收入不断增长。宁河区实施了"区领导包乡镇、局包村、乡镇党政领导包项目"和"种源农业带动、龙头企业带动、先进园区带动、帮扶单位带动"的"三包四带"工程，大力发展特色种养业和农副产品加工业，推动困难村产业结构调整升级。例如，天津科技大学驻村工作组依托单位资源优势，为宝坻区鲁文庄村的糯米从品牌打造、标识设计、晾晒包装到形成产品的各个环节提供技术支持，配合旅游特色村建设编制稻田卡通画，扩大了产品影响力。

通过"一村一策"项目建设，482 个村形成了主导产业，村庄"造血"功能不断增强。2016 年，500 个困难村和 20 个发展相对落后民族村农民人均可支配收入达到 19945 元，较帮扶工作开始时增长 48%，12.8 万户、224 个村农民收入达到全市平均水平，为 21680 元，分别占总户数的 85.7%、总村数的 44.8%；村均集体收入达到 37.8 万元，同比增长 63.6%，较帮扶工作开始时增长 37.8%，困难村集体收入全部达到了 20 万元以上。西青区毕家村、宝坻区牛庄子村先后被认定为国家级"一村一品"示范村，宁河区姜家庄村被认定为市级"一村一品"村，蓟州区小穿芳峪村被认定为中国美丽休闲乡村。另外，启动了新的一批 1000 个困难村的帮扶任务。2017 年困难村集体经济收入村均达到 51 万元，是帮扶前的 6 倍，困难村转移就业农民总数达到 17.9 万人，困难村农民人均可支配收入达到 22993 元，同比增长 15.3%，超过全市平均水平，农民生活持续改善。

3．低收入困难群体帮扶力度不断加大

天津农村低收入困难群体是指家庭年人均可支配收入 12600 元（低保标准的 1.5 倍）以下的人群。天津享受民政救助政策的有 6.1 万户，11.5 万人。按照党中央的决策部署，进一步加大对口支援和扶贫帮困工作力度精神指示，天津制定了低收入困难群体帮扶工作方案，针对低收入困难农户的不同致困原因，分门别类、因户施策，政策细化到人，逐人逐户制定帮扶措施，促进就业转移一批、产业帮扶解决一批、社会救助兜底一批，确保帮扶工作兜住底。

4．美丽乡村建设全面加强

从 2013 年开始至 2016 年，全市以村庄基础设施"六化"（即道路硬化、街道亮化、能源清洁化、垃圾污水处理无害化、村庄绿化美化、生活健康化六个标准）建设和公共服务设施"六有"（一个党员活动室（村民学校）、一个文化活动室（农家书屋）、一个便民超市、一个村卫生室、一个村邮站、一个健身广场）完善提升为内容，计划建设美丽村庄 600 个，2016 年全市已累计建成 615 个。2017 年又建成 100 个，累计建成 765 个，村庄基础设施显著提升，公共服务设施得到完善，党员活动室、村文化活动室、农家书屋、村卫生室、便民超市、村邮站等设施投入使用，方便了群众生活，丰富了农村文化生活。

（三）农村公共设施和社会事业明显改善

1．基础设施建设不断加强

乡村公路总里程达到 10390 公里，比 2011 年增加 1153 公里，公路已延伸到所有村庄。供水设施实现村庄全覆盖，农网改造升级投入不断加大，供电能力大幅度提升，供电质量持续加强。完成 2.52 万户农村危房改造。

2．社会事业快速发展

农村幼儿园、小学、初中生教学及辅助用房面积分别增长18%、12%和 7%，农村小学和初中生教学仪器设备值分别增加 25%和 29%，幼儿园师资力量明显加强，生师比由 39 降至 28。加快发展文化事业，人民群众精神文化生活得到明显改善。建成文化信息资源共享工程网点 5022 个，实现天津农村广播电视、有线电视村村通全覆盖。各区图书馆、文化馆、街道（乡镇）综合文化站、村（社区）文化活动室和农家书屋实现全覆盖。免费基础公共卫生服务项目全面实施，人均补助标准达到 60 元。

3．社会保障制度实现城乡并轨统筹

2009 年市政府印发《天津市城乡居民基本医疗保险规定》(津政发〔2009〕21 号),2012 年市政府印发《天津市基本医疗保险规定》(津政令第 49 号),在全国率先建立城乡统筹的城乡居民基本医疗保险制度和养老制度。建立起覆盖城乡居民的大病和意外伤害保险制度,基本医疗、养老、工伤、失业、生育等保险体系进一步完善,社会保障水平持续提高。从 2017 年 4 月 1 日起,城乡低保标准由每人每月 780 元、700 元统一调整为每人每月 860 元。

(四)农村基层组织建设水平不断提升

积极配合市委加强农村基层党组织的建设,充分发挥基层组织战斗堡垒作用,完善乡村治理机制,进一步提高了基层党组织的凝聚力和战斗力。

1. 村党组织领导核心地位进一步加强

全面实行村级重大事务"六步决策法"和"四议两公开"工作法,理顺领导机制、工作机制和决策机制,巩固基层党组织领导核心地位,完善相对后进村党组织整顿工作机制,每年倒排 10%的村党组织进行集中整顿。上年结合村级组织换届选举工作整顿了 254 个村党组织,今年结合"五好党支部"创建和"六项专项整治",整顿完成了 383 个村党组织,结合巡视整改,排立了 404 个村党组织,正在整顿中。

2. 带头人队伍建设进一步加强

大力推行"两推一选""公推直选"办法,选优配强村级组织带头人。目前全市共有村党组织班子成员 11181 名,符合"双高双强"标准的达到 95%以上。对没有合适书记人选的村,从机关和企事业单位选派 426 名党员干部,在村担任"第一书记"。同时,每年对 3000 名村干部开展了市级示范培训。

3. 基层党组织服务功能进一步加强

推行农村"一站三中心""一村一站一助理"工作法,落实"八有两配套"村级综合服务站建设标准,落实乡镇干部驻村指导,村干部和大学生村官轮岗坐班等 7 项工作制度,为群众提供"一站式、全方位"服务。2014 年以来,累计投入建设资金 5.29 亿元,实现村级综合服务全覆盖。

4. 基层基础保障进一步加强

健全以财政投入为主的村级组织运转经费保障制度,确保村级组织运转经费财政补助资金村均每年 25 万元,村党组织服务群众专项经费不少于 5 万元。建立村干部基本报酬持续增长机制,按照不低于上一年度全市农民人均可支配收入的 2 倍确定村党组织书记、村委会主任基本报酬,达到 3.4 万元。落实每月最低 300 元的离任村书记、主任生活补贴标准,探索建立村干部养老保险制度。

5. 农村安定稳定进一步加强

深入开展"平安村庄"创建工作，建立健全矛盾发现机制、调处机制、应急处置等各项机制，构建了网格化、广覆盖的农村治安防控体系，社会治安综合服务平台在涉农各区、乡镇和村庄全覆盖，实现了"小事不出村、大事不出镇、矛盾不上交"。

第二节　天津农村社会经济发展阶段特征

一、天津农村经济社会发展阶段划分

1. 改革开放前发展较为缓慢

在我国农村发展脉络演变的大背景下，天津农村也发生了翻天覆地的变化，经济建设和社会事业都取得了巨大的成就。1978 年以前，天津农村经济基本上属于自然经济，实行的是自上而下高度集中的计划经济体制，农村经济社会要素由三个支柱支撑，一是政社合一的农村人民公社；二是国家垄断性的统购统销；三是城乡分割的二元社会结构，发展十分缓慢。

1961 年 2 月市人大四届一次会议指出："农业生产要坚持以粮为纲，农林牧副渔全面发展。"但仍强调"近郊区继续以菜为纲，并适当增加粮食生产"。60 年代末，全国再次强调"以粮为纲"的农业生产方针，要求"必须把粮食抓得很紧很紧"。天津农村开始出现"粮食生产光荣，蔬菜生产无用""抓粮保险，抓菜危险"等思想，农业生产一度脱离天津实际，大搞粮食生产，其他农副产品生产被压制，城乡居民生活出现严重困难。1971 年 9 月在市蔬菜工作会议上提出：近郊农业生产实行"以菜为主，保菜增粮"方针。直到 1977 年，天津市提出："近郊区农业生产要以菜为主；远郊区在抓好粮食生产的同时，积极发展副食品生产。"由此，天津农业和农村发展的指导思想逐渐恢复到符合城郊地区农村特殊性的基础上来。

2. 改革开放以来得到持续较好发展

1978 年，全市农村国内生产总值仅为 5.03 亿元，全市农业总产值仅为 6.7 亿元。改革开放后，天津全面推行了家庭联产承包责任制，积极推进了对农业的市场化改革，极大地调动和巩固了广大农民的生产热情。根据直辖市农业发展特点和规律，天津市坚持按照高产、优质、高效、生态、安全的要求，坚持用工业化的理念发展农业，在调整结构、夯实基础、构建体系、政策扶持等方面取得了重要成果，农业生产方式发生重大转变，以粮为主的传统的生产方式被彻底改变，城郊型现代农业发展迅速，农业生产能力成倍提高，农业经济取得前所未有的持续大发展。

经过近 40 年的改革开放，天津从计划经济体制转变为市场经济体制，市场机制在农业和农村发展中发挥着日益重要的作用。通过不断进行体制改革与机制创新，推进郊区工业战略重组，推动非农产业集中、集聚、集约发展，农村生产关系得到不断地调整和完善，农民生活水平显著提高，社会事业显著进步，农民文化道德素质不断提升，民主法治意识、社会公共道德意识显著提高，为农村经济社会发展提供了强大的内在动力。

二、天津农村经济社会发展的阶段特征

（一）家庭联产承包责任制稳步启动阶段（1979 年—1988 年）

1978 年党的十一届三中全会召开以来，天津社会经济的发展进入新的历史时期。历届市委市政府认真贯彻落实十一届三中全会以来的路线方针政策，紧紧围绕着经济建设，不断解放思想，扩大开放，取得了卓有成效的成果。1979 年 2 月，在市委的直接领导下，全市各区县首先研究落实粮田生产责任制问题。同年 9 月，市委召开农村工作会议具体研究和部署了这项工作，之后，全市出现了作业组、专业承包、联产计酬、定额管理、田间责任到劳等多种形式的粮田生产责任制。1980 年 11 月，市委召开农村工作会议通过了放宽经济政策的 10 项规定，到 1981 年 6 月底，10 项政策和生产责任制基本落实下去。1981 年 9 月，市农委发出《实行统一经营联产到劳和双包责任制的一些具体问题的处理意见》的通知，专门研究普及和落实家庭联产承包、建立统分结合的双层经营体制，经过两年多的努力，以家庭联产承包为主要形式的生产责任制在天津农村普遍建立起来，农村生产责任制改革取得了决定性胜利，1984 年底，全市农村 16220 基层单位中，实行联产承包责任制占 98.8%，其中家庭联产承包责任制占 88%，农村改革有力地促进了农业的发展，农民的劳动生产率平均每年增长 17%以上。

与此同时，在我国改革推动的大背景下，天津农村农业经济结构呈现出典型的内部二元经济特征：一是农村落后的经济与城市现代经济的反差形成的二元结构；二是以乡镇工业为主的非农产业与以种植业为主的传统农业之间形成的二元结构。尤其是天津交通发达，在发展农村非农产业方面具有较其他农村地区更为有利的条件，因此，农村经济中村镇工业和其他非农产业迅速发展起

来。以天津农村农业与非农业的产值、劳动力和劳动生产率的比重测度的全市二元经济发展情况如表 10-1 所示。

表 10-1　天津农村农业与非农业产值、劳动力、劳动生产率比较

年份		1980	1982	1983	1984	1985	1986	1987	1988
产值比值	农业	38.2	——	——	24.31	31.5	31.2	27.8	24.8
	非农业	61.8	——	——	75.69	68.5	68.8	72.2	75.2
	农业/非农	0.618	——	——	0.321	0.460	0.453	0.385	0.330
劳动力比值	农业	71.95	64.8	60.7	55.3	53.5	51.96	50.99	50.41
	非农	28.05	35.2	39.3	44.7	46.5	48.04	49.01	49.59
	农业/非农业	2.565	1.841	1.545	1.237	1.151	1.082	1.040	1.017
劳动生产率	农业	0.531	——	——	0.44	0.589	0.6	0.545	0.492
	非农业	2.2	——	——	1.693	1.473	1.432	1.473	1.516
	农业/非农业	0.241	——	——	0.260	0.400	0.419	0.370	0.325

（二）市场化改革深化阶段（1989 年—1999 年）

1．乡镇企业崛起

从 1988 年 1 月天津市乡镇企业工作会议到 1992 年是天津农村乡镇企业崛起阶段。1988 年 1 月，市委市政府在组织大量调查研究的基础上，召开全市乡镇企业工作会议，将发展乡镇企业摆在振兴天津经济的战略地位上来。随后，市委市政府制定颁布了《关于发展乡镇企业的意见》和《关于进一步发展乡镇企业若干政策的补充规定》，乡镇企业异军突起。同期，农业联产承包责任制不断完善，粮食产量迈上了新台阶，新一轮"菜篮子工程"开始实施，农村非农产业呈现蓬勃生机，农村劳动力就业格局发生显著变化。在劳动力的分配上，呈现了向二、三产业转移的新趋势，这也是农村迅速发展的重要标志。1992 年邓小平同志南巡讲话精神拉开了社会主义市场经济体制改革序幕，天津农村市场经济进入了较快发展的时期。据统计，到 1992 年末，天津实有农村劳动力 172.4 万人，其中第一产业 88.4 万人，第二产业 61.4 万人，第三产业 22.6 万人。与 1991 年相比，第一产业劳动力减少 1.7%，第二产业劳动力增加 2.3%，第三产业劳动力增加幅度较大，达 7.1%，反映了进一步开放搞活的政策威力，是农村社会经济迅速发展的重要标志。

2．城市化进程缓慢

在二元结构转换和体制改革的双重推动下，天津农村经济增长取得了引人瞩目的成就。1992 年农村工业总产值达到 365.75 亿元，与 1987 年相比，全市农村工业总产值增加了近 5 倍，年均递增 40%；占农村社会总产值的比重达到

174

78%，提高了 20 个百分点；乡镇企业占全市工业产值的比重提高了 25.2 个百分点，占农村经济总收入比重达到 85.7%，提供给农民的纯收入占农民收入总额的 43.5%。乡镇企业已发展成为天津农村经济的支柱和主体，成为农村工业化和转移大批农村剩余劳动力的有效途径，成为农民增加收入的最大经济增长源。农村的经济环境、经济秩序得到治理，出台的各项改革措施也逐步实施、充实、调整和完善。期间，天津农村不断地转化为城市，城市自身也在不断发展，在历史形成的二元社会结构的制约下，城乡差别缩小缓慢，但城乡之间还存在着较大差异。90 年代初期，与一直持续稳定增长的经济相比，农村城市化进程相对滞后，区间差异较大。当时的城市化率只有 25.5%，低于全国 28% 的水平。滨海三区的城市化率最高，平均为 72.5%；近郊四区次之，平均为 26.5%；远郊五县最低，平均只有 10.8%。全市最高的区县是滨海新区（塘沽），城市化率为 80.3%，最低是山区蓟州，只有 9.0%，二者相差 71.3 个百分点。另外，农村城镇规模小、集聚效益差，农业剩余劳动力转移缓慢，工业企业规模小，第三产业薄弱。当时已经意识到天津要跨入国际化大都市的行列，必须冲破二元社会结构的桎梏，加快农村城市化的步伐，缩小城乡差别，提高整体的城市化水平。

3．建立市场经济发展的新机制

为全面深化改革，从 1995 年开始市委市政府根据中央精神指示，并结合天津自身实际，先后颁布了《天津市粮食部门实行两条线运行实施方案》《关于进一步深化天津粮食流通体制改革的通知》《关于进一步深化天津粮食流通体制改革意见的通知》《关于天津粮食收购市场准入和进一步加强粮食市场管理意见的通知》等一系列政策措施，积极推进粮食流通体制市场化改革的进程，逐步建立起适应社会主义市场经济发展要求的粮食流通体制，并为粮食收购市场和收购价格的全面放开奠定了基础。从 1996 年起，市委市政府及相关部门先后制定了《关于深化供销合作社改革的实施意见》《关于保护供销社合法权益若干意见的通知》《关于解决天津供销合作社经费问题意见的通知》《关于深化供销合作社改革意见的通知》等措施，逐步推进供销合作社建立现代企业制度，实行产权制度改革，建立适应市场经济发展的新机制。1998 年，市政府批转市农办、市乡镇企业局《关于进一步深化乡镇企业改革的意见》，提出了加快乡镇企业产权制度改革的要求，明确乡镇企业产权制度改革的主要形式是，在对原有企业进行资产评估的基础上，通过增量扩股、存量转股、先售后股、租售结合等途径，改建为股份有限公司、有限责任公司、股份合作制企业和个体私营企业，并提出要鼓励和引导个体私营等非公有制经济健康发展。到 1998 年底，全市乡镇企业个数为 11.55 万个，是 1978 年的 28.8 倍；吸纳农村劳动力 115.36 万人，是 1978 年的 4.7 倍；完成产值 1336.7 亿元，占农村社会总产值的比重达到 84.3%。这一阶段，在非农产业快速发展以及国家 1994 年和 1996 年两次粮食提价 82% 的作用下，农民人均纯收入由 1991 年的 1169 元提高为 1998 年的 3890 元，保持了年均 18.7% 的增长；农村社会总产量由 318.2 亿元增加 1584.6 亿元，农业总产值由 51.5 亿元增加到 156.2 亿元，年均分别增长 25.8% 和 16.2%。1999 年 5 月，市农办、市乡镇企业局联合下发《关于进一步加快天津农村个体私营经济发展的若干意见》，明确了 18 条鼓励和扶持政策。农村所有制结构发生根本性转变，由以乡、村集体为主的公有制经济逐步转变为集体、个体私营、股份制等多种所有制经济共同发展的格局。这一阶段天津市农村基本实现了向社会主义市场经济的转轨，市场机制取代了计划手段成为调节农产品供求和资源配置的主导，新的农产品流通体制基本建立，乡镇企业通过加快产权改革和结构调整获得了空前发展，成为农村经济的主体力量。

（三）全面推进城乡统筹发展阶段（2001—2012 年）

1．加快了城乡统筹发展步伐

进入 21 世纪以来，要想彻底解决"三农"问题，国家层面已经意识到必须解决如何安置农民和解决农民后顾之忧的问题，必须逐步缩小城乡差距，在此背景下，天津农村经济社会发展也呈现出了新气象。市委贯彻落实中央工业反哺农业、城市支持农村和多予、少取、放活的方针，建立了农业产业化、郊区工业技改、文明生态村建设、农村社会保障体系建设等专项资金并逐年加大投入，加快公共财政向"三农"倾斜，公共设施向"三农"延伸，公共服务向"三农"覆盖，逐步建立"三农"投入稳定增长的机制。一系列政策的制定和实施，财政投入增加有力地加快了城乡统筹发展的步伐。

2001 年 1 月，根据市委七届五次全会精神，天津市人民政府发布《关于进一步扩大对外开放的通知》，推动天津对外开放全面上水平。批准农口 12 个区县各拿出 2 平方公里土地建设经济开发区，作为这些区县改革开放的试验性区域。2002 年，中国共产党第十六次代表大会之后，天津进入全面推进城乡统筹发展改革阶段，主要表现为农村城市化快速推进、农村税费及综合配套改革持续深化、统筹城乡发展新机制开始建立。

2．示范小城镇建设成绩显著

2002 年，区县经济开发区成立。2004 年起，市财政建立小城镇建设专项资金。2005 年国土资源部根据国务院的要求，开展了城镇建设用地增加与农村建设用地减少相挂钩试点工作，天津市是第一批试点城市，由此拉开了以"宅基地换房"方式进行示范小城镇建设的序幕。试点的具体内容就是依据土地利用总体规划和城市总体规划，把拟用来复垦的土地和拟用于小城镇建设的土地放到一个大盘子里面综合考虑，把建设新的小城镇和拆除原有建筑、恢复耕地的土地结合在一起，统筹考虑，最终实现建设用地总数不增加，耕地不减少，村民生活质量不降低。城镇体系规划基本确定，即到 2011 年，基本形成以大港、汉沽、咸水沽、杨柳青、杨村、芦台、宝坻、蓟州、静海和京津、团泊 11 个新城为节点，新城、中心镇、一般镇、中心村、基层村五个层次紧密关联的现代化城镇体系。

2005—2012 年，天津市已启动 49 个示范小城镇试点建设，45 万农民迁入新居。2001—2012 年天津市城镇化率由 72.4%提高到 82%，提高了 9.6 个百分点，打造了一批以东丽华明镇、北辰双街镇、武清下朱庄街、静海大邱庄镇、汉沽茶淀镇等具有代表性的村镇，农业产业园区示范带动作用明显增强，21 个农业产业园区基本建成，在全国率先实现城乡居民基本养老、基本医疗保险的制度建立和省级统筹；创建文明生态村成效明显，农村郊区综合实力显著提升。

3．设施农业发展迅速

小城镇的建设为天津市整体发展尤其是农业带来了重要契机。政策上，2006—2011 的五年中，天津市委市政府先后出台了《天津市种植业设施建设管理办法》《天津市现代畜牧业示范园区建设管理办法》《天津市优势水产品养殖示范园区建设管理办法》和《天津市现代农业示范园建设管理办法》，极大地促进了都市农业化进程。2008 年以来，市委市政府投入大量资金，先后实施了设施农业建设和提升工程，高标准设施农业面积达到 400 平方千米，建成了 20 个现代农业园区、155 个养殖园区，农业综合生产能力较高，在全国大中城市中处于领先水平。

4．农村整体经济发展势头较好

2012 年，农口九区生产总值完成 4111.75 亿元，完成全年目标的 100.3%，比上年同期增长 20.2%。其中，第一产业完成 171.54 亿元，比上年同期增长 3.0%；第二产业完成 2393.87 亿元，比上年同期增长 22.1%；第三产业完成 1546.34 亿元，比上年同期增长 19.4%。一般预算财政收入完成 392.86 亿元，完成全年目标的 103.0%，比上年同期增长 25.7%。农村居民人均可支配收入 13571 元，比上年同期增长 14.1%。固定资产投资实际完成 4163.47 亿元，完成全年目标的 102.3%，比上年同期增长 27.5%。农口区县新批外资企业 191 家，合同外资额完成 32.31 亿美元，比上年同期增长 4.9%；外资实际到位额完成 40.71 亿美元，完成全年目标的 103.8%，比上年同期增长 17.7%。新批内资企业 6231 家，到位内资额完成 2791.30 亿元，完成全年目标的 120.6%，比上年同期增长 19.9%。农口企业出口创汇完成 130.05 亿美元，完成全年目标的 94.2%，比上年同期增长 6.0%。共推出八批 880 个区县重大项目，计划总投资 6040.63 亿元，累计完成投资 4419.84 亿元，投资率达到 73.2%；累计竣工投产项目 660 个。前六批 700 个项目的投资率和竣工投产率分别达到 80.6%和 83.9%。当年完成投资 1130.05 亿元，完成全年目标 980 亿元的 115.3%，本年新增竣工投产项目 195 个，超计划 55 个。农村经济社会呈现了持续健康快速发展的良好势头。

（四）经济结构全面调整阶段（2013—2016 年）

党的十八大以来，以习近平同志为核心的党中央紧紧抓住经济社会发展的主要矛盾和矛盾的主要方面，从经济发展长周期和全球政治经济的大背景出发，作出了经济发展进入新常态的重大判断，提出了新发展理念，明确了供给侧结构性改革的工作主线，加快完善使市场在资源配置中起决定性作用和更好发挥政府作用的体制机制，推出一系列新的重大战略，推动我国经济发展从速度规模型向质量效益型转变，不断朝着更高质量、更有效率、更加公平、更可持续的方向前进。

1. 京津冀协同发展战略为发展郊区经济提供了有利契机

十八大以来，天津深入贯彻落实习近平总书记系列重要讲话精神，特别是对天津工作提出的"三个着力"重要要求，牢固树立"四个意识"，适应把握经济发展新常态，以五大发展理念为引领，推进"五位一体"总体布局和"四个全面"战略布局在天津实施。牢牢抓住发展第一要务，深入推进供给侧结构性改革，秉持"绿水青山就是金山银山"的理念，坚定不移走绿色发展之路，在以习近平同志为核心的党中央的坚强领导下，全市各级党组织和广大党员干部群众共同努力，奋发有为，全市生产总值、城乡居民人均可支配收入稳步增长，经济建设、政治建设、文化建设、社会建设、生态文明建设齐头并进，全面从严治党，深入推进，在全面建成高质量小康社会进程中迈出了坚实步伐。2016 年，全市地区生产总值 17885 亿元，增长 9%；一般公共收入 2723 亿元，增长 10%；全社会固定资产投资 14629 亿元，增长 12%。面对经济下行压力，天津主要经济指标增速连续多年位居全国前列，以质量和效益的双提升，夯实了未来前进的基础。

2013 年 5 月，习近平总书记在天津考察时提出，要谱写新时期社会主义现代化的京津"双城记"；2013 年 8 月，在北戴河主持研究河北发展问题时，总书记提出要推动京津冀协同发展；2014 年 2 月，京津冀协同发展上升为重大国家战略，为天津郊区经济实现跨域式发展提供了有利契机。滨海新区是吸引北京优质资源和投资的最大集聚地，从 2014 年到 2016 年，滨海新区累计引进北京项目 656 个，到位资金总额 1268.10 亿元，占北京在津投资项目与到位资金的 3 成左右，远高于其余各区。武清位于京津交界的中心点，在承接北京产业转移和功能疏解方面的区位优势明显。从 2014 年到 2016 年，武清区累计引进北京投资项目 344 个，占北京在津投资项目的 18.05%，是天津引进北京投资项目的第二大区域，也是各类机构和投资商最为关注的区域之一。宝坻区位于京津双城联动发展的前沿，又是京津和京唐发展轴上的一个重要节点，在承接北京投资输出方面区位优势明显。宝坻区引进北京项目覆盖三次产业，资金到位额仅次于滨海新区，引进农业项目发展是宝坻区的一大特色。2014 年到 2016 年，宝坻区累计引进北京项目 173 个，占北京在津投资的 9.08%，累计到位资金 576.43 亿元，占北京在津投资的 13.32%，高于武清，仅次于滨海新区。2016 年农口九区外资实际到位额完成 23.06 亿美元，完成全年工作目标的 100.3%；到位内资额实际完成 2618.33 亿元，比上年同期增长 13.4%（2016 年开始内资统计口径统一为市外口径）。农口企业出口创汇实际完成 133.26 亿美元，比上年同期下降 4.3%。

2. 面对经济下行压力，农口经济整体保持较好的增长势头

"十二五"以来，天津郊区经济快速增长，主要经济指标增幅全面高于全市总体水平。郊区在全市的地位和作用进一步增强，为全市经济社会发展做出了重大贡献。现代都市型农业发展走在全国前列，示范小城镇建设成效显著，新农村和美丽乡村建设成绩斐然，农民增收能力增强，农民综合素质和就业技能明显提升，农村基础设施和公共服务设施逐步完善。全市村庄供水设施实现了全覆盖，公路实现了村村通，公交覆盖率达到 100%。农村小学生全部实现了就近入学，社会保障体系更加健全。天津在全国率先实现城乡居民基本养老、基本医疗保险的制度建立和全市统筹，农村居民最低生活保障标准、特困救助范围、五保供养标准均高于全国水平，困难村帮扶等扶贫工作取得了阶段性成果，农村重点领域改革实现新突破，农村生态环境保护利用取得实质性进展。

我国经济发展进入新常态的宏观背景下，天津经济正在向形态更高级、分工更复杂、结构更合理的阶段演化，正从高速增长转向中高速增长，经济发展方式正从规模速度型粗放增长转向质量效率型集约增长，经济结构正从增量扩能为主转向调整存量、做优增量并存的深度调整，经济发展动力正从传统增长点转向新的增长点。认识新常态，适应新常态，引领新常态，是当前和今后一个时期天津郊区经济发展的大逻辑。

"十九大"报告提出了实施乡村振兴战略的总要求，这是在新的历史背景下，

我国农业农村发展到新阶段的新目标和新要求。这一阶段天津发展仍处于大有作为的重要战略机遇期，也面临诸多矛盾叠加、风险隐患增多的严峻挑战。天津发展的重点和难点在农村，发展的主要空间和潜力也在农村，区县经济仍将是天津市经济发展的增长点。为了适应宏观经济发展新常态，抓住天津前所未有的战略发展机遇，推动农业农村经济有质量、有效益、可持续发展，必须对未来所面临的形势和制约因素进行准确判断、科学把握，并积极有效地加以应对。

参考文献

[1] 北方网. 天津这五年结对帮扶精准帮扶困难村补齐民生短板[EB/OL]. http://www.myzaker.com/article/591270bf1bc8e0f56e00001d/，2017-05-10.

[2] 天津日报. 天津：改革开放让农村巨变新农村建设快步前行[EB/OL]. http://www.gov.cn/gzdt/2008-10/11/content_1117544.htm，2008-10-11.

[3] 宋要恒. 天津市农村人口历史变迁研究[D]. 天津理工大学，2012.

[4] 张轶斌. 天津市农村城镇化建设的发展过程[J]. 科技资讯，2011（9）：235.

[5] 王振宇. 关于新农村建设与自然环境协调的思考[J]. 规划师，2009（S1）：93—95.

[6] 林澎，潘芳，姜世国. 房山新城规划导读[J]. 北京规划建设，2006（6）：29—34.

[7] 柴浩放. 北京市新农村规划存在的问题及对策分析[J]. 安徽农业科学，2011（16）.

[8] 马林靖，程鹏. 天津都市型现代农业与城镇化、工业化协调发展的实证研究[J]. 农业现代化研究，2012（5）：539—543.

[9] 佚名. 党的十八大以来我国经济社会发展取得哪些重大成就[N]. 海南日报，2017-11-07（A02）.

[10] 佚名. 以新发展理念为引领推进经济平稳健康可持续发展[N]. 海南日报，2017-10-22（001）.

[11] 李长修，张振. 以新发展理念为引领推进中国经济平稳健康可持续发展[J]. 中国经贸导刊，2017（30）：4—13.

[12] 马波，刘冬梅. 五年新台阶迈步新跨越[N]. 天津日报，2017-03-27.

[13] 周彩云，周立群. 天津吸引北京投资和项目的特点与对策建议[J]. 天津经济，2017（06）：3—8.

[14] 田芳芳. 新常态经济视角下新生代农民工的生活方式及社会融入问题研究[J]. 经济研究导刊，2015（26）：71—72.

第十一章 天津农村发展面临的问题及对策

第一节 天津农村经济发展存在的问题

一、农村整体实力还不够强

近五年来，天津涉农 9 区生产总值年均增长 10.3%，超过全市平均水平 1.4 个百分点。2017 年达到 7468.5 亿元，占全市的 40%以上。一般预算收入年均增长 10.4%，超过全市平均水平 2 个百分点。固定资产投资年均增长 13.1%，超过全市平均水平 2.6 个百分点。农业增加值年均增长 2.8%，2017 年达到 220.49 亿元。天津农村经济社会发展在各方面都取得了良好成效，农民幸福感增强。但同时还要看到，农业农村依然是天津全面建成小康社会的短板和弱项。农业竞争力还不够强，农村生态环境保护任重道远，农村基础设施和公共服务还有待提升，农村文明程度不高，农村社会治理体系还不完善，农民就业创业和增收渠道还有待拓宽。最大的不平衡是城乡发展不平衡，最大的发展不充分是农村发展不充分。

与北京、上海等先进地区相比，天津农村经济发展实力还有一定差距，经济发展质量还不够高，尤其是产业聚集度较低，对农村经济的拉动作用还没有充分发挥。有关三地农村基础设施投资效率的比较研究表明，北京和上海的农村投资结合和投资效率都优于天津。另外，农业现代化水平有待进一步提升，从农业规模化、规范化、融合化发展看，程度还不够高。例如，土地流转率相对北京、上海还比较低，新型经营主体规模不够大，龙头企业规模较小。保持城镇居民收入增幅高于农村居民增幅的任务较为艰巨。2017 年天津农民收入 21754 元，比上年同期增幅 8.4%，城镇居民收入增幅 8.5%；农村居民收入比同期上海农民收入少 6071 元，增幅比上海低 0.6 个百分点；比同期北京农民收入少 2486 元，增幅比北京低 0.3 个百分点。

二、农村区域发展不平衡

（一）准确认识发展不均衡问题

区域内部具有一定的共同性或相关性，同时也存在着差异性。区域之间的特征具有明显的相对一致差异性，适当的发展差距对地区经济发展有着积极的作用，这种作用使具有比较优势的地区优先发展，同时对相对落后地区产生一种传导效应，进而促进要素流动，优化资源配置，带动落后地区的经济发展。但过大的差距会引发地区间的矛盾，不利于社会的稳定，且过于集中的人口会给社会治安管理带来隐患。如何处理好经济发展中区域差异扩大的矛盾是政府面临的重要难题。

改革开放以来，我国实施的是不均衡的发展战略，采取了先富带动后富的发展方针，经过近 40 年的发展，我国经济得到高速发展，综合实力明显提升。现在看来，当时的改革开放确是国情所迫、大势所趋。但也要看到，当前我国东中西区域之间经济发展不均衡现象愈加突出，已成为经济协调发展的一大阻力，对国民经济持续发展非常不利。"十九大"报告中，以习近平为核心的党中央提出了中国特色社会主义进入新时代、社会主要矛盾已经发生转化，即我国社会生产力水平总体上显著提高，社会生产能力在很多方面进入世界前列，更加突出的问题是发展不平衡不充分。可预见，未来一段时期，增强区域发展协调性将是我国区域经济发展的基本态势。

与全国发展形势相同，多年来，天津各区持续加大招商引资力度，积极引进大项目、好项目，大力培育科技小巨人和民营企业，主要经济指标保持了持续较快增长的良好势头，经济得到高速发展，综合实力不断提升。郊区经济作为天津经济发展的重要组成部分，近两年经济总量占全市的 40% 以上，在促进全市经济持续健康发展中发挥着重要的作用。但在我国经济发展进入新常态的宏观背景下，影响天津郊区经济发展的不确定因素增长，且难以掌控。当前我国进入社会主义新时代，主要矛盾已经转化为人民日益增长的美好生活需要和不平衡不充分发展之间的矛盾。面对这个重大变化，天津破解发展不平衡不充分的问题也迫在眉睫。

（二）主要经济指标差异性分析

2017 年郊区经济与上年相比，各项主要经济指标不太乐观，从以下数据对比可看出，2017 年，涉农 9 区（不含滨海新区）生产总值达到 7468 亿元，同比增长 0.5%，低于全市 3.1 个百分点，占全市比重达到 40.1%；一般公共财政收入完成 644.5 亿元，同比下降 1.6%；固定资产投资完成 7707 亿元，同比增长 2.4%；农口 9 区三产结构由 2016 年的 2.8:51.1:46.1 调整为 2017 年的 2.4:51.2:46.3，第一产业所占比重逐渐下降，第二产业比重有所增加，第三产业所占的比重有所提升。不难看出，天津经济也正在向形态更高级、分工更复杂、结构更合理的阶段演化，正从高速增长转向中高速增长，经济发展方式正从规模速度型粗放增长转向质量效率型集约增长，经济结构正从增量扩能为主转向调整存量、做优增量并存的深度调整，经济发展动力正从传统增长点转向新的增长点。认识新常态，适应新常态，引领新常态，充分激发郊区经济活力带动全市经济快速发展是当前和今后一个时期天津经济发展的大逻辑。

由于地理位置、历史基础、基础设施、资源条件、对市场经济规律认识与应用等主客观的影响，天津区域经济发展不平衡性客观存在。这种不平衡性在有农业的地域之间表现得更为突出，这里对天津 9 个有农业的区经济差异性进行了具体分析，从绝对差异和相对差异对各区 GDP、一般公共财政收入、固定资产投资、农民收入、实际利用外资、实际利用内资、出口额主要经济指标进行比较，研判区域经济差异的变化趋势，分析影响因素，并提出相应的政策建议。

1. GDP 比较分析[①]

（1）总量变化特征

图 11-1 呈现出以下几个特征：一是 2007 年到 2017 年 10 年间，9 个有农业的区 GDP 绝对量呈逐年增长趋势，GDP 较高的有武清区、西青区、北辰区、东丽区，GDP 较低的有蓟州区、宁河区、宝坻区、静海区，津南区的 GDP 数值变化始终游离于较高者和较低者之间。二是 2007 年以来武清区、西青区、北辰区 GDP 一直名列前茅，其中，西青区 GDP 稳居第一；2015 年武清区 GDP 超越西青区而位居第一，北辰区 GDP 仅次于二者其后，位居第三，东丽区 GDP 第四。三是 2007 年后，宁河区 GDP 较为落后，经济总量最小，但在 2013 年其 GDP 猛超蓟州区的 GDP88 亿元而位居倒数第二。四是静海区 GDP 与宝坻区 GDP 总量始终较为接近，略领先于宝坻区，分别位居倒数第三、倒数第四，但在 2017 年宝坻区 GDP 总量超过静海区。五是 GDP 较高者西青区与 GDP 较低者蓟州区的绝对差距从 2007 年相差 78.1 亿元拉大至 2017 年的 675.6 亿元；相对差距从 2007 年的 1.7:1 扩至 2017 年的 2.7:1。

---

① GDP 按当年价格计算，GDP 增速按不变价计算。

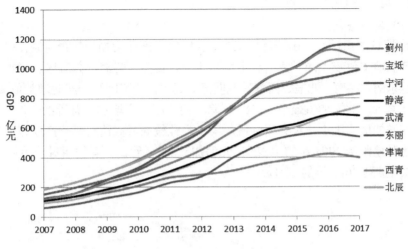

图 11-1 2007—2017 年天津农口九区 GDP

（2）增速变化特征

如图 11-2 所示，从增速上看，各区 GDP 年度增长率呈逐年下降的趋势。农口 9 区 GDP 增速从 2008 年的 23%下降至 2017 年的 0.5%，下降 22.5 个百分点。增幅下降较快的是宁河、蓟州、津南，下降速度快于农口 9 区 GDP 增幅，年增长率分别从 2008 年的 36.2%、23.1%、27.9%下降至 2017 年的－2.6%、－2.3%、－2.8%。这也是各区中 GDP 增长率为负值的三个区。

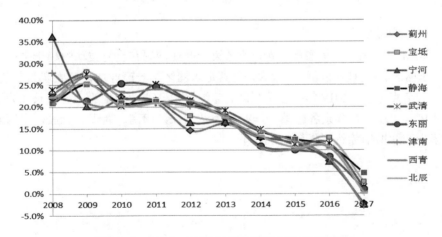

图 11-2 2008—2017 年天津农口九区 GDP 增幅

2. 第一产业变动特点

（1）总量变化

如图 11-3 所示，2007 年到 2017 年各区第一产业增加趋势较为缓慢平稳。第一产业增加值较大的是武清、宝坻、宁河、蓟州、静海远郊五区，增加值较小的是东丽、津南、北辰、西青环城四区。其中，武清区第一产业增加值最大，东丽区第一产业增加值最小。2017 年除了蓟州区一产增加值有所上升，其他各区一产增加值均比上一年有所降低。第一产业较高者武清与第一产业较低者东丽的绝对差距从 2007 年的 17.25 亿元增加到 35 亿元，二者的相对差距从 2007 年的 7:1 扩到 2017 年的 10:1。

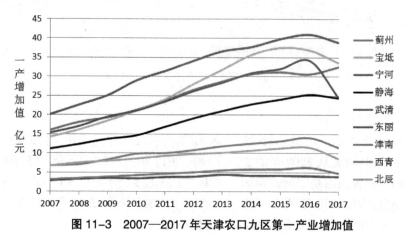

图 11-3　2007—2017 年天津农口九区第一产业增加值

（2）增幅变化

如图 11-4 所示，从增幅上看，各区第一产业增幅在反复波动中趋于平稳下降，东丽区、西青区波动幅度较大，尤其是东丽区第一产业增幅多表现为负值。从时间节点上看，2017 年除了蓟州区、静海区第一产业增幅为正向增长（分别为 1.9%、0.6%），其余各区第一产业均为负增长，津南、西青、北辰、宁河四区第一产业增幅陡然下降至 10%以下。

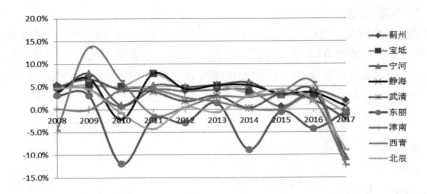

图 11-4　2008—2017 年天津农口九区第一产业增加值增幅

3．第二产业变动特点

（1）总量变化

如图 11-5 所示，第二产业增加值较大的是北辰、西青、武清、东丽，增加值较小的是蓟州区、宁河区、宝坻区、静海区、津南区，其中静海和津南二产增加值非常接近。北辰区第二产业增加值最大，2016 年和 2017 年武清区第二产业增加值超过北辰区稳居第一，蓟州区第二产业增加值最小。第二产业较高者北辰区和第二产业较低者蓟州区的绝对差距从 2007 年的 89.6 亿元拉大到 2017 年的 451.9 亿元，相对差距从 2007 年的 3.5:1 扩至 2017 年的 4.4:1。

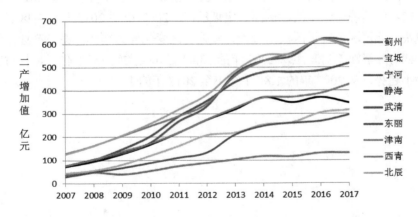

图 11-5　2007—2017 年天津农口九区第二产业增加值

（2）增幅变化

如图11-6所示，2008年到2017年，各区第二产业增加值增幅呈现逐年下降趋势，其中，2017年蓟州、宝坻、宁河、津南、北辰的第二产业增幅表现为负增长，其余年份各区第二产业增加值增幅均表现为正增长。宁河第二产业增加值增幅下降最大。

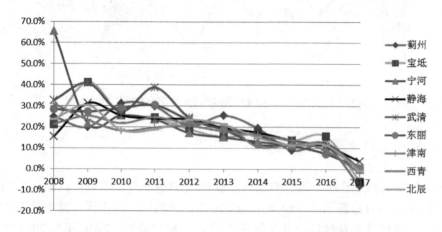

图 11-6 2008—2017 年天津农口九区第二产业增加值增幅

4. 第三产业变动特点

（1）总量变化

如图11-7所示，第三产业增加值较大的是西青、武清、东丽、北辰、津南五区，较小的是静海、宁河、蓟州、宝坻四区。2007年到2017年，各区三产增长较快，北辰区、宝坻区波动较大，其他各区变化较为缓和。第三产业差距较大的西青与静海绝对差距从2007年的23.42亿元拉大到155.5亿元，相对差距呈缩小趋势，从2007年的1.8∶1缩小至2017年的1.5∶1。

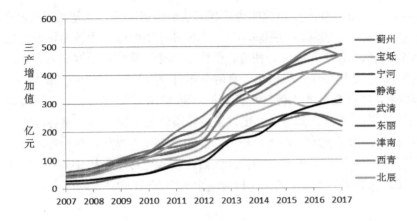

图 11-7　2007—2017 年天津农口九区第三产业增加值

（2）增幅变化

如图 11-8 所示，2008 年到 2009 年各区第三产业增加值增幅下降较多，2010 年到 2017 年各区第三产业增加值增幅平稳下降，其中，2017 年宁河、津南第三产业增加值增幅表现为负值，分别为−4.8%和−4.1%。

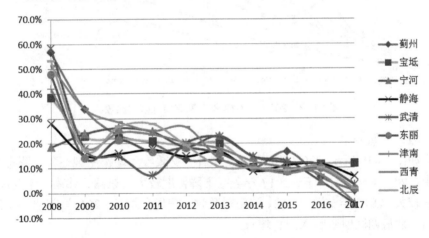

图 11-8　2008—2017 年天津农口九区第三产业增加值增幅

5．一般公共财政收入

（1）总量变化

如图 11-9 所示，一是整体上看，2009 年以前，东丽财政实力较强，之后，武清、西青财政实力赶超东丽而分别位居第一、第二，2015 年以来，东丽财政实力逐年下降，2017年北辰财政实力超越东丽而位居第三。二是武清与西青、静海与宝坻、蓟州与宁河财力强弱相当，东丽和津南财政实力较为接近，相比于2016年而言，2017年武清、西青、静海、津南财政收入是增加的，其他各区均在减少。三是从图中可以看出，有两个年份较为关键，2010年和2017年。2007年以来，各区财政收入保持平稳增长，至2010年出现转折，各区波动较大，除了东丽出现下降，其他各区出现实力猛增现象。2017年，是各区财政收入下降的拐点，除了武清、西青、津南、静海财政收入增加，其他各区表现为明显下降。四是差别较大的武清与蓟州的财政收入绝对差距从2007年的9.87亿元拉大到2017年的102.8亿元，相对差距从2007年的2.2:1扩到2017年的5.1:1。

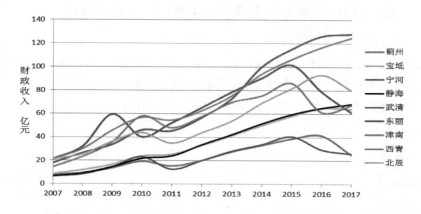

图11-9　2007—2017年天津农口九区财政收入

（2）增幅变化

如图11-10所示，2008年到2017年各区财政收入增幅呈现逐年下降态势，其中，2015年、2016年、2017年各区下降幅度较大，东丽、津南、宁河波动幅度较大。2016年宁河、东丽、津南财政收入出现负增长，2017年蓟州、宁河、东丽、北辰四区财政收入为负增长。

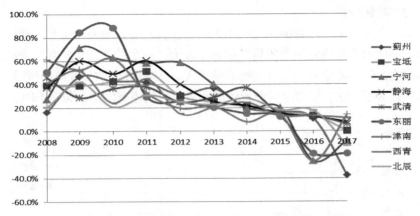

图 11-10　2008—2017 年天津农口九区财政收入增幅

6．固定资产投资

（1）总量变化

如图 11-11 所示，从整体上看，武清、西青、北辰、东丽、津南固定资产投资体量较大，而宝坻、静海、宁河、蓟州固定资产投资体量较小。固定资产投资较高的武清与投资较低的宁河之间的绝对差距从 2007 年的 42.1 亿元拉大到 2017 年的 554 亿元，二者之间的相对差距从 2007 年的 1.9:1 扩到 2017 年的 2.1:1。2007 年到 2016 年各区固定资产投资不断上升，2017 年除了宝坻固定资产投资增加，其他各区均在下降，下降幅度较大的有武清、宁河、北辰、东丽，分别下降 230 亿元、223 亿元、136 亿元、125 亿元。

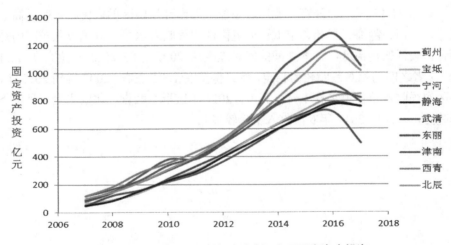

图 11-11　2007—2017 年天津农口九区固定资产投资

（2）增幅变化

如图 11-12 所示，2008 年到 2017 年各区固定资产投资增幅呈现逐年下降趋势，开始的几年固定资产投资增幅相差较大，随后的时间里，各区增幅差距逐步缩小。宁河固定资产投资增幅波动较大，从 2008 年的 155.5% 下降至 2017 年的−15.8%。2017 年固定资产投资增幅为负值的还有武清，为−9.4%。

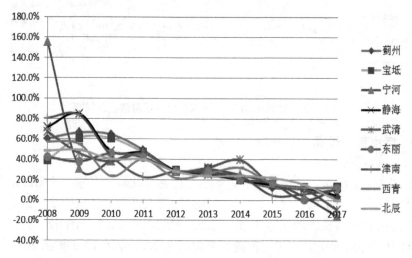

图 11-12　2008—2017 年天津农口九区固定资产投资增幅

7．农民收入

（1）总量变化

如图 11-13 所示，西青、北辰、东丽、津南环城四区的农民收入明显高于武清、宁河、静海、蓟州、宝坻远郊五区的农民收入水平。农民收入较高的是西青，较低的是宝坻，二者之间的绝对差距从 2007 年的 2513 元拉大到 6221 元，二者之间的相对差距较为稳定，始终保持在 1.3:1 左右。2007 年到 2017 年，各区农民收入整体上平稳上升，其中，2011 年宝坻、西青、北辰比上年呈现下降趋势，东丽区 2017 年农民收入下降较多。

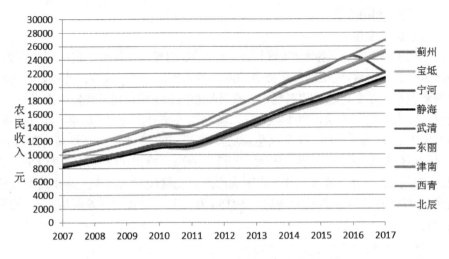

图 11-13 2007—2017 年天津农口九区农民收入

（2）增幅变化

如图 11-14 所示，2008 年到 2017 年各区农民收入增幅整体上呈现先上升后下降趋势，其中，2008 年到 2010 年间，各区农民收入增幅变动较小，稳定在 10%到 11%之间。2011 年各区增幅猛增，增幅达到顶峰，东丽区最高增幅为 17.7%，增幅最低的北辰为 13.8%，高于上年各区的增幅。2011 年到 2014 年各区农民收入增幅在波动中下降，但增幅均为两位数。2015 年到 2017 年各区农民收入增幅平稳下降至一位数，各区增幅在 8.3%—9.1%之间。

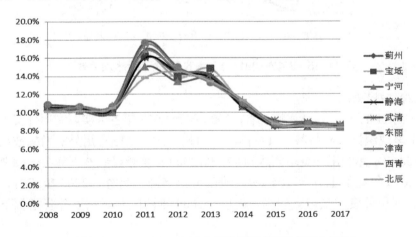

图 11-14 2008—2017 年天津农口九区农民收入增幅

8．实际利用外资

（1）总量变化

如图 11-15 所示，各区实际利用外资波动趋势较大，没有一定的规律可循，2016 年、2017 年各区实际利用外资均跌入低谷值。其中，西青、北辰、武清利用外资较高，且变化趋势相对稳定；然后是东丽、津南，利用外资仅次于三者，但波动较大，大起大落，很不稳定，二者利用外资分别在 2010 年、2011 年猛增之后于 2011 年和 2012 年又跌至最低，继而又在 2015 年升到最高，2017 年二者利用外资又跌入最低谷。宁河、宝坻、静海、蓟州实际利用外资较少，但变化趋势较为平稳，缓慢上升。实际利用外资差别较大的西青、蓟州的绝对差距从 2007 年的 27429 万美元增加至 59159 万美元，二者相对差距从 8.1:1 扩至62.1:1。

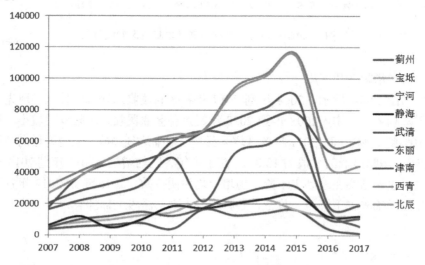

图 11-15　2007—2017 年天津农口九区实际利用外资

（2）增幅变化

如图 11-16 所示，从增幅上看，2008 年到 2017 年各区实际利用外资增幅整体上呈现缓慢下降趋势，其中静海、蓟州、津南实际利用外资增幅波动较大，2008 年实际利用外资增幅达到 87.4%，2009 年增幅又突然下降至－58.9%，之后 2010 年猛然上升至 104.1%，随后平稳下降。另外，2008 年东丽、宁河实际利用外资增幅起点较高，因此，2009 年两区实际利用外资增幅下降较多。

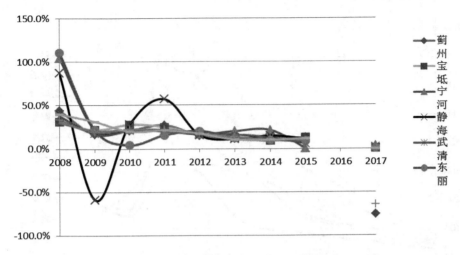

图 11-16　2008—2017 年天津农口九区实际利用外资增幅

9．实际利用内资

（1）总量变化

如图 11-17 所示，各区的实际利用内资变化较为平稳，呈现先上升后下降继而又有小幅上升的趋势，各区实际利用内资在 2015 年升至峰值后，2016 年陡然下降到较低位。2017 年除了蓟州内资继续延续下降趋势，其他各区缓慢上升。实际利用内资额较高的有西青、津南、东丽、武清、北辰，增长较快的有武清、宝坻；实际利用内资较低的有静海、蓟州、宁河。

实际利用内资较高的西青和较低的静海绝对差距从 2007 年的 26 亿元增加至 2017 年的 199 亿元，二者相对差距从 2007 年的 2:1 上升至 2013 年的 4.2:1，随后又下降至 2017 年的 2.1:1。

（2）增幅变化

如图 11-18 所示，从实际利用内资增幅上看，2008 年到 2017 年各区实际利用内资增幅在波动中下降，其中，蓟州增幅下降较为明显，从 2008 年的 79.4% 下降到 2017 年的 −36.6%。

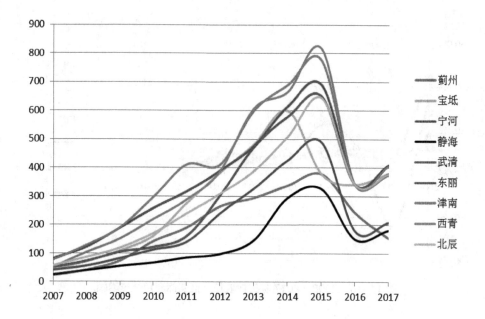

图 11-17　2007—2017 年天津农口九区实际利用内资

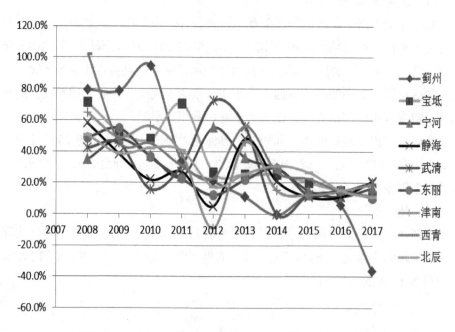

图 11-18　2008—2017 年天津农口九区实际利用内资增幅

10. 出口

（1）总量变化

如图 11-19 所示，2007 年到 2017 年，出口较多的是北辰、西青、东丽、武清，较低的是蓟州、宁河、宝坻、静海、津南。从整体上看，各区进出口变化较为平稳，武清区波动幅度较大。进出口额较高的北辰与较低的蓟州绝对差距从 2007 年的 21.5 亿美元增加值 2017 年的 25.2 亿美元，二者相对差距从 2007 年的 19.7:1 扩至 2017 年的 31.5:1。

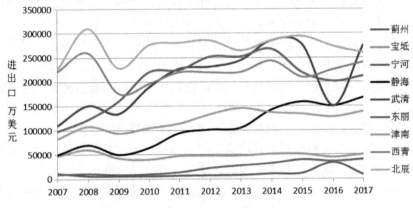

图 11-19　2008—2017 年天津农口九区出口

（2）增幅变化

如图 11-20 所示，从增幅上看，2007 年到 2017 年各区出口额增幅在反复波动中平稳前行，其中，蓟州增幅波动较大，从 2008 年的－48%上升至 2016 年的 193.2%，随后又降至 2017 年的－76.3%。

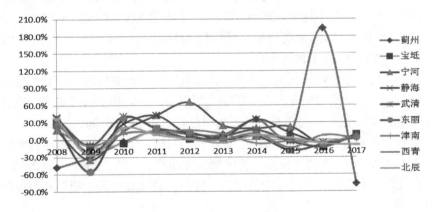

图 11-20　2008—2017 年天津农口九区出口增幅

11．主要结论

第一，2016 年到 2017 年各区主要经济指标表现为下降态势，增幅也大幅下降。整体上，环城四区综合经济实力强于远郊五区，武清、西青、北辰、东丽、津南生产总值明显高于蓟州、宁河、宝坻、静海；从增长率来看，津南、宁河 GDP 增幅下降较快，静海 GDP 增幅下降较慢。2007 年到 2017 年，西青与蓟州的绝对差距从 78.1 亿元拉大至 675.6 亿元，相对差距从 1.7:1 扩至 2.7:1。远郊五区中，武清区综合经济实力较强，主要经济指标在远郊五区中占绝对优势，甚至在环城四区中部分指标也占有相对优势，发展势头迅猛；而环城四区中，津南区经济发展势头有所减弱，发展动力略显不足。

第二，远郊五区第一产业增加值体量较大，明显高于环城各区，整体上从高到低排序为：武清、宝坻、蓟州、宁河、静海、西青、北辰、津南、东丽；第一产业增幅整体上在反复波动中平稳前进，2017 年各区增幅快速下降，西青、津南、北辰、宁河下降幅度较大。2007 年到 2017 年，武清与东丽绝对差距从 17.25 亿元增加到 35 亿元，相对差距从 7:1 扩到 2017 年的 10:1。

第三，环城四区和远郊的武清第二产业体量较大，各区整体上排序从高到低依次为：北辰、武清、西青、东丽、津南、静海、宝坻、宁河、蓟州；宁河第二产业增加值增幅下降最大。2007 年到 2017 年，北辰和蓟州绝对差距从 89.6 亿元拉大到 451.9 亿元，相对差距从 3.5:1 扩至 4.4:1。

第四，各区三产快速增长，大体上三产增加值从高到低排序依次为：西青、武清、东丽、津南、北辰、宝坻、静海、宁河、蓟州，宁河、津南三产增幅下降较快。2007 年到 2017 年，西青与蓟州绝对差距从 32.8 亿元拉大到 247 亿元，相对差距从 2.8：1 缩小至 2.1：1。

第五，环城四区和武清区财政实力较强，其他各区财政实力相对较弱，各区财政收入增幅相对不稳定，东丽、津南、宁河财政收入增幅波动较大，下降较快。2007 年到 2017 年，武清与蓟州财政收入绝对差距从 9.87 亿元拉大到 102.8 亿元，相对差距从 2.2:1 扩到 5.1:1。

第六，武清、西青、北辰、东丽、津南固定资产投资额较大，其他各区投资额较小，其中宁河固定资产投资增幅大幅下滑。武清和宁河固定资产投资的绝对差距从 42.1 亿元拉大到 554 亿元，相对差距从 1.9:1 扩到 2.1:1。

第七，环城四区农民收入高于远郊五区。农民收入增幅从 2008 年的两位数降至 2015 年、2016 年的一位数，各区增幅变动趋势一致。2007 年到 2017 年，西青和宝坻的农民收入相对差距从 2513 元拉大到 6221 元，相对差距保持在 1.3:1 左右。

第八，西青、北辰、武清、东丽、津南利用外资额较高，其他各区利用外资额较低。静海、蓟州、津南实际利用外资增幅波动较大。2007 年到 2017 年，西青和蓟州绝对差距从 27429 万美元拉大到 59159 万美元，相对差距从 8.1:1 扩至 62.1:1。

第九，西青、津南、东丽、武清、北辰利用内资较多，其他各区利用内资较低，蓟州利用内资增幅大幅下滑。2007 年到 2017 年，西青和静海利用内资绝对差距从 26 亿元增加至 199 亿元，相对差距从 2:1 上升至 2013 年的 4.2:1，随后又下降至 2.1:1。

第十，出口额较多的是北辰、武清、东丽、西青，其他各区较低。各区出口额增幅在反复波动中略微下降，蓟州出口增幅波动较大。2007 年到 2017 年，北辰与蓟州出口的绝对差距从 21.5 亿美元拉大到 25.2 亿美元，相对差距从 19.7:1 扩至 31.5:1。

（三）农村集体经济组织资产分布不均衡

1. 村庄分布不均衡

（1）村集体经济组织总资产

如表 11-1 所示，2016 年对全市三千多个村集体经济组织资产家底调查表明，截止到 2016 年 12 月 31 日，全市农村集体资产总额 1186.28 亿元，人均集体资产总额 2.93 万元[①]。在资产总额大于 0 的村中，蓟州区有 949 个，占总数的 26%；武清区 634 个，占总数的 17%；宝坻区 765 个，占总数的 21%；静海区 383 个，占总数的 10%；宁河区 282 个，占总数的 8%；滨海新区 141 个，占总数的 4%；远郊五区和滨海新区占据了 85%，其余约 15%的村分布在环城四区。

表 11-1　各区村集体经济组织资产总额分布情况

各区村集体经济组织资产总额分布情况 （单位：个、%）	村庄数	占比
北辰	126	3
津南	160	4
西青	157	4
东丽	112	3
静海	383	10
宁河	282	8
武清	634	17
宝坻	765	21
蓟州	949	26

① 含滨海新区。

（2）村集体经济组织净资产

如表 11-2 所示，从全市村集体经济组织净资产①存量来看，全市共有 324 个村是零资产，233 个村是负债村，3161 个村净资产存量大于 0。在净资产存量大于 0 的村中，蓟州区 908 个，占总数的 29%；宝坻区 712 个，占总数的 23%；武清区 618 个，占总数的 20%；静海区 313 个，占总数的 10%；宁河区 215 个，占总数的 7%；滨海新区 70 个，占总数的 2%；其余约 9%的村分布在环城四区。从有净资产的存数来看，远郊区和滨海新区占据了 91%。

表11-2　各区村集体经济组织净资产存量分布情况

各区村集体经济组织净资产存量分布情况（单位：个、%）	村庄数（个）	占比
北辰	63	2
津南	45	1
西青	142	4
东丽	75	2
静海	313	10
宁河	215	7
武清	618	20
宝坻	712	23
蓟州	908	29

（3）村集体经济组织经营性资产

如表 11-3 所示，从全市村集体经济组织经营性资产②存量分布来看，全市有 2742 个村集体经济组织，人均经营性资产不足 1000 元，有 1626 个村没有经营性资产，2092 个村集体经济组织有经营性资产。在有经营性资产的村中，蓟州区 664 个，占总数的 32%；武清区 570 个，占总数的 27%；静海区 289 个，占总数的 14%；宁河区 157 个，占总数的 7%；宝坻区 49 个，占总数的 2%；滨海新区 40 个，占总数的 1.9%,远郊五区和滨海新区的村属占据了总数的 85%，其余的分布在环城四区。

―――――――――

① 村集体净资产由村集体资本、村集体应该享有的公积公益金和应享有的未分配收益等构成，包括代行集体经济组织职能的村委会和村集体所属企业的净资产及参股企业的应由集体享有的净资产；相较于资产总额，净资产是剔除了负债及应分配盈余和收益后的实有资产，更能反映村集体经济组织的经济实力和实际水平。

② 经营性资产包括各类村集体经济组织用于进行生产经营活动的流动资产、固定资产、农业资产、无形资产、其他资产和村集经济组织对村属企业及参股企业的长期投资。集体资产中的经营性投资是村集体经济发展壮大的物质基础和增加集体经济组织成员收入的主要来源，将经营性资产量化到集体经济组织成员是中央确定的村集体产权制度改革的核心内容。

表 11-3 各区村集体经济组织经营性资产存量情况

各区村集体经济组织经营性资产存量分布情况（单位：个）	个	占比
北辰	96	5
津南	18	1
西青	97	5
东丽	112	5
静海	289	14
宁河	157	7
武清	570	27
宝坻	49	2
蓟州	664	32

2. 资产总额分布不均衡

（1）村集体经济组织总资产

如表 11-4 所示，全市农村集体资产总额 1186.28 亿元，人均集体资产总额 2.93 万元。在农口九区中，西青区集体资产总额最大，达到 671.98 亿元，宝坻区集体资产总额最小，仅为 14.11 亿元。西青的人均资产总额最高，达到 25.09 万元/人，宝坻区的人均集体资产总额最低，仅为 0.24 万元/人。

表 11-4 10 个由农业的区村集体资产情况

地区	资产总额情况	人均资产占有情况
	亿元	万元/人
新区	35.77	1.58
北辰	156.96	6.22
津南	93.47	3.09
西青	671.98	25.09
东丽	114.62	4.27
静海	34.76	0.72
宁河	17.57	0.56
武清	25.19	0.4
宝坻	14.11	0.24
蓟州	21.84	0.31

（2）村集体经济组织净资产

如表 11-5 所示，全市村集体净资产总额 394.07 亿元，在各有农业的区中，西青区集体净资产总额最大，达到 248.26 亿元，占总数的 63%以上，津南区集体净资产总额最小，仅为 3.27 亿元，远郊五区的集体净资产总额加起来才仅有 65.66 亿元，仅占总数的 16.7%。全市村集体净资产人均占有量为 0.97 万元，但是各区的分布并不均衡，西青区的人均集体净资产最高，达到 9.27 万元/人，津南区的人均集体经济资产总额最低，仅为 0.11 万元/人。

表 11-5　各区村集体经济组织净资产总额情况

各区村集体经济组织净资产总额情况	净资产总额 亿元	人均净资产占有情况 万元/人
北辰	35.88	1.42
津南	3.27	0.11
西青	248.26	9.27
东丽	32.26	1.2
静海	16.08	0.33
宁河	4.37	0.14
武清	18.55	0.3
宝坻	10.08	0.17
蓟州	16.58	0.23

（3）村集体经济组织经营性资产

如表 11-6 和表 11-7 所示，全市农村集体经营性资产 450.10 亿元，占资产总额的 37.94%。在各有农业的区中，西青区集体经营性资产总额最大，达到 233.79 亿元，宝坻区集体经营性资产总额最小，仅为 0.55 亿。环城四区的村集体经营性资产总额为 411.81 亿元，占总数的 91.5%。远郊五区虽然有 1729 个村集体经济组织有经营性资产，但总额仅为 23.03 亿元，占全市总额的不到 5.1%。经营性资产人均占有量为 1.11 万元，西青区的人均集体经营性资产数额最高，达到 8.73 万元/人，宝坻区的人均集体经营性资产数额最低，仅为 0.01 万元/人。

表 11-6　各区村集体经济组织经营性资产情况

各区村集体经济组织经营性资产情况 （单位：亿元）	亿元
北辰	58.79
津南	4.61
西青	233.79
东丽	114.62
静海	11.04
宁河	1.29
武清	3.82
宝坻	0.55
蓟州	6.33

表 11-7　全市村集体经济组织经营性资产人均占有情况

全市村集体经济组织经营性资产情况 （单位：万元/人）	亿元
北辰	2.33
津南	0.15
西青	8.73
东丽	4.27
静海	0.23
宁河	0.04
武清	0.06
宝坻	0.01
蓟州	0.09

如表 11-8 所示，经营性资产在 500 万元以上的村集体经济组织全市共有308 个，其中蓟州 14 个，占总数的 4.54%；武清区 6 个，占总数的 1.9%；静海区 37 个，占 12.01%；宝坻区和宁河区均 1 个，分别占总数的 0.32，其余的 81%都分布在环城四区和滨海新区。

表 11-8　各区经营性资产 500 万元以上的村分布情况

各区经营性资产 500 万元以上的 村分布情况（总数 308 个）	个	占比（%）
北辰	42	14
津南	11	4
西青	85	28
东丽	87	28
静海	37	12.01
宁河	1	0.32
武清	6	1.9
宝坻	1	0.32
蓟州	14	4.54

（四）农村区域发展不平衡的主要影响因素

发展不平衡是发展中大国现代化过程的一般规律，有差距有才竞争，有竞争才有发展。农村发展的不平衡现象是普遍存在的，也是我国的基本国情之一。客观现实地认识农村发展不平衡的现象及原因有利于制定有关区域、城乡政策，而导致天津农村地区经济发展不平衡的原因有很多，包括区位条件、产业基础、制度原因、政府作用、市场原因等，这些因素会间接造成区域之间的 GDP、城镇化程度和工业化进程、区域资本市场发育情况等不均衡。其中，政府是影响不同地区经济政策取向上差异的重要角色，这些差异会进一步影响地区经济的发展，会造成不同地区经济发展的差异。

三、农民增收任务艰巨

（一）农民增收现状分析

1. 经济发展进入新常态，农民收入增幅呈逐年回落态势

如图 11-21、图 11-22、图 11-23 和图 11-24，2015 年、2016 年和 2017 年农民收入增幅回落至两位数以内，且 2016 年、2017 年农民收入增幅低于城镇居民收入增幅。与京沪相比，2011—2014 年天津农村居民收入增幅一直高于北京和上海，但 2015 年农民收入增幅低于北京和上海，2016 年农民收入增幅与北京基本持平，依然低于上海。

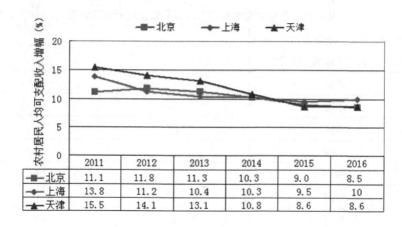

图 11-21　京津沪农民收入增幅

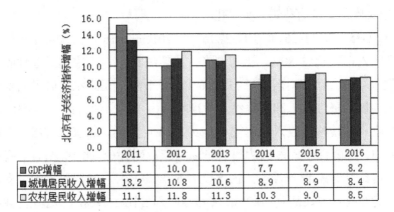

	2011	2012	2013	2014	2015	2016
■GDP增幅	15.1	10.0	10.7	7.7	7.9	8.2
■城镇居民收入增幅	13.2	10.8	10.6	8.9	8.9	8.4
□农村居民收入增幅	11.1	11.8	11.3	10.3	9.0	8.5

图 11-22　北京指标增幅

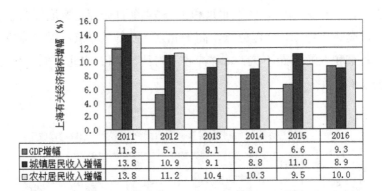

	2011	2012	2013	2014	2015	2016
■GDP增幅	11.8	5.1	8.1	8.0	6.6	9.3
■城镇居民收入增幅	13.8	10.9	9.1	8.8	11.0	8.9
□农村居民收入增幅	13.8	11.2	10.4	10.3	9.5	10.0

图 11-23　上海指标增幅

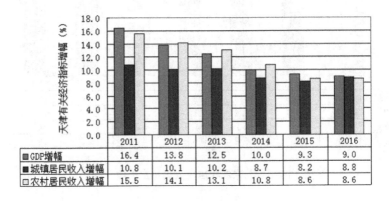

	2011	2012	2013	2014	2015	2016
■GDP增幅	16.4	13.8	12.5	10.0	9.3	9.0
■城镇居民收入增幅	10.8	10.1	10.2	8.7	8.2	8.8
□农村居民收入增幅	15.5	14.1	13.1	10.8	8.6	8.6

图 11-24　天津指标增幅

2．农民收入结构有待进一步优化

如图 11-25、图 11-26 和图 11-27 所示，2011—2016 年，北京工资性收入和转移净收入占比超过 80%，上海二者占比超过 85%，而家庭经营性收入和财产净收入二者占比相对较低。与北京、上海不同，天津农村居民人均可支配收入主要以工资性收入和家庭经营性净收入为主，二者占比在 85%左右，而财产净收入和转移净收入占比较小。以 2016 年为例，北京农村居民人均可支配收入中，工资性收入占比达到 74.6%，转移净收入占比 10.1%，家庭经营性净收入占比 9.2%，财产净收入占比仅为 6.1%。上海农村居民人均可支配收入中，工资性收入占比达到 74.2%，转移净收入占比 16.9%，家庭经营性净收入占比 5.4%，财产净收入占比仅为 3.4%。而天津农村居民人均可支配收入中，工资性收入占比仅为 60%，低于北京和上海 14 个百分点；家庭经营性收入占比 26.4%，高于上海 21 个百分点，高于北京 17 个百分点；财产净收入占比 4.5%，与北京和上海差距不大；转移净收入占比 9.1%，比北京低 1 个百分点，比上海低 7.8 个百分点。

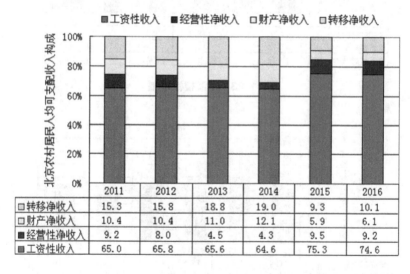

图 11-25　北京农村居民人均可支配收入构成

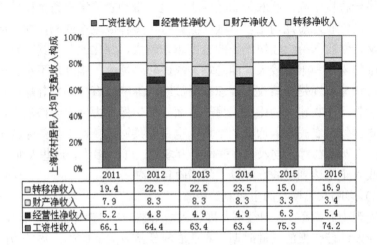

	2011	2012	2013	2014	2015	2016
□转移净收入	19.4	22.5	22.5	23.5	15.0	16.9
□财产净收入	7.9	8.3	8.3	8.3	3.3	3.4
■经营性净收入	5.2	4.8	4.9	4.9	6.3	5.4
■工资性收入	66.1	64.4	63.4	63.4	75.3	74.2

图 11-26　上海农村居民人均可支配收入构成

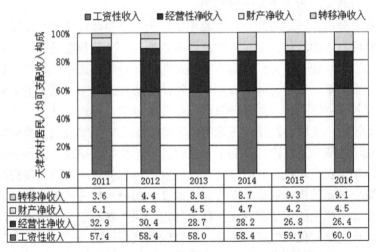

	2011	2012	2013	2014	2015	2016
□转移净收入	3.6	4.4	8.8	8.7	9.3	9.1
□财产净收入	6.1	6.8	4.5	4.7	4.2	4.5
■经营性净收入	32.9	30.4	28.7	28.2	26.8	26.4
■工资性收入	57.4	58.4	58.0	58.4	59.7	60.0

图 11-27　天津农村居民人均可支配收入构成

3．持续增收的压力在不断加大

一是工资性收入增长较为困难。宏观经济下行压力较大，加之产能过剩、环境整治等，对农民工资性收入的影响较大。对静海 61 家规模以下工业企业的监测调查发现，2017 年前 5 个月企业从业人员职工薪酬同比下降 5.4%。二是家庭经营性收入增收空间进一步收窄。相比京沪，天津农村土地流转比例仍较低，效益利润较大的加工业、休闲旅游业发展质量不高，龙头企业偏少，一二三产业融合程度不高，联农带农效应不明显，带动农民增收致富比较有限。三是农民财产性收入短期内难以有效突破。进一步释放政策红利，在高起点上促进农民财产性收入持续较快增长的难度越来越大，深化改革尤其是重点领域的革新面临的阻力和难度较大。四是增加农民转移性收入难度也不小。一方面，天津经济增速特别是财政收入增速有所放缓，继续以直接补贴等形式增加农民的转移性收入面临较大的压力；另一方面，民生保障力度也亟待加大，其中低收入困难群体是农民收入增长的难点，也是公共财政转移支付关注的重点对象之一。目前天津农村低收入困难群体6万多户、11万多人，这些人面临着2020年人均收入全部达到12600元以上的增收目标任务。

（二）影响农民增收的主要制约因素

从宏观上看，随着我国经济发展进入新常态，天津整体经济下行压力加大，正处于新旧动能转换的关键时期，农业农村经济发展面临的形势较为严峻，农民增收正处在传统增收动能减弱新的增收动能尚未充分激活的特殊时期，农民创业就业压力增大，收入来源渠道受限。

从微观上分析，一是与北京、上海相比，天津市整体经济实力略微不足，这一点从农民收入的转移性支付占比高低可以看出，一定程度上影响了农民收入的增加。当然，城市整体经济实力的不足对农民增收的影响不仅仅是影响转移性收入这么简单，还附带着对农业农村经济社会发展产生一系列的影响，也会对农民收入产生影响。二是部分农产品受到国际农产品进口冲击，主要农产品价格波动较大，生猪、鸡蛋、玉米等主要农产品价格频繁波动，农业增收较为缓慢，且增收基础不牢固，不利于开拓农业经营性收入渠道。三是非农岗位就业不足抑制了农民增收。从数字来看，城乡一体化的水平虽然逐步提高，长期存在的城乡二元结构格局很难在短时间改变。部分农村劳动力仍然滞留在农村，有些在二三产业的劳动就业岗位极不稳定。四是农民整体素质不够高，影响了收入。首先是文化科技素质不高，难以较快接受一些先进技术和方法。据调查，因文化程度低，不少农民缺乏基本的技能和素质。其次是有部分农民观念保守陈旧，市场投资意识和开拓意识缺乏，不能积极主动开辟增收门路。

（三）促进农民增收的对策建议

1. 调整经济发展战略为农民增收创造良好环境

一是创新顶层设计，完善开放的长效机制，增强对外开放带动作用，加强"一带一路"战略走出去步伐，同时，坚持"引进来"，加快自贸区、大型的国际贸易会培训基地等开放载体和平台建设，加大天津宣传推广和对外交流合作力度，寻求与国内外知名企业的合作机遇，积极融入国际顶端产业链，为天津农业农村现代化提供有力支撑。二是在降低冶金、石化等传统产业比重的同时加快培育经济增长的新动能，强力推进大数据产业、高新技术、先进制造业、科技教育、医疗保健等产业振兴，进而引领天津乡村产业振兴。三是开辟引资引智新局面，以资源、市场换项目，围绕大型企业、龙头企业开展重点招商，推进"招才引智"与"招商引资"同频共振，促进高端人才与高新技术产业的高度融合，为实现天津农民高质量就业营造良好的氛围。四是针对经济社会发展的薄弱环节和瓶颈制约，推进创新政策与制度集成落地，不断创新服务方式，逐步提升服务经济发展的质量和水平，以更高的效率和质量服务市场主体发展，助力天津农民创收增收。

2．加快农村劳动力转移，促进工资性收入快速增长

一是全面推进以高新技术为依托的再工业化和以人为本的城镇化，大力发展乡村第三产业，培育"互联网＋、电子信息、新能源、环保"等新兴行业产业，不断创造新的工作岗位，增加非农产业就业机会。二是集聚政府、企业、高校、社会等多方资源，搭建"众创、众扶、众筹"等创业孵化平台，推动人力、资本、技术、政策等各类要素向农村集聚，以新型的创业园区建设为载体，培育以大中小微企业为主导的创新创业群体，引导和支持返乡创业人员与新型农业经营主体相结合，依托相关产业共同开辟低成本、便利化、开放式的创业空间，以创业增加农民就业机会。三是以岗位需求为目标，以就业为导向，对天津农村劳动力转移就业岗位需求情况进行调研分析；以能力培养为核心，采用企业实习、岗前培训、订单培训等多种形式，分层次地开展分类培训，扩展就业岗位，强化农民市场经济观念，增强农民从业技能和本领。四是提供高质量的就业服务，举办好专场招聘咨询活动，充分发挥街镇窗口作用，设立专门的服务台，提供职业指导、技能培训、创业服务、劳动争议维权等方面的咨询服务，提供更精细化的服务，提升招聘实效。五是通过手机短信、微信推送、远程招聘等途径广泛发布岗位信息，为有就业需求的农村劳动力提供精准的岗位信息与政策信息对接，帮助劳动者和用工单位有效对接。

3．加快农业转型升级，促进经营性收入稳定增长

一是围绕着建设绿色高档特色京津冀"菜篮子"供给区，增加优质绿色农产品比重，稳步提高农产品质量安全水平，实现农业产品增值和结构增效。二是拓展农业价值链，在传统业态基础上，以"田园综合体、现代产业园区"等为载体，深化循环融合、延伸融合、集聚融合、跨界融合等新理念，推动电商、旅游、科技、信息、金融等现代商业模式融入现代农业发展，丰富产业类型，提升经营模式，释放产业新活力。三是延长农业产业链，围绕着"果蔬、水产

品、奶制品、粮油、肉食、调味品"六大主导产业和"蜂蜜、中药材"两大特色产业，不断引导农产品加工业向园区和基地集中，形成"园区+公司+基地+农户"全产业链集聚发展模式，培育一批农产品加工业知名品牌，支持新型经营主体发展保鲜、储藏、分级、包装等初加工设施，推动初加工、精深加工、综合利用加工和主食加工协调发展。四是创新收益分享模式，强化利益联结机制，推进农业产业化联合体创建活动，引导龙头企业与上下游产业企业和合作社建立利益共同体；进一步完善稳定订单、利润返还、股份合作、保底收益+按股分红等利益联结机制，让农民分享二三产业增值收益。

4. 加快农村改革力度，使农民获得更多财产性收入

一是理顺政府和市场的关系，在把控好风险、规范好程序的前提下，扩大农村各类产权的流转范围，增强"以股生财、以地生财、以房生财、以钱生财"的财产权属性，借鉴重庆的"地票"制度及其所延伸的"四权"退出机制，通过局部地区实行政策性试验稳步推进，引导有效投资，为工商资本带着资金、技术和理念进入农村开辟新途径，盘活更新大量的闲置资源，激活农村新的增长点。二是加强农村产权流转交易市场建设，拓展农村产权交易所业务范围，进一步加快土地流转，提高农民来自土地的财产性收入。三是建立征地补偿标准动态调整机制，完善征地补偿费用支付方式，保障农民合法收益。四是进行农村宅基地"三权分置"制度创新和顶层设计，改革农民住宅用地取得方式，探索宅基地资源有偿退出新机制，适度放活宅基地和农民房屋使用权，推进农民住房财产权抵押、担保、转让，完善农村宅基地集体所有权、宅基地资格权、宅基地使用权方面的政策，把宅基地权益财产化，促进宅基地价值增值，增加农村居民人均可支配收入。五是构建兼顾公平与效率的集体经营性建设用地流转收益共享机制，加快推进房地一体的农村集体建设用地使用权确权登记发证，鼓励农村集体经营性建设用地出让、租赁、入股权能，明确入市范围和途径，盘活农村存量建设用地，让农民合理分享土地增值收益。六是深化金融改革创新，通过政策扶持和正向激励机制，引导金融资源向农村地区配置，鼓励农村小金融机构发展，引导农民主动参与利息与红利收入以及其他投资收益。一方面，加快发展直接融资，促进农村多层次资本市场平稳健康发展，让资本市场成为农民财富管理的重要平台；另一方面，加强金融产品和工具创新，改善金融服务，向农民提供多元化的理财产品，使农民分享增值收益的金融产品。七是大力提升村级集体经济，提升村级财力水平。全面开展农村集体资产清产核资和集体成员身份确定，推动资源变资本、资金变股金、农民变股东的改革，发展多种形式的股份合作，鼓励将农村集体资产、资源入股参与农村新产业新

业态发展，拓宽集体经济发展途径，使农民分享增值收入。

5. 继续完善政策保障机制，促进转移性收入增长

一是结合天津农业农村发展的实际，进一步完善强农惠农富农政策，完善资金管理制度，健全监管体系，提高强农惠农资金的科学化、精细化管理水平，不折不扣地落实好粮食直补、耕地保护资金、农机具购置补贴等各项富农政策，在最大范围、更深程度上惠及农民。二是进一步完善农村保障机制，增加农村社会保障的支出规模，优化支出结构，增加教育、医疗、养老等投入，全面提高社会保障体系。三是加快健全完善覆盖城乡、托底保障的困难帮扶机制，对集体经济薄弱、农村居民人均可支配收入水平低于全市农村平均水平的村庄，调动专项扶贫、行业扶贫、社会扶贫等多方力量、多种举措有机结合和互为支撑，制定好组织帮扶、产业帮扶、技术帮扶、民生帮扶等各项政策，助力天津农民增收。四是建立常态化的低收入困难群体精准帮扶长效机制，做好农村低收入困难群体工作的动态化、精细化管理，从物质帮扶和精深帮扶两个方面加大帮扶力度，将帮扶资源由外部输入转化为持续发展的内生动力，实现政府、企业、低收入困难群体等多方共赢，助推天津农民全面迈入小康社会进程。

第二节　天津农村经济社会发展的对策建议

党的十九大报告作出中国特色社会主义进入新时代的科学论断，提出实施乡村振兴战略，是以习近平同志为核心的党中央，立足社会主义初级阶段基本国情，站在新的历史起点上，顺应时代发展需要，是解决我国社会主要矛盾的必然要求，是实现全面建成小康社会和"两个一百年"奋斗的目标的必然要求，是实现中华民族伟大复兴中国梦的必然要求，是新时代"三农"工作的总抓手。

新时代天津"三农"迎来难得的发展机遇。天津正处在重要的历史窗口期，坚持农业农村优先发展，按照产业兴旺、生态宜居、乡风文明、治理有效、生活富裕的总要求，建立健全城乡融合发展体制机制和政策体系，统筹推进农村经济建设、政治建设、文化建设、社会建设、生态文明建设和党的建设，大力实施乡村振兴战略是做好天津农业农村工作的总抓手，是加快建设"一基地三区"、全面建成高质量小康社会和实现"五个现代化天津"的必然要求，对天津深入推进京津冀协同发展具有重大意义。

一、强化农村经济社会发展的产业支撑

（一）加快构建现代农业产业体系

1．以市场需求为导向，优化产品结构

围绕着国务院《关于建立粮食生产功能区和重要农产品生产保护区的指导意见》，结合市场需求、资源条件和经营环境等各种因素的变化，不断开发新产品，改进或淘汰老产品，调整农业产品结构，提升农产品质量效益和市场竞争力。一是提升农产品质量。在投入环节上，强调"控"，以规模经营主体为重点，引导监管控肥、控药、控添加剂。在生产环节上，注重"引"，引导建立标准化生产体系，努力把符合标准体系的产品培养成品牌。在监管环节上，加大"治"，以当前机构改革为契机，理顺管理体制，强化责任担当，加大从农田到餐桌的全程跟踪与监管力度，严厉打击违法行为。二是优化农产品种类。突出"优"字，消除无效供给，增加有效供给，减少低端供给，拓展中高端供给，突出"优质专用"大宗农产品和"特色优势"其他农产品的生产供给。发展规模高效种养业，做大做强优势特色产业。加强企业品牌创建管理服务，提高农业龙头企业的知名度、美誉度和顾客黏度，培养企业品牌"粉丝"，打造区域公用品牌，积极培育一批在全国甚至全球知名度较高的具有文化底蕴、地域特征的特色农产品品牌。

2．以资源优势为立足点，优化区域结构

科学规划好农业生产空间，加快制定农业生产空间建设规划，建立评价标准，创新技术体系，出台扶持政策，鼓励争创优质粮食产品、蔬菜产品、园艺产品、畜产品、水产品、林特产品等粮食生产功能区、重要农产品保护区、特色农产品优势区等各类园区、特色产业集聚区。一是合理规划好种植业区域结构：选择水土资源条件较好、基础设施较完善且相对集中连片的区域，划定优质的稻谷、小麦、玉米等粮食生产功能区，建设一批高产稳产的粮食生产功能区，保护和提高粮食生产能力。不断改善生产条件，稳定蔬菜面积，发展设施生产，建设一批稳定的商品生产基地，实现均衡供应，因地制宜发展传承农耕文明、保护特色种质资源、有区域特色的农产品保护区。二是调整好畜牧业区域结构：统筹考虑区域环境承载能力以及畜禽养殖污染防治要求，合理布局，科学确定畜禽养殖的品种、规模和总量，进一步明确畜禽养殖污染防治目标、任务、重点区域、重点设施建设以及废弃物综合利用等污染防治措施，引入现代信息技术，拓展畜牧业发展空间，支持畜牧业龙头企业外埠基地建设。三是积极发展集约化渔业生产经营，集聚优势板块，培育壮大一批渔业主导品种和优势产业带，建设一批优势特色水产品标准化生产示范区，形成一批优势特色水产品出口基地，培育一批知名的优势特色水产品主产区。四是打造良性共生的小结构：在微观区域结构内，积极推广种养结合、循环互利的种养平衡模式，以此提高土地利用效率，形成良性互动的生态循环模式。

3．以适度规模为准则，优化经营结构

通过经营权流转、股份合作、代耕代种、土地托管等适当的政策支持和示范引导，积极探索加快发展土地流转型、土地入股型、服务带动型等多种形式规模经营。进一步创新土地流转和规模经营方式，培育专业大户、家庭农牧场、专业合作社、产业化龙头企业等新型经营主体，扶持新型经营主体创新创业。一要注意规模适度，不一定规模越大效益越好，要把好关、做好引导。特别是对工商资本下乡流转土地，在加强服务的同时更要加强监管，防止长时期、大规模土地流转造成"非农化"，甚至形成矛盾隐患。二要实行"宽进严管"。"宽进"有利于市场竞争，有利于形成活力，但"宽进"的同时，更要做到"严管"，完善监管制度，建立退出机制，特别要严格控制各类奖扶资金投到那些主要为套取资金而成立的"空壳社""一人社"里面。三要促进素质提升。把扶持资金更多投向新型经营主体负责人的素质培训和对外交流学习，帮助他们学技术、学管理、学营销，包括引导和帮助其在区域性的股权交易中心挂牌上市。四要通过改革创新不断完善农村基本经营制度。在依法保护集体土地所有权和农户承包权的前提下，平等保护土地经营权。基本建立集权属登记、转让交易、政策服务于一体的农村产权交易平台，加强土地经营权流转和规模经营的管理服务。

4．以市场需求为导向，丰富营销结构

打造紧贴市场、渠道丰富的营销结构。作为一个大都市，农产品怎么卖出去并且卖得好，是必须重点思考的问题。一要深化和拓展农产品批发市场。升级批发市场，扩大辐射范围，带动规模销售，进一步统一规划批发市场建设与内部运营秩序，加快批发市场信息化、网络化服务功能，尝试网上交易结算和开发、运用农产品批发市场电子商务平台，实现信息搜集、发布、查询与共享；强化农产品在批发市场内的质量安全管理系统，利用各种质量检测精密仪器保证市场内批发销售的农产品质量有保证、农药残留度达到指定标准。二要深化与拓展农产品产销体系。建立起与现代农产品营销渠道相适应的配套服务体系来加以保障，如商品检测体系、加工服务体系、物流配送体系、金融结算体系、信息服务体系等。培养具有一定生产规模、技术水平和示范效应的龙头企业，完善产销一体化组织内部管理制度，提高效率，建立合理的利益分配与相互联结机制，创新营销方式，提高营销能力。三要开发农产品网络营销平台，建立网上销售渠道，实现农产品信息的广泛传播，为农产品提供安全快捷的交易平台，降低农产品交易费用，提高效率。用数字化信息处理系统，将现实的农产品直营店和网络营销结合起来，建立起以店面展示带动网络营销、以网络营销影响店面销售的双赢模式，减少中间环节，加快流通速度，实现生产者与消费者的"点对点"交易，实现利益和效率的双重优化，促进农产品产业化发展。

（二）全力推进农产品加工业发展

加大对农产品加工企业的精准扶持力度，既要着眼于国内市场需求，又要瞄准国际市场需求，利用当地农产品资源优势、技术优势和地域优势，积极发展有明显优势的农产品加工业，不断满足社会对农产品及其加工品的数量和多样化、多层次、优质化、方便化、安全化、营养化等需求。

1．优化加工产业结构布局

结合农业产业结构调整重点，引导各地立足比较优势，优化农产品加工产业结构，促进农产品加工转化、增值增效。按照巩固发展传统优势产业加工、大力发展特色产业加工、积极发展新兴产业加工的要求，大力发展仓储和冷链物流体系。依托各类出口产业集聚区和港口优势，加大出口特色优势产业培育力度，加快发展出口农产品加工和农产品物流商贸。

2．建设农产品加工集中区

结合特色主导产业发展，积极创建一批集标准化原料基地、集约化加工、体系化物流配送和营销网络为一体的农产品加工园区，搭建行业服务平台，鼓励农产品加工企业前伸后延，打造全产业链。加强农产品加工集中区基础设施和公共服务平台建设，提升园区管理水平，放大产业集聚效应，引导农产品加工企业向优势产区、综合性加工园区集中，推动企业集群集聚发展。

3．加强农产品加工人才队伍建设

通过内联外引等多种途径，加快引进和培养农产品加工业领军人才、生产能手和技能人才，为农产品加工业转型升级提供从品种选育、种植养殖、功能开发到产品加工全产业链的技术支撑。鼓励农产品加工企业与科研院校共建技术研发和转移平台，建立科研成果快速转化应用机制。扎实开展农产品加工关键技术与产业示范、农产品加工综合利用试点示范，积极创建农产品加工技术集成基地，建设一批农产品加工创业创新孵化园。

（三）提升一二三产业融合发展水平

1．加大对休闲农业规范、扶持、引导和推动的力度

"经营农业、建设农村、富裕农民"，不断推出以旅促农的农旅结合发展方

式，使农业从过去单一的食品保障功能逐步拓展为传承文化、休闲观光旅游等多功能产业。科学规划，合理布局，积极发展现代休闲旅游农业示范建设工程；依托各地丰富的特色资源，建设一批国家级、省级休闲旅游示范县；重点打造一批集"生态模式、科技集成示范、品种展示、科普教育、技术培训、农业体验和休闲观光"为一体的现代生态农业示范园；逐步建立和完善信息交流平台和统计监测评价系统，促进休闲农业与乡村旅游农业发展。

2. 加快三产融合主体的培育

通过政策调整，引导涉农企业，及时顺应产业融合的发展趋势，革新观念、转变战略，跳出传统农业单一的产业内发展思维局限，主动实施跨产业的多元化经营战略，提高涉农企业的企业能力。实施新型农民科技培训工程，通过科技咨询、技术培训、农村劳动力转移培训、农村科技书屋建设等具体活动，提升农民的文化科技素质，为三产融合提供更好的人才支撑。

3. 加大农村三产融合政策支持力度

从科技、财政、金融、土管等方面为产业融合提供政策支持。在科技政策方面，打破传统的分行业、部门的研究与开发政策，充分考虑技术融合因素，对融合性产业发展技术研究优先立项，引导建立不同学科交叉融合研究的科研机制，产出更多融合性技术成果，在一定程度上降低技术成果的资产专用性。在财政政策方面，为融合性产业发展涉及的相关企业提供税费减免等优惠，扶持产业发展。在金融政策方面，对融合性产业发展在贷款金额、贷款期限、贷款利息、还贷方式上提供商业或政策性金融支持，大力发展农业风险投资。在土地政策方面，对融合性产业发展减少土地出让金或土地使用费。

4. 发挥乡村资源多重价值，探索生态产品实现形式

以保障生态资源安全为前提，坚持节约优先、保护优先、自然恢复为方针，正确处理人与自然的关系，统筹兼顾生产、生活和生态，着力打造生态产品价值实现的先行区。一要充分认识乡村资源的多重价值，利用"生态+""互联网+"等模式开发农业多功能性，充分挖掘和利用好自身特色资源，走多元化的特色发展之路，塑造与城市不同的特色农村生态景观。二要优化山水、田园、村落等空间要素，构建生态廊道，保护、修复、提升乡村自然环境，促进"山水田林人居"和谐共生。三要注重文化的挖掘和传承、传统肌理的尊重和保护，加强农耕文化、民间技艺、乡风民俗的挖掘、保护、传承和利用，保持富有传统意境的田园乡村景观格局。四要坚持"政府主导、村民主体、市场参与"的原则，引导村民主动投身到特色田园乡村建设的项目实施、维护和长效管理中来，在特色产业培育、文化内涵挖掘传承、生态环境保护等方面更好地

发挥作用。

（四）以科技创新引领农业农村产业快速发展

科学技术是第一生产力。现代农业是应用现代科学技术、现代工业提供的生产资料和科学管理方法的社会化农业。发达的农业科技，是现代农业农村发展的基本特征。转变农业发展方式，提高农业劳动生产率、资源利用率、土地产出率，以及推进农业供给侧结构性改革，实施好质量兴农、绿色兴农，推进传统农业改造，要靠科技进步；振兴农村经济，发展农村产业，推进农业产业转型升级，也要靠科技进步。

1. 加强农民技能培训和技术服务指导

全面开展农民技术培训，充分发挥基层农技推广体系、涉农企业培训力量，针对所选择的产业开展不间断系统培训，确保每一个有劳动能力的农民都能至少掌握一门实用技能。组织基层干部和农技人员到第一线，为群众提供育种育苗、田间管理、疫病防治、采收、分拣、加工、包装、仓储、物流等技术服务，实现技术服务对每个产业、每个合作社、每个农户的全覆盖。鼓励支持农技部门、大中专院校等，进村入户为产业发展提供技术服务。培养造就一支懂农业、爱农村、爱农民的农技推广服务队伍，创新激励机制，鼓励他们沉到生产第一线，蹲在"产业链"上。

2. 注重基础应用研究

围绕农业农村特色优势产业的重点环节，构建"产、学、研、用"联合协作机制，把科学研究、实验研发和推广运用结合起来，实现问题就地攻关、技术就地集成、成果就地转化，提高科技支撑产业的关联度。完善现代农业产业技术体系，强化新品种、新技术、新工艺的引进、研发和推广应用，推进山地农业机械化、信息化、智能化建设，特别要加强引进创新为我所用，做科技创新的"智力收割机"，尤其要围绕重点产业，加强基础研究和应用研究，提高科技含量，延长产业链，促进农村产业结构升级。

3. 充分运用"互联网+"科技支撑

大力推进"大数据"与农业产业的深度融合，将互联网、物联网、云计算等信息技术引入农业农村产业发展中，大力发展"互联网+产业"，建立从前端到末端全流程监管的农业农村大数据平台，对产品生产、交易、质量检测、追溯等信息数据进行集中采集、分析和使用，提高农业生产数字化、精准化和智能化水平。

4. 深化科技创新培植农村经济新增长点

加强农村科技研发和市场开拓，将科技创新的理念根植人心。依靠科技创新优化经济结构，推动产业升级，催生新兴产业，不断地促进农业、农村经济转型升级。

（五）主动积极与京津冀协同发展接轨

充分利用京津冀协同发展的有利契机，借助于非首都功能疏解，加大郊区经济与北京、河北的产业合作，将农村经济做大做强，尤其是围绕着"四区两平台"建设，深入推进供给侧结构性改革，进一步提升现代都市型农业发展水平，促进京津冀农业协同发展取得新进展。

1．以项目建设为抓手

结合天津农业农村产业转型升级和产业链条的延伸拓展，围绕基础和关键核心技术，精心策划一批有前景、有把握、质量高、规模大的重点项目，紧密结合天津农业"三区"（菜篮子产品供给区、农产品物流中心区、农业高新技术产业示范区）建设，制定具体的对接目标，开展合作，推动农业重要项目对接。

2．以企业合作为重点

通过深入调研走访，突出招强引优，抓好农村招大引强、引优引智"点对点"的精准招商引资工作。积极对接世界500强企业、中国500强企业、民营500强企业，重点围绕当地优势产业，引进上下游配套企业，引进某行业内具备一定经营规模、竞争优势明显、处在快速成长期的企业和拥有独特技术、专利和优秀创业管理团队、处在种子期或初创期的企业。尤其是针对天津农村产业链发展的薄弱环节，要走出去进行对接，着力瞄准具有核心技术和自主品牌的企业，开展定向对接，加快建立和完善产业集群配套；针对行业前景较好、实力较强的农村企业，加大对接力度，借此激活调动本土企业及民营资本的优势，加快农村经济的发展。

3．积极鼓励优势企业向乡村集中

推动经济园区化、园区产业化、产业聚集化，实现农村企业规模迅速扩大，使农村成为具有较强竞争力的产业基地。利用现代管理经营模式，优化产业上下游、政企银研等要素组合，提高农村产业技术含量，促进农村产业转型升级，打造特色产业、专业人才、资本资产多重聚集，具有极强的集聚功能、孵化功能和辐射功能的乡村产业集聚地。

4．以协作分工为原则，推动农村区域均衡、协调发展

环城四区农村区域要优化发展，着重打造生态宜居和高端产业聚集区。远郊区，要沿着铁路、公路干线，选择基础较好的若干小城镇，作为承接北京非首都功能疏解的特色"微中心"和集中承接地，通过产城融合，把远郊打造成京津冀城镇体系的重要节点，建成一批定位明确、特色鲜明、功能集中、规模

适度、专业化发展、层级合理的中小城市群，提高承接地对各类非首都功能转移的吸引力，使郊区经济成为京津冀协同发展的战略腹地。

5．以"四区两平台"建设为载体，加快现代农业融合发展

全面落实党中央国务院关于加快推进京津冀协同发展重大战略部署，以新发展理念为引领，以推进农业供给侧结构性改革、落实京津冀农业协同发展为主线，以率先实现农业现代化为目标，以完善农业产业体系、生产体系、经营体系和保障体系为路径，合力推动都市共建工作，积极争取农业部在规划设计、项目资金安排、行业指导服务等方面支持，加快推进国家级现代农业示范区、农业高新技术产业园区、农产品物流中心区、农业农村改革试验区和农业信息化平台、农业对外合作平台（四区两平台）建设，大力发展工程农业、种源农业、休闲观光农业，调整农业结构，加强市场流通，促进产业融合，培育农业发展新动能，推动农业转型升级，加快京津冀农业协同发展步伐。

二、统筹推动农村区域均衡发展

（一）加快转变政府职能

1．加强科学的宏观调控

建立健全城乡统筹发展体制机制，完善创新驱动发展体制机制，构建开放型经济新体制，逐步消除阻碍农村区域间生产要素流动的政策壁垒，建立城乡一体、区域互相开放的全市统一大市场，促进公共资源在不同农村区域之间均衡配置，推动不同农村区域之间的要素自由流动和优化组合，推动不同农村区域经济社会发展的相互融合，在维护公平正义和维护市场在资源最优配置上实现效率最大化。

2．建立农村基础设施和公共服务投入保障机制

按照存量适度调整、增量重点向相对贫困农村地区倾斜的原则，在增量上下功夫，逐步形成公共财政资金稳定增长的格局。根据基础设施和公共服务的层次性和收益范围，明确各级政府的责任，改善当前农村基础设施资金和公共服务相关的专项资金过于分散、管理多头的体制机制，加强专项资金使用的针对性和有效性，避免造成重复投资和资金浪费。

3．构建新型农村服务体系

加快构建公益性服务和经营性服务相结合、专项服务和综合服务相协调的新型农业社会化服务体系，尤其要加强农村相对困难地区重点领域的农村公共服务能力建设，创新管理体制机制，提高人员素质，解决农民所面临的生产和生活难题。

（二）扩大对外开放

1．加快走出去步伐

紧抓"一带一路"战略、京津冀协同发展重大战略，市级统筹各区加强与陆海内外联动，加快相对落后地区的经济转型步伐，重点建设资源环境承载力较强、城镇体系健全、辐射带动作用较强的区域，引导形成各区经济发展、吸纳人口转移的地区性产业集聚区。

2．以信息化为支撑

有效利用互联网、大数据、云计算、物联网等现代信息技术蓬勃发展的大好时机，加快推进网络基础设施建设，由"以点带面""以线带面"传统发展模式迈向"以网带面"的新型发展模式，更高效地促进要素在不同区域间的流动。通过互联网与大数据、云计算、物联网等新一代信息技术的广泛应用，将创新链、要素链、产业链、价值链等连接成为跨区域和城际联动发展的纽带，进一步强化不同区域经济、技术联系，为区域协调发展提供强有力的技术支撑。

3．加快发展外向型经济

充分利用国际资本和产业看好中国，尤其是向京津冀集聚、区域经济一体化步伐加快的有利时机，进一步扩大对外开放，把招商引资作为经济工作的头等大事，特别要注意吸引技术含量高、资本密集的产业落户相对不发达地区，努力引进一批超千万元的大项目，努力引进先进技术、装备和管理经验。同时，进一步重视对国内发达地区民营企业进行招商引资，吸引这些地区的民营企业来相对困难地区投资开发，也可同时引进其企业文化、创业精神、创新文化，吸引发达地区的企业参与本地区的旅游开发。

（三）打造新的经济增长点

1．积极发展新兴服务业

加快发展房地产、教育文化和体育产业，大力发展金融、保险和证券业，规模发展会计、评估、法律、拍卖、广告等中介服务业。逐步建立多层次的区域服务网络，增加服务项目，拓宽服务领域，鼓励创办家政服务、抚幼养老、医疗保健、维修服务等各种便民利民的社区服务业，满足农村居民越来越大的服务性消费需求。

2．以培育大企业、大集团为重点

尽快提高规模企业的带动作用，培优育强是提高经济效益、增强经济竞争力的重要手段。大力实施资产重组战略，引导企业充分利用自身优势，通过购并弱小企业、控股同类企业、联合优势企业等途径，实现低成本扩张；大力实施资本经营战略，加快部分重点企业的上市进程；大力实施品牌战略，以品牌优势增强企业的竞争力和影响力。

3．加速产业聚集

重点依托经济开发区和工业园区，吸引工业企业和各类人才进区投资创业，营造产业支撑，扩大就业领域，促进经济不发达地区繁荣。发挥中心镇优势，促进人口向城镇集中，工业向小区集中，形成各具特色的产业群。构建大交通优势，进一步加强市政设施经济和配套工程建设，增扩农村市场、停车场、公厕等配套设施；加强农村绿化建设，积极开展绿色小区创建活动。强化农村管理，提高农村品位，营造良好的人居和农村形象。

（四）完善人才考评机制

1．加快吸引人才

完善人才引进机制，建立开放式人才市场，实施人才开发工程和优化人才环境工程，抓紧培养一批高层次适用人才。进一步健全和完善引进、培育、使用、激励人才的政策体系，营造尊知重才、崇尚创新的良好环境。不断提高人才资源整体性开发水平，继续优化调整人才结构，逐步形成各类人才柔性流动的机制。抓好人才资源配置，重点向三次产业的科研、生产、经营第一线和新的经济增长点倾斜，更好地满足经济社会快速发展的需要。

2．成立高层次人才服务工作小组

建立高层次人才引进、培养、使用、保障等工作协调机制。协调落实人才服务保障待遇，打造省级人力资源产业园，引进国内外知名人才中介组织和服务机构，提供多元化的人才服务。各区各单位以及各重点产业园区设立人才服务窗口，打造集中受理人才落户、安居、社保、子女入学档案托管、证照办理、出入境等业务的"一站式"服务平台。

3．充分发挥用人单位主体作用

突出市场评价和同行评价，对引进和培养支持的各类高层次人才及团队实行定期跟踪考核，考核合格的继续落实相关待遇，考核不合格的取消相关待遇。

三、着力改善农村人居环境

1．强调规划先行，为指导农村人居环境治理提供指导

一要科学编制和完善村镇体系规划，提高村庄规划的实施性，因地制宜、分类指导农村人居环境治理。二要示范先行、有序推进，明确人居环境改善的重点和时序，分类确定整治重点，合理确定基础设施和公共服务设施的项目与建设标准，提出加强村民建房质量和风貌管控要求，提升民居设计水平。三要根据村庄风貌、内在文化、人口规模、产业发展、设施配套、土地利用等因素，

按照现代农村发展的趋势和要求，修订或制定切实可行的建设规划，保护好农村人居环境。

2．突出重点，大力开展村庄环境整治

继续推进农村环境综合整治，完善以奖促治政策，扩大连片整治范围。一是重点治理农村垃圾和污水，继续实施农村生活垃圾治理专项行动。采取城镇管网延伸、集中处理和分散处理等多种方式，加快农村生活污水治理和改厕，普及不同水平的卫生厕所。二是在村容村貌提升方面，以通村组道路、入户道路为重点，解决农村通行不便问题，推进公共空间和庭院环境整治，加强传统村落民居和历史文化名村名镇的保护。三是全面启动村庄绿化工程，开展生态乡村建设，推广绿色建材，建设节能农房。四是开展农村宜居水环境建设，建设生态清洁型小流域。五编制天津农村人居环境行动方案。

3．稳步推进美丽宜居乡村建设

一要遵循乡村自身发展规律，体现农村特点，注重乡土味道，保留乡村风貌，努力建设农民幸福家园。二要依据资源禀赋，体现区域差异，丰富文化内涵，彰显地方特色，分类打造、梯次推进，提升田园风光品质，形成一村一品、一村一韵、一村一景，努力建设生产美、生态美、生活美、宜居宜业宜游的美丽宜居乡村。三要注重保护、留住乡愁，加大传统村落民居和历史文化名村名镇保护力度，弘扬传统农耕文化，强化地域文化元素符号，体现和留住对乡村、乡情、乡愁的特点和记忆。四要充分利用报刊、广播、电视等新闻媒体和网络新媒体，广泛宣传推广各地美丽宜居乡村建设的好典型、好经验、好做法，努力营造全社会关心支持美丽宜居乡村建设的良好氛围。

四、提升农村优秀文化供给能力

建立与新时代中国特色社会主义相适应、与社会主义法律规范相协调、与中华民族传统美德相承接的社会主义思想道德体系，引导树立正确的世界观、人生观和价值观，全面促进农村思想道德建设。

1．构建新时代农村思想道德建设体系

（1）加强农村基本理论和基本观点的学习。在农村加强基本理论和基本观点的学习，让农民从思想深处真正认识到中国走社会主义道路的必然性。成立农村思想道德协会，发挥与村民亲缘关系密切等优势，定期召开农村思想道德建设会，认真学习思想道德建设的基本理论和基本观点，深入开展中国特色社会主义和中国梦、党的十九大精神等系列知识教育，加强爱国主义、集体主义、社会主义教育，提高农民综合素质，推进社会公德、职业道德、家庭美德、个人品德建设，提升农村社会文明程度，凝聚起建设社会主义新农村的强大精神力量。

（2）深入推进农村精神文明创建活动。深入践行社会主义核心价值观，开展各级文明村镇创建活动，加强思想道德阵地建设，注重精神文明活动的载体创新，精心设计新时代"新、奇、特"的各种载体，深入开展"明礼知耻、崇德向善"主题实践活动、农村健康文体娱乐活动，吸引广大农民群众自觉并乐于参与思想道德建设，普及法制教育、德育教育、励志教育等，促进村民思想道德素质提高，凝聚起向上、崇善、爱美的强大正能量。开展系列文明评比活动，引导村民传家训、立家规、扬家风。广泛选树好媳妇、好公婆等道德模范、身边好人，发挥示范引领作用，垂范乡里，弘扬农民自力更生、艰苦奋斗、勤劳致富的传统美德，形成积极向上的社会风尚。

（3）发挥村规民约在思想道德建设中的作用。一要按照党的方针、政策和国家现行法律法规全面开展制定修订村规民约活动，制定村规民约、社区公约，要充分发挥村民的自主性，集中群众的智慧，广泛收集意见，回应村民诉求，协调各方利益，充分酝酿讨论，体现全体村民的共同意愿。二要从各村实际出发，围绕村级难点问题、重点工作，开展制定修订工作，增加文明乡风、良好家风、淳朴民风等内容，让村民心中有尺度，行为有准则。以发挥党员干部的带头作用和村规民约的约束作用为重点，强化村规民约在农村思想道德建设阵营中的作用，进一步推动天津基层群众自治工作深入开展。三要抓好党员带头和村民自治两个关键环节，坚持自治、法治、德治相结合。反对和抵制封建迷信、陈规陋习、奢侈浪费以及腐朽落后文化侵蚀，倡导简约适度、绿色低碳、健康文明的生活方式。发挥红白理事会作用，协助村民简办新办红白事。

2. 大力弘扬中国优秀传统文化

（1）深入阐发优秀文化精髓。一要大力弘扬讲仁爱、重民本、守诚信、崇正义、尚和合、求大同等核心思想理念。二要大力弘扬自强不息、敬业乐群、扶危济困、见义勇为、孝老爱亲等中华传统美德，倡导文艺工作者深入农村，创作富有乡土气息、讴歌农村时代变迁的优秀文艺作品，提供健康有益、喜闻乐见的文化服务。三要大力弘扬有利于促进社会和谐、鼓励人们向上向善的思想文化内容，创新乡贤文化，弘扬善行义举，以乡情乡愁为纽带吸引和凝聚各方人士支持家乡建设，传承乡村文明。

（2）发展、保护、传承文化遗产。加强城镇化和新农村建设中的历史文化名城名镇名村、历史文化街区、名人故居保护和乡村特色风貌管理，做好传统民居、历史建筑、革命文化纪念地、农业遗产、工业遗产保护工作，推进地名文化遗产保护。实施传统工艺振兴计划，把中华优秀传统文化的有益思想、艺术价值与时代特点和要求相结合，运用丰富多样的艺术形式进行当代表达，推出一大批底蕴深厚、涵育人心的优秀作品。

（3）将优秀传统文化融入生产生活。注重实践与养成、需求与供给、形式与内容相结合，把中华优秀传统文化内涵更好更多地融入生产生活各方面。深入挖掘天津乡村历史文化价值，提炼精选一批凸显文化特色的经典性元素和标志性符号，纳入城镇化建设、城市规划设计，合理应用于广场园林等公共空间。加强"美丽乡村"文化建设，发掘和保护一批处处有历史、步步有文化的小镇和村庄。培育现代企业文化，支持一批文化特色浓、品牌信誉高、有市场竞争力的蕴含深厚传统文化的企业、产品、品牌做精做强。实施中国传统节日振兴工程，丰富春节、元宵、清明、端午、七夕、中秋、重阳等传统节日文化内涵，加强对传统历法、节气、生肖和饮食、医药等的研究阐释、活态利用，使其有益的文化价值深度嵌入百姓生活。大力发展文化旅游，充分利用历史文化资源优势，规划设计推出一批专题研学旅游线路，在文化旅游中感知优秀传统文化。

3．大力提倡群众性的文化创建活动

（1）增加公共文化产品和服务供给。加强农村文化基础设施建设，全面构建文化网络体系，做到区（县）有图书文化馆，乡镇有文化站，村有文化大院。加强投入和扶持建设乡村图书馆、文化活动中心、电影院、博物馆，大力推广乡村电影节和乡土民俗文化艺术节的建设。定期举办"送科技下乡"活动，举办各类养殖、栽培等科技培训，引导农民走科技致富之路。农闲时节举办群众拔河比赛、灯彩表演等活动以丰富群众文化生活，组织舞龙队、老年人文艺队、说唱队等群众文艺团体，编排喜闻乐见的节目，进村入户演出，用寓教于乐的方法宣传党的富农政策，对群众进行道德教育，引导广大农民崇尚健康向上、科学文明的生活方式。

（2）广泛开展丰富多彩的农村文化活动。不断地创新载体，丰富农村文化生活，最大限度地满足广大农民日益增长的文化需求，培育符合现代人需求的传统休闲文化。一是发展传统体育，把传统体育项目纳入全民健身工程。二是组织"作品下乡"的活动，使用群众在平时生活中自己创作的或者发现的作品，反映农村的真实生活，为群众指明发展方向，引领农村大众进行良好的农村文化生活。三是加强农村文化队伍建设，培养一支高水平的人才队伍，充分发挥出农村文化能人的引带、辐射作用，挖掘农村具有潜力的歌唱者、表演家等文化工作者，让农民积极参与到农村文化活动中来，学习先进知识，培养先进思想，逐步提高农村文化队伍的整体素质。

（3）加强对农村文化人才建设的组织领导。各级党委和政府及领导干部要充分认识到农村文化人才建设的重要意义，要把农村文化人才建设纳入各级党委和政府的重要议事日程，要把文化人才培训工作同其他社会经济工作共同部署，共同推进。同时，对农村文化建设做好监督管理工作，防止不良文化的侵入。

五、提高农村现代化治理水平

加强农村基层基础工作，始终坚持党的领导不动摇，筑牢乡村自治的基础，保障乡村法制的顺利推进，引导乡村德治，健全自治、法治、德治相结合的乡村治理体系，使自治、法治、德治在乡村治理体系中各有所长，各尽其能，既相辅相成、相互衔接，又相互补充，共同构成乡村善治格局。

1. 筑牢基层党组织的战斗堡垒作用

（1）强化基层党组织政治功能。强化政治引领，巩固基层党组织在农村治理中的领导核心地位。一是基层党组织要加强思想政治教育学习，带头形成坚定信念、增强自信、明规守矩的行动自觉和习惯，推动党的路线方针政策在农村落地生根，严明政治纪律，严肃政治生活，提高治理能力。二是基层党组织要重视对群众的教育引导，深入开展政治规矩学习教育，解决好"富口袋"，更要解决好"富脑袋"，主导掌控好农村思想文化阵地，凝聚维护改革发展稳定的正能量。三是持续整顿软弱涣散党组织，以"合力抓、重点抓、常态抓"为要点，清查排出重点软弱涣散村党组织名单，坚持分类施治、对症下药，下大力气解决突出问题，切实推动软弱涣散党组织持续发力整改提升。

（2）强化村级党员干部队伍建设。一是选好用好管好农村基层党组织带头人，筛选和培育政治素质好、工作能力强、带头致富和带领群众致富能力强的村级后备干部人选。二是从严监督管理基层干部特别是村党组织书记。强化岗位目标管理，实行乡镇党委、政府与村主职干部签订任期目标和年度目标责任书制度，建立完善村主职干部的考评问责制度。三是从严加强农村党员队伍建设。坚持严把党员入口关，注重在农村现有优秀人员和在外出农民工的优秀分子中培养和发展党员。四是整合基层党建资源，加大在农民合作社、农业企业、农业社会化服务组织等建立党组织力度，引导各类社会组织积极参与基层治理。

2. 高效创建村民自治示范区

（1）建立健全村党组织领导。开展创建市级村民自治示范区活动，着力打造一批管理有序、服务完善、文明祥和的农村社区建设示范点，为深化天津农村社区建设试点工作积累经验、提供示范。一是建立健全村党组织领导的村民自治机制，实施民主选举、民主决策、民主管理、民主监督，提高村民自我管理、自我教育、自我服务能力。二是进一步规范完善村规民约、村务公开和民主管理制度，对于应由村民参与管理的事情，以制度的形式加以规范，且制度要切实可行、突出重点。

（2）大力提高村民素质。推进农村基层民主自治，关键在农村基层干部。一方面，大力加强对农村基层干部的教育培训，不断提高他们的思想政治素质和依法办事水平。在农村基层干部中广泛开展党的宗旨、政策、法规知识讲座活动，帮助他们牢固确立全心全意为人民服务的思想，全面理解、坚决执行党在农村的各项政策，自觉地依法行政、依法办事。另一方面，加强对农民的教育。大力加强对农民的民主法制教育，提高依法参与管理的能力与质量，增强依法履行应尽义务的自觉性。同时，逐渐培养农民的主人翁意识和民主法制意识，为加强基层民主政治建设奠定坚实的群众基础和思想基础。

3．加强农村基层法制建设

（1）切实加大农村学法普法力度。深入开展法治宣传教育，增强农民的法制意识和法制思维。一是加强农村基层法治宣传阵地建设。逐步将基层法制建设纳入全市经济社会发展综合考核指标中，积极推进基层法治宣传设施工程建设，在有条件的村（社区）建立法治讲堂、法治宣传书架、法治长廊（街）、法治宣传栏（窗），打造一批集中连片法治宣传阵地示范点。二是大力推进"法律进乡村"，开展法治文艺演出、法律宣传咨询活动，通过案例普法宣讲、法治文艺下乡巡演、微信普法等形式多样、内容丰富、覆盖广泛、效果明显的法治宣传教育活动，以喜闻乐见的形式，让各项法律真正走进基层、走进农户，培养遵法学法懂法守法的新型农村干部，培育信法学法用法守法的新型农民，让法律成为人们的一种信仰，让法治思维、法治方式成为人们生活的一种常态。

（2）完善农村法律服务体系。一是将农村公共法律服务体系建设纳入经济社会发展与公共服务规划，进一步优化法律服务资源配置，加大资金、人才、政策的扶持力度，建设农村基层法律服务热线平台、网络平台和实体平台，强化与诉讼服务热线、报警服务平台、政府服务热线等的联动协作，推动线上线下服务一体化，努力提供多层次、多领域、个性化的法律服务，提高农村基层公共法律服务的均等化水平。二是发展壮大农村法律服务队伍建设，针对村民日常法律需求，加强农村普法教育分类指导，实现各村普法宣传有计划、有人员、有阵地、有措施，引导其为基层、为乡村提供专业法律服务，尤其是做好面向弱势群体的法律服务，通过政府购买服务等方式，实施"法律扶困、法律救困"为农民提供贴身、贴心、管用的法律服务。

（3）加大农村执法监督力度。一是加大对现有农业农村法律法规的执行和实施力度，建立和完善权责明确、运行规范、保障有力的农村行政执法体制，努力建设一支高素质的农业农村行政执法队伍，确保各项涉农法律严格执行，涉农法律问题迅速合理解决。二是健全农村执法监督体系，强化对执法权力的监督制约，推进依法行政，切实做到严格、公正、文明执法。

4．提升农村德治水平

（1）结合新时代要求强化道德教化作用。一是结合时代要求对乡村社会蕴含的道德规范进行创新，强化道德教化作用，建立道德激励约束机制，开展寻找最美乡村教师、医生、村官、家庭等活动，既要注重正面示范，又要强化反面警示，引导农民自我管理、自我教育、自我服务、自我提高，引导农民向上向善、孝老爱亲、重义守信、勤俭持家，实现家庭和睦、邻里和谐、干群融洽，在潜移默化中，增进道德认同，提升道德境界。二是加强对党员干部的道德教化，真正提高党员干部的道德水准，推动基层党员干部思想道德水准显著提升、反腐倡廉建设持续向好、政治生态不断优化。

（2）加强道德自律和规范约束机制的推进。一是加强农村道德自律作用，以制定、修改和完善村规民约为载体，建立完善农村自律性管理约束机制，规范村民行为，协调村民关系，维护好农村社会的管理秩序，确保基层农村基层社会安全稳定。二是结合村庄实际情况，因地制宜地形成一系列长效约束机制，发挥道德引领、规范、约束的内在作用，增强农村道德底蕴，以德治实现善治。

六、全面改善农民生活，提高农村民生保障水平

狠抓农村交通物流、供水、供电、信息等基础设施建设，着力改善农民生产生活条件，精准发力对接需求，进一步提高民生水平。

1．推动农村基础设施建设提档升级

（1）加快建设农村现代综合交通基础设施网络体系。一是适应新时代新要求，按照"科学规划、合理布局"的思路，加强城乡一体化综合交通枢纽建设，加快建设"四好农村路"，加大农村公路提级改造，尽快打通连结农村、城乡的"断头路"，全面推进农村交通基础设施加密延伸，促进各种运输方式有机衔接，提升农村综合交通服务质量。二是推动农村交通物流示范项目建设，认真分析农村物流配送流通网络构建的形势，结合当地实际需要，提高"互联网+"便捷交通建设，构建农村物流基础设施骨干网络，鼓励商贸、邮政、供销、运输等企业加大在农村地区的设施网络布局。三是加强村级交通设施建设。合理规

划实施村级道路、仓储配送中心、物流中转站、村级终端服务点建设和物流运输车辆整合，逐步形成以"配送中心"为龙头，区、乡、村三级连锁配送的商品配送服务体系，不断促进农村物流配送经济效益和社会效益明显提升，有效提高村级流通商品的质量安全和服务水平。

（2）加强农村水利基础设施网络建设。一是健全农村水治理体系，策划一批供水应急水源工程、水资源保护工程、农村饮水安全巩固提升工程等重点水利工程。二是全力推进安全生态水系、生态修复、小流域综合整治、水土流失综合治理、水库海堤除险加固、农村节水灌溉和蓄水、农村饮水安全等一批民生工程建设。三是继续建设一批灌溉、排涝、防洪、抗旱等农田水利工程，构建较为完善的现代农田水利基础设施网络。

（3）加快农村能源转型升级。一是加快农村电网改造升级，全面提升农村电网水平，扎实做好农村地区电力增容保障工作。破解城乡电网发展建设不平衡不充分的问题，紧密围绕农村居民"煤改电"、困难村帮扶等基础设施建设重点领域，构建全民覆盖、城乡一体的电力服务体系。二是加强民生用电用气用煤保障，按照"宜电则电、宜气则气、优先用电"原则，稳妥有序推进农村冬季清洁取暖。大力发展风电、太阳光能、生物质能等可再生能源，优先利用多种清洁能源供暖。

（4）加快推进农村信息基础设施建设。一是加快宽带网络和第四代移动通信网络在农村地区的广泛覆盖，促进互联网水平的提高。二是有计划地建设电子商务配送站点，与农村电子商务发展相配套。三是建立空间化、智能化的新型农村统计信息综合服务系统，推进农村规划、建设、管理和服务智慧化的新理念和新模式，繁荣农村商业服务。

2．不断完善农村公共服务体系

（1）完善城乡一体化的公共教育服务体系。一是着眼全局、统筹规划，把城乡中小学布局作为社会公共服务体系建设的重要战略部署，加大公共资源和财政投入支持郊区农村义务教育发展的力度，对教育要素资源进行统一配置安排，积极构建城乡一体化的公共教育服务体系。二是健全教师队伍配置、资质、培训和收入等相关政策，统一城乡教师基本配置标准，均衡配置优质教师，完善教师培训制度，保障教师工资逐步增长。

（2）加快完善农村公共卫生服务体系。一是加强重大疾病预防控制，做好重大传染病防治，着力抓好心脑血管疾病、恶性肿瘤等主要慢性疾病防治，做好高血压、糖尿病病人规范化管理。二是进一步加强慢性病综合防控示范区建设，加强重点地方病监测与防治。三是提升卫生应急能力水平，推进辖区二级及以上医疗机构、各级公共卫生机构和卫生计生监督机构卫生应急组织管理体系建设。四是合理配置医疗卫生资源，促进优质医疗资源纵向流动、下沉社区，推动乡镇村卫生服务一体化，加快标准化村卫生室建设。五是基本建立起社区首诊、双向转诊、急慢分治、上下联动的分级诊疗制度，进一步提高非急危重症社区首诊率和基层医疗机构门诊服务量占比。六是扩大居民社区卫生服务覆盖率，构建15分钟医疗卫生服务圈，推进基本公共卫生计生服务均等化，巩固和加强预防接种工作，加强孕产妇和儿童系统保健服务，扩大健康档案覆盖面。

（3）构建多层次养老服务体系。一是充分激活农村市场，调动民间资本，做大做强大养老产业链，全面提升养老服务质量和水平。二是推进供给方式多元化，支持社会力量兴办多元化养老模式，提高养老机构智慧化服务水平，推广配置安全监控、健康护理、生活服务等智能设备。三是细化完善医养融合政策，推进各类养老机构与各级医疗机构建立协议合作关系，推行家庭医生签约服务，为自愿签约的高龄、重病、失能失智居家老年人提供家庭出诊、家庭护理等上门服务。

3．提高农民就业质量和收入水平

（1）实现高质量和更充分就业。一是开展企业用工需求调查，收集企业招聘需求，适应新形势下农村转移劳动力就业的新情况、新特点，搭建供需平台。二是加强对企业的用工指导，引导企业根据人力资源市场供求和自身经营状况，合理确定薪酬待遇，合理制定用工计划和岗位培训计划，确保农民稳定就业。三是畅通信息发布渠道，充分利用信息网络、平面媒体、移动通信等手段，及时发布"春风行动"活动安排信息，宣传就业政策和活动进展情况，为农民和企业搭建更加便捷的信息对接服务平台。

（2）注重解决结构性就业矛盾，鼓励创业带动就业。一是注重化解就业结构性矛盾和失业风险，注重创业带动就业，创造充分的就业创业机会，营造公平的就业创业环境，形成合理的就业创业结构，培养良好的就业创业能力，努力实现更高质量的就业创业。二是发展市场化、专业化众创空间和双创示范基地等创业载体，加强创业指导和创业服务，促进农村各类人员创业创新。

（3）多措并举开拓农民增收途径。一是紧跟乡村振兴有利契机，培育农民增收的新动能，挖掘农村规模经营、集体经济发展、三次产业融合等领域增收潜力，形成传统增收动能提升与新动能发展的"双支撑"。二是重点在加大困难村结对帮扶、低收入困难群体精准帮扶上形成外部多元促进与内部自我脱困的互动机制。三是坚持开源增收和节本减负增收并举，实施政策挖潜促增收、深化改革促增收、强化创新促增收、弥补短板促增收，构建农民长效增收机制。

参考文献

[1] 刘向兵. 中国特色社会主义新时代背景下的产业工人队伍建设改革[J]. 中国劳动关系学院学报, 2017 (6): 1—7.

[2] 佚名. 中央经济工作会议首次系统阐述经济新常态[J]. 西部大开发, 2014 (12): 36—39.

[3] 刘岷, 徐元锋, 孙振. 乡村振兴: 饭碗牢牢端在自己手中[J]. 农村·农业·农民, 2017 (10): 12—13.

[4] 周艳希. 推进农业供给侧改革的思考[J]. 当代农村财经, 2016 (4): 21—22.

[5] 张俊飚. 乡村振兴战略: 怎么看, 怎么办[N]. 湖北日报, 2017-11-12 (007).

[6] 刘怡. 探析我国农产品营销渠道的深化与拓展[J]. 农业经济, 2013 (3): 119—121.

[7] 李曼. 农产品营销渠道优化探析[J]. 陕西农业科学, 2016 (2).

[8] 荆友奎, 胡增亮. 积极促进我国农村富余劳动力的有效转移[J]. 中国市场, 2011 (44).

[9] 陈潇. 山东省人民政府办公厅《关于进一步促进农产品加工业发展的实施意见》[N]. 山东科技报, 2017-11-1 (001).

[10] 韩一军. 加快推进农村一二三产融合发展[N]. 农民日报, 2015-10-30 (003).

[11] 梁伟军. 农业与相关产业融合发展研究[D]. 华中农业大学, 2010.

[12] 杨嵘均. 推进农村区域均衡发展的理论基础及政策措施[J]. 南京工业大学学报 (社会科学版), 2011 (2): 57—62.

[13] 佚名. 江苏省农业科技创新与推广工作会议要求以农业科技创新引领支撑农业现代化建设[J]. 江苏农村经济, 2011 (5): 33—34.

[14] 冀晓萍. 两办印发《关于实施中华优秀传统文化传承发展工程的意见》[J]. 人民教育, 2017 (Z1): 27.

[15] 王蓉. 大力发展农村文艺活动之我见[J]. 群文天地, 2012 (3): 264.

[16] 柯俊. 以党建促进农村基层治理现代化[N]. 湖北日报, 2015-10-24 (006).

[17] 曹能新. 依法推进农村基层民主政治建设[J]. 党建研究, 2000 (1): 36—37.

[18] 李石金. 加强农村基层民主政治建设的实践与思考[J]. 农村发展论

丛，2000（12）：35—36.

[19] 黄建明. 加强基层民主政治建设构建社会主义和谐新农村[J]. 湖南社会科学，2006（4）：49—50.

[20] 陈延荣. 建设法治农村刻不容缓[J]. 巴中日报，2015-07-06（002）.

[21] 佚名. 上海市区县教育综合改革市级 8 项重大改革任务之实施城乡基础教育一体化发展和学区化集团化办学改革[J]. 上海教育，2015（19）：19.

[22] 佚名. 上海搭建供需平台促进转移就业[J]. 现代物业（中旬刊），2014（Z1）：57.

[23] 涂圣伟. 实施乡村振兴战略的三大着力点[N]. 经济日报，2017-12-31（008）.

[24] 张燕. 中部四省农民人均纯收入的区域时空差异研究[J]. 中国农业资源与区划，2017（10）.

[25] 许经勇. 新型城镇化有赖于户籍、土地制度改革同步推进[J]. 学习论坛，2013（7）：35—38.

[26] 潘盛洲. 新时期做好"三农"工作的重要遵循[J]. 人民日报，2015-11-06.

[27] 孟俊杰. 北京市农民收入来源构成及增收对策研究[J]. 农业经济问题，2007（S1）：130—134.

[28] 徐增海. 我国农民工资性收入波动及其环境因素的实证研究[J]. 中国软科学，2011（6）：186—192.

[29] 宋建辉，李瑾，孙国兴. 天津城市化进程中失地农民收入问题探讨[J]. 中国农业资源与区划，2014（3）：39—44.

[30] 田代贵，马云辉. 农村经营性资产与农民财产性收入的波及面：重庆例证[J]. 改革，2015（9）：92—100.

[31] 张立承. 涉农收入分配:农民收入增长与权益保障[J]. 经济研究参考，2017（60）.

[32] 刘长庚，王迎春. 我国农民收入差距变化趋势及其结构分解的实证研究[J]. 经济学家，2012（11）：68—75.

第十二章 天津农村创新能力建设的科技支撑路径

第一节 农村创新能力建设与科技支撑概述

一、农村创新能力建设的内涵

（一）创新能力

创新能力是运用知识和理论，在科学、艺术、技术和各种实践活动领域中不断提供具有经济价值、社会价值、生态价值的新思想、新理论、新方法和新发明的能力。创新能力包括创新主体、创新的环境和创新的机制等，具有多方面、多层次的特点。创新是创新主体利用创新要素的创造性活动，其活力来自创新主体与创新环境的相互协整能力。美国哈佛大学教授波特和斯特恩联合主持的项目《创新指标》中评价美国的创新能力，认为国家创新能力取决于共有创新设施的强度，支持创新集群的环境条件以及两者互动联系的强度。我国对创新能力的研究颇多。其中，中国科技发展战略小组在区域创新能力方面进行了大量的研究，该研究小组认为区域创新能力是指一个地区将知识转化为新产品、新工艺、新服务的能力，将区域创新能力从五个方面加以体现，分别是知识创造能力、知识流动能力、企业的技术创新能力、创新环境和创新的经济绩效。

（二）农村创新能力

农村创新能力建设是一项复杂的系统工程，涉及农村地区经济发展和社会生活的各个方面。农村创新能力是一个新兴的范畴，国内外研究尚未形成明确的定义和共识。基于国内外有关创新能力和区域创新能力等相关研究，农村创新能力的内涵可概括为在农村特定区域范围内，遵循可持续发展理念，以推动区域经济社会协调发展为核心，充分发挥区域各类创新主体的创新积极性，不断将知识、科技、信息等创新要素的创造性活动和构想转化为新产品、新工艺和新服务的能力。农村创新能力的内涵具体从以下几个层面加以阐述：

一是农村创新能力是中观层次的创新能力，其决策制定和实施过程，是一个城市或地区实现宏观创新目标和微观主体创新目标相互作用和相互融合的过程。农村创新能力既是创新型城市和创新型国家创新能力的基础支撑，又是农村区域范围内各类主体的技术创新能力的综合与集成。

二是农村创新能力作为一个综合性的能力，并不是区域创新体系中多个要素简单集合而成，而是农村创新体系内各要素共同作用而产生的整体能力，它大于或者等于系统内各要素对创新主体的单独起作用的能力之和。农村创新系统整体功能也不是每一项要素功能的简单相加，而是各要素相互影响和制约作用中所发挥的共同作用。

三是农村创新能力是由诸多相关创新主体构成一个复杂的多元非线性系统，包括：政府、村集体、科研院所、农技推广部门、农业企业、农民合作组织等，在这个系统中各类创新主体扮演着不同的角色，相互协作、互联互通，共同推动农村经济社会持续健康发展。

四是农村创新能力是一个开放的体系，不是仅仅运用区域内部创新资源的能力。在信息传播技术高度发达的今天，知识无国界，区域创新体系保持着与外部世界信息交流的开放边界，充分吸收和利用其他地区和国家的先进科学技术，丰富和拓展区域自身的创新资源，不断提高综合创新能力。

二、科技对农村创新能力建设的支撑作用

农村创新能力建设是一个综合的创新体系建设，着眼于农业科技创新、农民收入增加、农村产业协调发展、农民生活质量提升、农村生态环境改善、乡风文明程度提高等多重目标，理论和实践都证明，这些目标的实现都离不开高水平、多领域、全方位的科技支撑。尤其在我国经济发展从高速转向中高速增长的重要时期，科技作为农村生产力发展的关键要素，对于我国经济增速放缓大背景下的农村创新能力建设具有极其重要的支撑和引领作用，在农业增产、农民增收、农村繁荣中注入强劲动力和发展活力的决定力量愈加凸显。

1. 依靠科技创新促进产业协调发展是农村创新能力建设的重要支撑

科学技术是第一生产力，面对资源、环境、市场等多方面的瓶颈制约，只有依靠科技创新，加速推动传统农业向现代农业转变，才能更快地调整农业结构和农村经济结构，转变农村经济发展方式，持续带动农村生产力的不断跃升。在当前全球资源环境约束趋紧的形势下，无论农业还是农村二三产业，其发展

对科技进步和创新都提出了全面需求，即必须改变高能耗、高资源消耗的状况，不断提高农业综合效益，持续增添农村发展活力，走提质增效、创新驱动之路。简而言之，科学技术的不断进步和创新，对农村创新能力建设来说，其作用不仅是外力助推，更是强大的内在驱动。

2. 依靠科技教育培育新型农民是农村创新能力建设的重要支撑

农民是农村经济社会发展的主体，农村创新能力的施展应用离不开广大农民的创新实践。提高农民的整体素质和科学文化水平，培育和造就有文化、懂技术、善经营、会管理的新型农民，依靠科技实现农民增收致富，根本出路在于科技教育和培训。只有大力发展农村教育事业，普及科技知识，开展农村实用技术和职业技能培训，加强劳动力转移培训，开拓就业渠道，增加就业机会，提高就业竞争能力才能真正提高农村创新能力。同时，全面提高农民从业素质，包括文化素质、科技素质和人文素质，积极引导和教育农民遵纪守法、提高修养、崇尚科学、移风易俗，是农村创新能力建设的必然要求和重要支撑。

3. 依靠科技发展改善农村环境是农村创新能力建设的重要支撑

保护和改善农村生产生活环境必须依靠科技发展。科技进步能大大提高资源利用效率，加快农业资源化利用及农业新能源开发步伐，改善农业生态环境和农村人居环境。通过发展和应用环境友好的科学技术，加快农村废弃物的无害化处理和资源化利用技术的开发与应用，有利于节约能耗，实现资源的高效合理利用和优化配置。依靠科技实现农村经济与环境保护协调一致，建立人与环境良性互动、人与自然和谐共处的关系，已经成为农村创新能力建设的重要支撑。

4. 依靠科技服务提升农村社会事业是农村创新能力建设的重要支撑

信息化时代的快速发展，使得科技服务的领域不断延伸和拓展。科技和信息服务领域更加趋于多样化、综合化，不仅面向农业生产、基础设施建设、农民培训等传统领域，而且涉及农村生活服务、农村社会保障、乡风文明建设等方面。依靠科技和信息服务手段，能够改善农民生产生活条件，完善农村社区公共服务，促进乡村社会保障体系建设；不仅如此，还有助于加强对农村优秀民族民间文化资源的系统挖掘、整理和保护，使农民从事生产经营之余，享有文化、娱乐、休闲等活动，提高农民精神生活质量，全面提升农村社会事业发展，显然，科技是农村创新能力建设的重要组成部分。

第二节　国内外农村创新能力建设的科技支撑
经验与启示

一、国外主要做法

经过长期的实践，世界各国、各地区积累了丰富的经验，形成了不同农村创新能力建设科技支撑的典型模式。国外在建设新农村方面注重科技作用，不断加大推广力度。著名的韩国"新村运动"、日本"造村运动"和西方发达国家的农村改革，均是通过提高农民的物质文化生活水平和质量、缩小农村与城市之间的差距，来解决农村与城市发展不协调的问题，积累了农村建设的经验，他们都把科技作为主力军，借助科技的应用推广全面开展农村建设。以色列学者拉南·魏茨认为，推广在加大农民对新科技的接纳和正确使用上起到了引荐和指导的作用。

（一）发达国家的做法

1. 美国

美国全国总人口近 3 亿人，其中农民约为 350 万人，占总人口的 1.8%。而就是这仅占全国人口 1.8%的美国农民，不仅养活了近 3 亿美国人，还使美国成为全球最大的农产品产地和出口国，玉米、小麦、大豆等美国占有优势的农产品，至今仍源源不断地向世界出口。美国农民之所以能够创造这些成就与美国农村先进科技与管理的运用是分不开的。在农业科技方面，美国动植物育种繁育技术超前，农业生物技术被广泛应用在动植物良种培育中。动植物重大病虫害防治技术也很先进，胶悬剂、微粒剂、烟雾、气雾、油雾剂和增效剂等新型农药早已被广泛应用。另外，美国农业机械化普及程度很高，联合收割机、四轮驱动拖拉机、风钻机、农用轨道拖车、捆草机、播种机等农业机械在农场仓库中经常能够看到，甚至已有 20%的美国农场开始用直升机进行耕作管理，很多美国中等规模的农场和几乎所有大型农区也都安装了 GPS 定位系统。

美国农村科技发展水平位居世界前列，农村科技能够不断进步的原因，除了美国政府对农村科技创新较为重视，在财政上大力投入保证科研经费充足之外，另外，美国农技推广体系比较健全，农村科技教育、研究、推广一体化发展较为成熟。美国农技推广体系主要是由联邦农技推广局、州农技推广站、县推广办公室和农学院四个层次组成。全美国现有 130 个农学院，59 个实验站，推广站达 9740 个，推广人员约有 70 万名。其中，州农技推广站是美国农技推广体系的核心，分布在全美国 3150 个县的农技推广室则是农技推广的主体，在这一推广体系下有着覆盖全美国 200 多万个农场的技术传送服务网络，全面推进农村科技进步，农村科技教育、研究、推广的紧密结合，极大地促进了美国农村建设和快速发展的步伐。

2．日本

日本是个岛国，又是个多山的国家，山地和丘陵占总面积的 80%，耕地面积仅占国土面积的 12%左右。土地资源的匮乏，促使他们十分重视农业，尤其重视农村科技进步。自 20 世纪 90 年代以来，日本农村科技不断进步，取得了令人瞩目的成绩。在农业科技方面，日本的水稻生产技术研发成绩突出，新基因导入法的研发和推广应用，使日本培育出了高品质、超高产、抗低温、抗倒伏的水稻新品种。同时，水稻能产生杀伤稻飞虱卵的分泌物的研究发现，也使日本培育出了抗稻飞虱的水稻品种。正是这些科技的研发，确保了日本稻米的高产量、高品质，也使日本稻米近 20 年来保持了自给自足。在农村废弃物的充分利用、河流和农业面源污染的治理、农村新能源的开发等科研攻关方面，日本也取得了较大突破。日本农村的垃圾和粪便等废弃物，大多经过处理被用来制取沼气，转而用于发电和供热。研发出的两步法厌氧发酵工艺，将污水进行处理制取沼气用于热电联产，并将厌氧出水进行固液分离，污水用电化学处理达标排放，污泥则进行炭化处理与用作无土栽培的基质，通过这种方式日本的河流和农业面源污染也得到了很好的治理。在新能源开发上，日本大力开发风能、水能、生物能、地热能和太阳能等可再生能源，对于这些能源的利用日本具有很强的实力。

日本农村科技的不断进步以及取得的丰硕成果与日本政府重视农村科技创新、科技研发投入力度大和科技成果的迅速转化是分不开的。日本在 20 世纪 80 年代初提出了"科技立国"的目标，1988 年，日本政府又提出以遗传工程、基因育种、海洋牧场产业等"十大高技术产业为先导"的战略。2006 年，日本生物技术类杰出科研成果有 20 项，其中涉及农业农村的有 14 项，占到总数的70%，可见，农村科技创新是受到极大重视的。与此同时，日本政府对农村科技的研发投入力度较大。目前，日本政府每年安排的农业科技研发的经费约占农业增加值的 0.7%。日本对于科研项目的管理也是极为严格的，研究人员对申报课题预期成果的实用性必须作实事求是的预测，而这也是衡量科研项目优劣的重要指标。另外，在农村科技成果的转化推广上水平较高。据统计，2006年，日本农村科技推广率约为70%～80%，远远高于世界上其他国家。农村科技的不断创新和农村科技成果的快速转化极大地促进了日本农村经济社会发展。

3．韩国

1971年至1980年韩国的"新乡运动"彻底改善了韩国的农村经济，增加了农民收入。韩国政府通过增加对农业技术开发的投资，并在农村地区实行了医疗保障制度，满足和提高了农民的生活质量。具体表现在以下两个方面：

一是韩国政府十分注重改善农民生活条件，以此来调动农民积极性。如帮助农民开通水电设施，完善交通设施。随后，政府开始转入发展农业生产和提高农民收入，如增加农业投资、转化和深加工农产品、降低农业生产资料的价格、对农民尤其是青年农民提供优惠贷款、技术援助、提高收入等。二是韩国的农业服务体系日趋完善，为农民的民生提供了有力保障。同样，韩国农业体系集科研、推广和培训服务于一体，形成了农民直接受益的由国家的财力支撑，由三级机构提供劳务合作的有效机制。

韩国的"新乡运动"仅30年时间就使韩国走上了农业现代化、农村城市化的轨道。韩国政府紧密结合经济发展、科技发展和国家伦理道德，大大地改善了韩国农村的面貌。

（二）发展中国家主要做法

1．泰国

泰国自20世纪80至90年代以来，其经济持续增长、人民生活水平相应提高，生活环境和社会设施不断改善。农业是泰国的传统经济产业，政府十分重视泰国农业和农村的发展。为了增加农民的收入，泰国政府制定了一系列相应的政策和措施，例如鼓励农民积极调整生产体制，进一步提高农业在市场中的地位，并确保农民在农业生产和贸易中受到公平的待遇。同时，泰国政府非常重视农民的教育和科研的投资，高达90%的办学经费由政府拨给。泰国也是一个农业大国，其中农民占全国劳动力的71.79%。泰国政府为解决劳动力的就业问题，将职业教育和短期训练班引进到广大的农村地区，从而为农业输送了大量的经过培训的职业技术人员。在农村医疗卫生方面，为了改善农村地区的医疗卫生状况，泰国的公共卫生部门制定了"全民卫生保健计划"——主要通过群众广泛参与、政府积极支持来加强农村的基本医疗保健，并在县、区、村各级增设医疗设施来保证农民接受医疗卫生服务。依靠科技硬环境和软实力的提升，泰国农业生产、农民素质和农村民生都得到了极大的改善。

2．印度

自 1993 年起，印度政府不断增加农村各项设施的资金投入，并制定了很多有关农村发展的计划，促使农村民生建设取得了显著成效。为保障农民有一个安定平和的生活环境，印度政府加大对基础设施的投入。如改善农村的环境卫生、加强交通基础设施建设、解决住宅建设等问题。印度的教育在世界上享有盛誉，正是因为印度政府通过立法形式来保证其教育先行原则，投入大量的物力和财力在国民教育上，而且重视普及农村的教育和培养妇女的能力。此外，印度政府还广泛推行农村社会保障制度。例如，特别贫困无房的农民可以获得政府的建房补助，对贫困人口购买粮食实行专门的低价政策，以及对贫困子女的教育给予补贴。由此，农村资金投入的增加和科研教育的先行做法在一定程度上改善了本国农村贫困落后的面貌。

二、我国典型地区的主要做法

从我国典型村庄的发展历程来看，通过科技支撑非农产业发展，改革农村依赖农业生产的传统生存方式，已成为我国农村发展致富的重要途径。

1．走适合自己道路的"刘庄模式"

河南省刘庄的集体所有制和共同富裕道路已经持续走了数十年，这在中国农村是十分罕见的。1956 年，初级社成立不久，上级要求"小社并大社"，村支书史来贺则坚持"一村一社"，发展村集体经济，逐步使村庄集体经济壮大。他在实践中坚持了以下几点：一是坚持立足农村实际，实事求是。坚持把党的路线方针政策和刘庄的实际情况结合起来，坚持带领农民群众走共同富裕的道路。带领群众一心一意发展生产，办起了畜牧场，建起了轧花厂、面粉厂、机械厂，使刘庄经济发展没有出现大的波折。二是坚持与时俱进，开拓创新。史来贺担任农村党支部书记的 50 年，是刘庄开拓创新、与时俱进的 50 年。20 世纪 60 年代，刘庄全面发展农林牧副业，率先解决了温饱问题；80 年代，率先实现小康；90 年代初，大力发展农业高科技产业，逐步实现企业由劳动密集型向技术密集型转变。三是坚持提高人的素质，推进科技进步。几十年来，史来贺由一个没有文化的普通农民成为一个掌握先进科学技术，带领干部群众引进生物工程、进行微生物生产的全国劳动模范。近几年，为了适应发展高新技术产业的需要，他又带领村里群众实施"换脑工程"，培养了一大批高素质人才，村里有 170 人拥有了中级以上技术职称。这批人才队伍支撑起了刘庄经济大厦，使刘庄步入以农业为基础，以高科技医药工业为龙头，带动村庄各业发展之路。

2．品牌化运作的"大寨模式"

山西大寨村是个亿元村，它的成功主要体现在经济方面。而它的成功经验则主要在于它的专业化、品牌化运作。大寨的发展模式，开始主要是借助"农业学大寨"的名声主打大寨品牌，然后逐步实现品牌内涵的转变，由政治形象转变为经济形象。大寨认识到，现在市场竞争已经不仅仅是人才的竞争，资金的竞争，更是品牌的竞争。大寨人充分利用大寨知名度高的优势，开始运作"大寨"这个品牌。在没有人才又没有资金的情况下，通过与江苏江阴毛纺厂合作，首先办起了羊毛衫厂，开始了大寨发展的艰辛历程。在品牌运作方面，大寨利用品牌吸引资金，引进了先进的管理方式，为其他企业的发展提供了管理模式上的经验。鉴于大寨的地理位置和交通条件，大寨又采取了以品牌入股的方式，将本土企业修建在别的城市，这样对于合作方来说借了大寨的牌子，扩大了自己的影响，对于大寨来说，既宣传了产品又宣传了自己，对大寨旅游业等也有很大的促进作用。大寨企业经历了村办小作坊到规模化、专业化、品牌化发展的转变。

3．富有特色的"华西模式"

江苏华西村是中国社会主义新农村建设的杰出代表，被誉为"天下第一村"。华西村是江南小村，全村 380 户，1520 人，0.96 平方公里，占全国总面积的千万分之一。2001 年 6 月，华西村周边的三个行政村加盟华西村，合并成为华西一村。此后，华西村周边的 20 个经济薄弱村先后加入华西村大家庭。2011 年，经江阴市政府批准，华西村正式更名为"华西新市村"。华西村始终坚持科学发展、协调发展，因地制宜优化产业结构，实现了从单一农业，到二、三产业，再到"农、工、商、建、游"这五大产业，大力推进了经济增长，质量和效益显著提升。其做法主要体现在三个方面：

（1）依靠科技加快企业创新步伐。在华西村企业内部，各企业设立"技术创新奖"，激发人才创造力，提升企业的自主创新能力。比如，华钢自建厂开始，就要求低成本与高技术。华钢不断坚持企业低成本战略，不断改进技术，提升效率，降低损耗。通过对废水、废气、废渣等循环综合利用，节约了大量的能源，产生了可观的经济效益。如技改建设的高炉煤气余压透平发电装置（TRT）、污泥球团制造等，每年都为企业产生几千万元的效益。高线加热炉把原来的重油改用高炉煤气后，一年可节约 2.2 万吨标准煤。企业的检测技术（TCO），被中国钢铁工业协会列入 2008 年中国钢铁业重大技术成果，为国内首创。通过多年来坚持不懈的技术创新，华钢很多数据都在同类企业中保持领先优势，大大降低了生产成本，提高了利润，为企业应对低成本竞争提供了保证。

（2）加快循环经济发展。华西村特别注重循环经济和生态经济的发展，各企业间先后建立了"原料运输零费用""废物吃干用尽""废水梯级利用""废气制成增值产品"等20多种循环经济模式，每年节能降耗超过亿元，提前达到了国家2020年的节能减排目标。华钢在环保方面投资达1亿元，实现了废水"零污染排放"。为了促进环境改善，一方面，华西坚决淘汰国家限制和禁止的项目，关掉污染企业；另一方面，集中建设工业区，将分散的企业迁入园区，配套建设污水处理设施，购置环保设备，实现中水回用和废水零排放。

（3）加强科技人才队伍建设。华西村坚持"不求所有，但求所用；不求所在，但求所得"的灵活人才管理方式，聘请国际工程技术人员作为专家顾问，借助"外脑"，最大限度地发挥人才的科技支撑作用。

4．全面发展的"蒋巷村模式"

常熟市从启动实施江苏省科技厅科技支撑计划"社会主义新农村建设科技综合示范工程"项目以来，以蒋巷村为代表，围绕新农村建设中改变面貌、改善民生、提升产业等领域的重大技术需求，通过相关关键技术的集成创新与示范应用，为苏南地区实现农村现代化探索出了一条"学得会、走得通"的新路。其做法主要体现在以下几方面：

（1）科技改变农村污水处理方式。蒋巷村以前产生的大部分生活污水都直接排放到河道中，造成河道中有机物含量高，水体富营养化严重。"生态绿化与水环境修复技术的应用示范"项目实施后，不仅将生活污水全部收集到村污水处理站集中处理，而且提高了河水的自然净化功能。蒋巷村是全国新农村科技综合示范村，通过实施秸秆气化集中供气等6大示范工程，创建了一个经济发达地区科技建设新农村人居环境示范的新模式。

（2）节能缓解农村面源污染。蒋巷村新建的学生科技馆和宿舍楼，从建筑设计开始就执行节能50%标准，在建设中采用节能门窗和膨胀聚苯板薄抹灰系统，保证了新建建筑节能50%。该村积极推行垃圾分类收集，垃圾收运率达到100%。蒋巷宾馆和村民家中的有机垃圾分类收集后送往养殖场的沼气池，既为有机垃圾资源化利用开辟了新的途径，又美化了农村环境。通过分类收集，蒋巷村生活垃圾明显减量化，不仅减少了转运成本，还使有用垃圾得到资源化利用。蒋巷村采用秸秆气化集中供气技术，其热源转换率在75%以上，实际热源利用率大于直接燃烧利用率的3倍以上。一系列科技示范工程，使蒋巷村由原来的穷山恶水、蚊蝇满天飞的景象，变成了"学校像花园、工厂像公园、村前宅后像果园、全村像个天然大公园"的独具江南水乡农村特点的社会主义新农村典型。

（3）科技促进农业升级。蒋巷村科技示范项目为农业发展提供了技术支撑和发展动力。如水稻、水产等一批农业科技示范项目的实施大大提高了本村的产业竞争力。通过实施国家科技部、江苏省科技厅新农村建设科技综合示范项目，蒋巷村建立了 0.68 平方千米杂交粳稻机插高产优质绿色水稻生产基地，其中稻鸭共作生态种养 0.08 平方千米，在增施有机肥的基础上，还通过杀虫灯、生物农药等无公害措施的应用，化学肥料用量较常规水稻生产减少 30%～40%，化学农药较常规水稻生产减少 40%～50%，在全市水稻产业中起到了很好的标杆作用。

（4）科技改善农民生活。通过实施江苏省科技厅重大科技支撑项目"常熟民生服务科技网络示范工程"，在蒋巷村率先建成民生服务科技网络平台，该平台是以电信宽带网为网络通信，以常熟已有的医保、社保、低保、直补、计生及镇村资金、资产、资源等管理信息为数据资源，形成一套信息共享、安全高效的智能化民生服务网络信息系统，普通村民可以直观了解相关的医保等信息及镇村资金、资产、资源的现状与流向，系统同时为农民提供健康、培训、就业等信息咨询服务。该系统工程已在全市镇、村推广应用，实现了政府管理工作为农村、农民的民生服务目的，成为常熟农村民生服务的长期性信息化技术平台。

由上可见，科学规划是农村社会经济发展的基础条件，低碳、生态、环境建设是村庄建设整治的重要内容。蒋巷村将村庄规划和工业发展结合起来，在工业发展、农田基础设施配套、集中居住区规划建设中融入生态景观的理念，实现了集中居住区、农田生态良田与工业发展区互动良性发展的典范。

三、国内外经验对天津的启示

通过对国外科技支撑农村创新能力建设及我国典型村庄科技创新能力建设的经验借鉴，并结合天津农村发展状况，形成了对天津科技支撑农村创新能力建设的几点启示。

1. 健全农业科技政策法律法规体系

健全完善的法律法规是推进科技支撑农村创新能力建设的重要保障。纵观国外农村建设的实践，政府均制定一套行之有效的科技支撑农村建设的政策，并确保政策能够正常实施。在国内，在国家宏观政策的支撑下，典型村庄充分利用国家的政策，并制定适合村庄自身发展的运行机制，走村庄自己的创新之路。因此，健全的农业科技政策法律法规体系对提高农村创新能力建设科技支撑水平尤为重要。首先，应制定综合性的农村科技体制改革方面的政策法规。建立布局合理的科学研究体系、产学研紧密结合的成果转化体系、精干高效的科技人才体系、协调有力的科技管理体系和鼓励创新的科技运行体系和相关政策法规。其次，建立健全与科技成果的转化、推广相关的政策体系，如设立科技成果转化专项基金，用于对重大科技成果转化项目的资助或贷款贴息；鼓励涉农企业、科技成果持有者及其他组织和个人将科技成果带到田间地头实现转化；培育和扶持成果转化的中介机构等。再次，加大奖励力度，完善科技奖励体系，提高奖励的透明度、权威性、社会影响力和号召力。最后，要制定措施来保障农业科技政策法规的执行效果。

2．完善科技推广服务体系

国外新农村建设，是有着完善的科技推广服务体系来支撑。而完善的科技推广服务体系是新农村建设能够顺利进行的重要手段。首先，应大力推进农业科技信息网络的建设工程。通过设立专门的电视广播频道、网站、服务热线等各类信息渠道，因时因地因需常年向农民提供公益性的农业技术推广服务。其次，完善并深化农村科技人员培训工程。各级政府要多层次地开展实用技术培训，把提高农技人员的素质作为农业科技推广工作的重中之重。同时加强基层科技人员的继续教育工作，为他们提供进修培训、外出考察等学习机会。最后，认真实施农村科技特派员工程。从政府农业部门、农业科研院所、大专院校选派一批专业技术人员，进行专业搭配，组建科技支农队伍，分期分批下派到急需科技支持的农村去支农，以"专家进大户，大户带农户"的技术推广方式，通过专业技术人员入户面授、现场讲解、示范指导、集中培训等形式，让农民在最短的时间内掌握先进的种养实用技术。

3．培育新型农民

培养"有文化、懂技术、会经营"的新型农民是在我国社会主义新农村建设中发挥科技支撑作用的基本出发点。应加强对农民的培训，包括技能培训及科技知识培训等。向村民传授先进的养殖、种植技术，从而培养出种植、养殖大户。重视农村的文化建设，让农民们认识到科技对农业生产的强大推动作用，对农民增收的显著效果，对农村建设发展的全面引领作用。

4．加快构建新型农业经营体系

积极发展多种形式适度规模经营，提高农民组织化程度，鼓励发展规模适度的农户家庭农场，完善对规模经营主体的支持服务体系。引导农民专业合作社拓宽服务领域，促进规范发展，深入推进示范社创建行动。推进农业产业化示范基地建设和龙头企业转型升级，引导农民以土地经营权入股合作社和龙头企业，鼓励工商资本发展适合企业化经营的现代种养业、农产品加工流通和农业社会化服务。政府要对新型农业经营主体提供政策支持和财政补贴，同时设立专项基金，对新型农业经营主体的发展、科技普及、低息贷款等给予相应支持，加强对新型农业经营主体的管理，引导其朝着为农民服务的方向健康发展。

5．坚持农民的主体地位

从改善农民生活条件入手，调动农民参与的积极性，发挥农民的主体作用。遵循农民自己的事情自己办，具体上什么项目，完全由农民自己选择，始终突出和激发农民的自发、自助、协同的主体意识和主观能动性、创造性，解决农民的生产、生活、社会服务等问题。一是改善农民生活环境和提高农民生活质量；二是鼓励发展生产、增加农民收入；三是重点提高农民的教育、卫生、保险等水平，增加农民福利，缩小城乡差距；四是着重加强和完善农村文明社区建设和加快农村文化开发等。

6．走"多元渠道增收致富"的发展路子

建设社会主义新农村的核心是发展农村经济，农村经济不发展，农民不富裕，社会主义新农村就无从谈起。上述我国典型地区村庄事业的迅速发展，在很大程度上得益于其物质基础的丰厚，经济的迅猛提高为其提供了相当大的发展潜力。而这一丰厚的积淀，又与其长期坚持走多元致富的路子密不可分。要转变发展思路，坚持因地制宜，一二三产业差异化发展，激活当地农村要素资源，培育特色优势产业，拓宽村庄外部增收渠道。

7．加强基层领导班子村庄建设的责任心

在宏观层面，加强农村建设必须明确政府对农村发展肩负的责任；具体到微观层面，基层领导干部在改革和条件改善方面起着至关重要的作用。村干部是农村的精英，起着先进带头作用；同时广大农村基层干部处在建设新农村的第一线，他们距离农民最近，最了解本村的农村建设。建设新农村，说到底，还是要靠基层领导干部去谋划、去实施。国内外都不乏这样的典型案例。一个企业要发展离不开经营者，同样，一个村庄的建设发展离不开一个好的领导班子。他们在很大程度上决定了一个村庄的发展路线，以及能否树立起一种凝聚力，进而带领大家走上小康之路。

8．增加农业科技投入

强大的科技队伍能够有力地促进农业发展。因此，首先要建立健全激励机制。积极宣传和执行科技兴农政策，在稳定已有的农业科技人才的同时注重吸引大量高素质科技人才。其次，加强对农业科技人员培训和再教育工作。特别是对农业基层人员的培训，使其能不断跟进农业发展的步伐。天津现代都市型农业建设已取得显著成效，科技支撑农业农村发展的基础较好，在此基础上加快科技推广体制改革创新，进一步提高科技支撑农业农村创新发展能力，进而带动新农村发展迫在眉睫。

9. 加大农村财政投入力度

2015 年中央一号文件对"三农"政策再次强调"强农、惠农、富农"，强调优先保证农业农村投入，重点支持农民增收、农村重大改革、农业基础设施建设、农业结构调整、农业可持续发展、农村民生改善。在当前我国经济发展的转型期，农业被视为弱质产业，甚至农民被视为弱势群体，因此，农村建设更离不开国家政策、资金、补贴的扶持和投入。天津是大都市小农业格局，面临城乡差距不断加大的客观事实，更应该增强加快发展农村的紧迫感和责任感，发挥财政资金对农业科技研发、农民教育培训等的引导和杠杆作用，创新涉农资金运行机制，确保为新农村建设提供更加有力的经济支撑。

10. 切实拓展农村信息化服务

在信息化社会的今天，要充分利用信息技术提升科技支撑农村创新能力建设。一是鼓励社会各界开发农民"买得起、用得好"的信息终端和相应的信息系统，利用电信网络和其他专网，提供系统解决方案，让更多的适农信息进村入户。二是整合和利用涉农部门、科研机构和大专院校等的信息资源，开发与"三农"紧密相关的本地信息，尤其是提供农副产品和农资产品等市场信息、种植养殖实用科技信息和以提高信息技能为主的教育培训信息。发挥涉农部门作用，保证信息内容的准确及时。三是开展农村信息化培训和推广普及，结合已有的基础条件，建立和健全农业、农村、农民信息化培训基地。

随着我国农村现代化程度的不断推进，科技支撑新农村建设已成为 21 世纪以来我国农村建设的重点。目前，天津已进入快速城镇化发展时期，部分村庄已迁入小城镇，农村基础设施更加完善，农村民计民生显著改善。但在取得明显成效的同时，仍然存在着一些问题。截至 2013 年底，天津仍有三千多个村庄，其中大部分为远郊五区县的规划保留村庄，这些村庄人口、资源环境对经济发展的约束力还很强，农村污水垃圾治理等生态环境问题不容乐观，农村教育、医疗、养老、健身等公共服务设施建设压力日渐增大，乡村建设的任务还十分艰巨，急需科技支撑农村创新能力建设，以此来推进全市农村建设进一步发展。然而，科技支撑农村创新能力建设，没有现成的路摆在我们面前，但"他山之石，可以攻玉"，积极借鉴国内外科技支撑农村创新能力的主要做法及我国典型村庄科技支撑农村建设等经验介绍，对于天津科技支撑农村创新能力建设具有积极的借鉴价值和指导意义。

第三节　天津农村创新能力建设科技支撑水平实证分析

一、天津农村创新能力建设科技支撑水平评价

农村创新能力建设涉及农村经济、政治、文化、教育、卫生、环境、生活等诸多方面，具体到科技支撑农村创新能力建设，它也是一个比较宽泛的概念。因此，对科技支撑农村创新能力建设水平进行检测和评价是一个综合性的系统工程，由此判断分析农村物质、精神、社会、生态等方面的发展状况，对于在新的发展阶段中以改革创新扎实推进农村建设具有重大而深远的意义。

天津农村创新能力建设科技支撑水平评价应从天津农村创新能力建设的背景、意义和内涵出发，在科学发展观的指导下，全面深化农村改革，立足以人为本，体现与时俱进的精神。

（一）构建指标体系

1. 遵循原则

（1）科学性原则。建立的指标体系要符合科技支撑农村创新能力的内涵，能够客观地反映农村创新能力建设的本质，准确表达天津农村创新能力建设对科技的基本要求和客观需求。同时，指标选取要结合时代特征，体现发展趋势。

（2）针对性原则。科技支撑农村创新能力建设是一个广泛的概念和综合的系统工程，选取的指标除了内容丰富，更应该具有针对性，应主要针对天津农村建设实际的科技情况、发展现状及发展趋势出发，来确定关键性和决定性指标。

（3）可行性原则。指标体系的建立要有较强的实践性、可行性，且简明扼要，指标选取涵盖面不宜过窄，但也不应过多；数据尽可能能够获取，而后进行具体测算，具有规范性和可比性。

（4）动态性原则。科技支撑农村创新能力建设是一个动态的概念，随着社会经济的发展，它的内涵也是在不断变化和发展的。因此，指标选取还需考虑其动态性和适度前瞻性，能综合反映科技对天津农村社会经济发展现状和未来发展趋势的影响，以期为天津农村创新能力建设科技支撑水平评价提供参考。

（5）定性定量结合原则。对科技支撑农村创新能力建设指标的统计和计算虽然是一种定量化的研究，但实际上影响到科技支撑农村创新能力建设的因素有很多，除了选取一些可以监测和可以量化的指标，还需要涉及一些定量的指标，这样才能建立一套比较科学、系统、能够描述实际情况的规范的指标体系，故指标体系构建要遵循定性和定量相结合的原则。

2. 构建指标体系

按照科学性、针对性、可行性和动态性的原则以及定量和定性评价方法相结合的原则，在借鉴大量已有相关研究成果的基础上结合天津农村社会经济发展的实际，通过查询天津统计年鉴、天津调查年鉴、天津科技年鉴、天津科技统计年鉴、天津市科技进步统计监测分析报告、区县统计年鉴、调研资料等，考虑数据的可获得性，经过多轮筛选，构建的农村创新能力建设科技支撑水平评价指标体系如表 12-1 所示，共包括 1 个一级指标，4 个二级指标，19 个三级指标。

表 12-1　科技支撑天津农村创新能力评价指标体系

一级指标	二级指标 B	三级指标 C	计量 单位
科技支撑农村创新能力建设水平 A	科技创新意识 B1	优惠激励政策	/
		集贸市场个数	个
		农村基层治理机制创新	/
		科技文化宣传	/
	科技创新环境 B2	农业科技服务机构数	个
		带动农户数	户
		科技活动人员	人
		农业经纪人	人
		信息化率/互联网上网用户/农户	亩
	科技创新投入 B3	区县财政科技拨款	亿元
		科研经费	亿元
		科技成果登记数	项
		专利授权量	亿元
	科技创新效能 B4	农村居民人均可支配收入	元
		城镇化率	%
		新型农业营业收入	万元
		二三产业增加值比重	%
		生活污水处理率	%
		生活垃圾无害化处理率	%

（二）确定评价指标权重

农村创新能力建设科技支撑水平评价要求是全面的，上述指标体系仅仅归纳成了递阶层次结构，还需要确定各个评价指标的权重。确定指标权重的方法很多，有层次分析法、德尔菲（Delphi）法、相邻指标比较法、统计方法和层次分析（AHP）法等，从目前国内外相关文献资料来看，每类方法都有其各自的优势和不足。在以上几种方法中，关于层次分析法（Analytic Hierarchy Process，简称 AHP）的理论最为成熟，并且操作相对简单、易懂，比较适用于定性和定量指标混合的指标体系权重的确定，在多指标体系综合评价中应用得最为广泛。它是将一个复杂的问题分解为若干个组成因素，并将这些要素按照一定的关系进一步分解成目标层、准则层、指标层等，最终形成一个多层次的有序递阶层次结构，通过两两比较的方式确定层次中诸因素的相对重要性，然后综合判断确定诸因素的相对重要性的总顺序。

因此，结合评价的目标要求、指标体系的层次结构特征以及各指标特点，本研究将采用层次分析法（AHP）对指标权重进行确定，如图 12-1 所示。

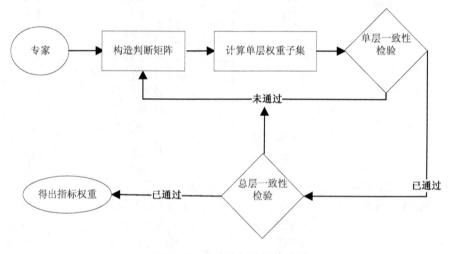

图 12-1　层次分析法实施流程

1. 建立有序的递阶层次结构

对问题涉及的要素进行分类，构造一个各因素之间相互联系的递阶层次结构处于最上面的层次是此研究构建的指标体系中的一级指标，科技支撑农村创新能力建设水平；中间层是二级指标，包括科技创新意识、科技创新环境、科技创新投入、科技创新效能 4 项指标；最底层是三级指标，包括 19 个具体的子指标（详见表12-1）。

2．构造两两比较判断矩阵

对每一层次各因素的相对重要性用数值打分形式给出判断，并列成矩阵形式，如下表所示。

A_k	B_1	B_2	$\cdots$	B_n
B_1	b_{11}	b_{12}	$\cdots$	b_{1n}
B_2	b_{21}	b_{22}	$\cdots$	b_{2n}
M	M	M	$\cdots$	M
B_n	b_{n1}	b_{n2}	$\cdots$	b_{nn}

矩阵 b_{ij} 表示相对于 A_k 而言，B_i 和 B_j 的相对重要性，通常取 1，2，…，0 及它们的倒数座位表度，其标度含义如下：

标度	含义
1	两指标相比具有同等重要程度
3	两指标相比，一个指标比另一个指标稍微重要
5	两指标相比，一个指标比另一个指标明显重要
7	两指标相比，一个指标比另一个指标非常重要
9	两指标相比，一个指标比另一个指标极其重要
	取上述两相邻判断的中值

任何判断矩阵都应满足 $b_{ij}=1$，则：

$$b_{ij} = \frac{1}{b_{ji}}(i, j = 1, 2, \cdots, n)$$

判断矩阵中的指标数值主要根据专家意见、经验访谈、政府工作报告、统计资料、调研数据等综合权衡后得出。

3．层次单排序和一致性检验

根据判断矩阵计算本层次某因素对于与之有关联的上一层的因素的重要性次序的权重，可以通过计算判断矩阵的特征和特征向量而获取，也就是计算 $BW=\lambda_{max}W$ 的特征根和特征向量，并将特征向量正规化，将正规化之后得到的特征向量 $W=[W_1, W_2, \cdots, W_n]^r$ 作为本层次元素 b_1，b_2，$\cdots$，b_n 对于其隶属元素 A 的排序权重。另外，在得到 λ_{max} 的值以后，还需要通过计算判断矩阵的一致性指标 CI 检验其一致性，即：

$$CI = \frac{\lambda_{max} - n}{n - 1}$$

当 CI=0 的时候，判断矩阵具有完全一致性。$\lambda_{max}-n$ 越大，CI 愈合就愈大，判断矩阵的一致性就越差。通常情况下，用它与平均随机一致性指标 RI 进行比较，如下表所示。

阶数 n	1	2	3	4	5	6	7	8	9
RI	0.00	0.00	0.58	0.90	1.12	1.24	1.32	1.41	1.45

CR=CI/RI<0.1 时，判断矩阵则具有满意的一致性，否则就需要对判断矩阵进行调整。

按照上述方法得到的全部二级指标、三级指标的权重系数，确立后的权重系数如表 12-2 所示。

表 12-2　指标权重确定结果

二级指标	B1	B2	B3	B4
	0.158	0.294	0.302	0.246
B11	0.304			
B12	0.125			
B13	0.286			
B14	0.285			
B21		0.125		
B22		0.113		
B23		0.275		
B24		0.136		
B25		0.351		
B31			0.316	
B32			0.137	
B33			0.365	
B34			0.182	
B41				0.291
B42				0.164
B43				0.196
B44				0.103
B45				0.114
B46				0.132

（三）实证分析

1. 指标体系及权重

本研究选取蓟州区、宝坻区、武清区、宁河区、北辰区、津南区、西青区、东丽区、静海区、滨海新区 10 个有农业区县进行综合评价。经过上述方法计算，构建了完整的评价指标体系如表 12-3 所示。

表 12-3　科技支撑天津农村创新能力评价指标体系

一级指标	二级指标 B	权重	三级指标 C	权重	计量单位
科技支撑农村创新能力建设水平 A	科技创新意识 B1	0.158	优惠激励政策	0.304	/
			集贸市场个数	0.125	个
			农村基层治理机制创新	0.286	/
			科技文化宣传	0.285	/
	科技创新环境 B2	0.294	农业科技服务机构数	0.125	个
			带动农户数	0.113	户
			科技活动人员	0.275	人
			农业经纪人	0.136	人
			信息化率/互联网上网用户/农户	0.351	亩
	科技创新投入 B3	0.302	区县财政科技拨款	0.316	亿元
			科研经费	0.137	亿元
			科技成果登记数	0.365	项
			专利授权量	0.182	亿元
	科技创新效能 B4	0.246	农村居民人均可支配收入	0.291	元
			城镇化率	0.164	%
			新型农业营业收入	0.196	万元
			二三产业增加值比重	0.103	%
			生活污水处理率	0.114	%
			生活垃圾无害化处理率	0.132	%

2. 综合考评模型确定

（1）三级指标 C_{ij} 无量纲化处理

由于各个三级指标数据的不同量纲对计算结果影响很大，因此，必须对数据进行无量纲化处理，以消除各指标量纲对计算结果的影响。这里采用百分制评分法，对数据进行无量纲化处理。公式为：

$$E（x）=[（X_{实测}-X_{min}）]/ X_{max}-X_{min}$$

其中，X 实测为指标的实际观测值；X_{max} 和 X_{min} 分别为同一指标观测值横向比较的最大值和最小值；E（x）为指标观察值 X 实测经无量纲化处理之后得到的实际值。对于定性指标，通过专家打分和实际调查问卷评估等考核办法确定值以后，再进行无量纲化处理。

（2）二级指标指数 B_k 的计算

每一个二级指标构成一个评价指数。其计算公式为：

$$B_k = \sum_{j=1}^{k} w_{ij}E(c_{ij}) \qquad k=1,2,\cdots,14$$

其中，k 为二级指标，B_k 下的指标数目；W_{ij} 为三级指标 C_{ij} 在二级指标 B_i 中的权重系数；E（c_{ij}）为三级指数 c_{ij} 经无量纲化处理后得到的实际值。

（3）一级指标总指数 A 的计算

由全部的一级指标指数即可计算出科技支撑农村创新能力建设的综合指数 I，计算公式为：

$$A=w_1B_1+ w_1B_1+ w_1B_1+ w_1B_1$$

其中，w_i 为二级指标 B_i 在一级指标 A 中的权重系数。

3．评价结果及分析

应用上述评价方法，得到的评价结果如表 12-4、图 12-2 所示。

表 12-4　科技支撑天津农村创新能力评价结果

区县	创新意识	创新环境	创新投入	创新效能	总得分
蓟州区	0.0198	0.0612	0.0093	0.0542	0.1445
静海区	0.0530	0.0970	0.0038	0.0375	0.1914
宁河区	0.0399	0.0730	0.0163	0.0429	0.1721
宝坻区	0.0741	0.0726	0.0089	0.0300	0.1856
武清区	0.1177	0.0736	0.0329	0.0720	0.2962
北辰区	0.0947	0.0752	0.0491	0.1430	0.3620
津南区	0.1114	0.0340	0.0746	0.1264	0.3464
西青区	0.1308	0.1172	0.1424	0.1635	0.5538
东丽区	0.1233	0.1191	0.0934	0.1652	0.5009
滨海新区	0.1418	0.2128	0.2703	0.1668	0.7917

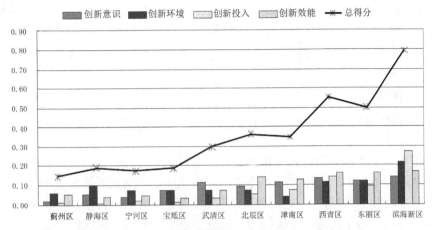

创新意识 ■ 创新环境 □ 创新投入 □ 创新效能 ✳ 总得分

图 12-2　科技支撑天津农村创新能力评价

可以看出，在 10 个区县中，科技支撑滨海新区农村创新能力建设的成效较为显著，农村创新能力建设水平远高于其他 9 个区县，西青区排名第二，然后是东丽区、北辰区、津南区，排名最后五位的分别为武清区、静海区、宝坻区、宁河区、蓟州区。可见，西青区、东丽区、北辰区、津南区科技支撑其农村创新能力建设总体水平相对差些，有必要加大科技支撑力度进行农村创新能力建设，而武清区、静海区、宝坻区、宁河区、蓟州区科技支撑农村创新能力建设的总体水平较为落后，有必要进一步加强。

二、天津农村创新能力建设科技支撑水平分类

运用聚类分析法（详见第六章第一节），将上述数据按照所述方法计算整理后，输入系统聚类软件系统，分析结果如表 12-5 所示。

表 12-5　天津科技支撑农村建设水平聚类结果

Case	3 Clusters	4 Clusters	5 Clusters	6 Clusters
1. 蓟州区	1	1	1	1
2. 静海区	1	1	2	2
3. 宁河区	1	1	2	2
4. 宝坻区	1	1	2	2
5. 武清区	1	2	3	3
6. 北辰区	2	3	4	4

Case	3 Clusters	4 Clusters	5 Clusters	6 Clusters
7. 津南区	2	3	4	4
8. 西青区	2	3	4	5
9. 东丽区	2	3	4	4
10. 滨海新区	3	4	5	6

综合以上系统聚类定量分析结果，可将科技支撑 10 个区县农村创新能力建设水平分成三类区、四类区、五类区、六类区。考虑到区域发展不平衡、农村建设起跑线的不同，科技支撑农村创新能力建设必须坚持从实际出发，遵循"因地制宜、合乎民意、分类指导、差别发展"的原则。就天津市而言，由于自然区位、经济基础、制度环境、人文历史、发展机遇、城乡一体化进程等多种因素的差别，根据天津市新农村建设布局规划，到 2020 年，天津市村庄将规划调整为 1870 个，其中，西青区、东丽区、北辰区、津南区和滨海新区将不再保留村庄。因此，这里根据农村创新能力建设科技支撑水平将天津 10 个区县总体上分为三类区：一是作为全市农村建设示范区的滨海新区，经济较为发达，是天津甚至我国综合改革的先行先试区；二是经济相对发达的东丽区、西青区、津南区和北辰区等环城四区，是全市农村建设的重点区；三是经济发展相对薄弱的武清区、宝坻区、宁河区、静海区、蓟州区等远郊五区县，是全市农村建设的难点。

第四节　天津农村创新能力建设科技支撑路径

一、滨海新区农村创新能力科技支撑路径选择

滨海新区作为天津市下辖的副省级区、国家级新区和国家综合配套改革试验区，国务院批准的第一个国家综合改革创新区和长江以北地区第一个自由贸易试验区，担当着转型升级新引擎、开放经济新动力、区域协同新平台、制度创新新高地，在新一轮改革开放中争当领军者、排头兵的重任。新区濒临渤海，先进的科技、发达的制造业、最具潜力的消费市场和最完善的城市配套设施，为新区农村建设和发展打下了坚实的基础，也为科技支撑新区农村创新能力建

设提供了强大支撑。

（一）引导民企参与农村创新能力建设

企业在最大程度上能够系统地完成与创新有关的各项活动的能力，民营企业与农业、农村、农民有着紧密的联系，机制灵活，具有丰富的拓宽市场的经验，又能够吸收大批精英群体和技术人才，是科技支撑农村创新能力建设的重要力量。滨海新区民营经济具有得天独厚的优势环境，同时新区在发展建设方面具有创业创新的先行先试优势，政府要充分发挥民营企业尤其是涉农企业参与科技支撑农村创新能力建设工作的探索，通过"民企帮村"进一步释放农村发展活力。

1．发挥先行先试的政策优势

政府要为"民企联村"搭建有效的合作平台，各级政府在民营企业参与农村建设面临的融资、用地、税收等难题方面，加快先行先试的政策引导，进行系统全面的组织，逐步推进。制定科学合理的税收政策、土地政策、信贷政策、扶持政策、评价体系、法律法规等，鼓励民营企业多形式、多渠道、多领域地投身于农村创新能力建设实践，使得民营企业在开拓农村资源市场，做大做强自身的同时，通过科技创新，促进当地农村产业结构调整，改变农村面貌，增加农民收入，提高农民素质。

2．加大行业商会的组建发展力度

根据新区农村地区的行业特点，加大相关行业商会的组建工作，积极探索村级商会的组建，构筑覆盖广泛、具有代表性的商会组织网络，整合资源，开发和改善农村各行业发展现状，助推村级经济发展。强化商会自身建设，定期组织企业通过会议、培训、检查、调研等多种形式组织民营企业农村实地考察，了解农村建设的实际科技需求，推动企业与当地农村进行技术合作、信息交流，进行生产、生活方式的改造和创新，为新区农村经济社会发展注入新的活力。

3．民企参与农村创新能力建设模式

一是产业带动，通过"公司+基地+农户""公司+协会+农户""公司+农村合作社+农户"等方式，由企业为农民提供各种技术、种子、信息，把农户的分散经营与工厂化生产有机地结合起来，促进农业产业化，带动当地的农村发展和农民致富。二是联股联营，通过民企牵头，农户以现金入股、土地承包经营权入股或是以农作物入股等形式，结成"联股、连心、联利"的利益共同体。三是直接参与，由民营企业家担任村干部，帮助村里发展经济，改善村民福利，改造生活环境，安排农民就业，真心实意地为农村、农民办实事。

（二）以农业科技示范园区为载体推动农村经济发展

农业科技园区是集约化生产的新型农业组织形式，是以农业设施工程为主体，投入高科技和高资金，集成运用当代农业科技成果和农业生产设施，对农业新品种、新技术、新设施进行试验、示范和生产，具有多方面功能和综合效益，是新区新农村建设新的生长点。农业科技园区具有生产加工功能、孵化实验功能、极具扩散功能、教育示范功能、休闲观光功能、农业信息服务功能等，发展农业科技园区可引导和带动本地区及周边农业农村经济快速发展，可从根本上为实现新区农业现代化提供科技支撑。

1. 推动农业科技园区创新发展

农业科技园区的生命力就在"创新"上，要打造技术优先、机制优先、效益优先的新观念。进行科技创新，不断提高科技生产意识，将现代高新技术与传统农业技术进行组装、集成，形成能适应农业新技术和市场经济发展要求的新型农业技术体系，建立与新区农业产业配套的科技创新体系。本着先行先试的技术，进行机制创新，注重市场拉动和需求导向作用，积极推进科技产业化，打破传统的农业经营模式，建立与现代农业发展相适应的运行机制和新型农业发展模式。

2. 做大做强特色农业科技园区

农业科技园区建设要紧紧围绕着当地优势产业，根据市场需求及其发展趋势，突出重点、因地制宜，选择市场潜力大，发展前景好，具有区域特色，能发挥区域资源优势，对提高当地农民收入意义重大的主导产业，提高农业市场竞争力。确定产业发展优先顺序，抓住重点，实行梯度推进，充分发挥龙头企业的科技优势，大力培育名牌产品，围绕着主导产品，集成组装农业产前、产中、产后技术，形成强大的农产品市场营销贸易体系，延长农业产业链，并通过二、三产业的较快发展来反哺第一产业，形成三个产业相互衔接，配套发展。

3. 重视农业科技园区推广体系建设

农业科技园区发展要选择当地农村需要的技术作为重点，农业技术推广工作能更好地结合实际，因地制宜，掌握当地农业生产和经济特点，准确把握当地农业对科技的实际需求。转变农业技术推广观念，以农民为中心进行农业技术推广工作，积极探索引导农民自愿变革的新方法，促进农业科技园区周边农民使用优良品种、采用先进工艺、推广普及各类高新技术和适用技术，辐射带动周边地区农业技术高效发展。

（三）依靠科技做强做大现代渔业

特殊的区位优势使得新区农村具有开发利用海洋资源的先天优势，随着社会经济的发展，现代渔业发展越来越依赖于科技进步。加强渔业创新能力建设，首先，需要不断强化科技支撑，保护渔业资源，开展渔业生态环境整治修复，进一步保障渔业生态环境安全；其次，在保护中有序开发，做好水域养殖规划；最后，积极打造特色渔业产业园区、休闲观光集聚区等，形成养殖、加工、休闲等完整的产业链，提升渔业组织化程度，促进渔业规模化、标准化、产业化发展。

1．开发与保护并重

在加强渔业资源开发的同时，注重加强渔业资源保护，维护渔业生态环境，促进当地渔业持续健康发展。强化电视、报纸等媒体的宣传教育，积极引导，激发渔民参与渔业资源保护的积极性。同时健全渔业生态环境监测网络体系，开发新型监测技术，进一步加强渔业资源养护检测能力，进一步提高新区渔业科技水平和创新能力，增强对水域生态环境的改善修复功能，优化渔业生产结构和布局，有效维护渔业秩序和管理渔业资源。

2．大力发展水产特种养殖

强化科技兴海理念，利用和发挥沿海土地、能源、水资源丰富等条件优势，改造提升传统海水养殖业，扩大名优水产品种养殖比重。进一步加大招商引资力度，高标准规划，高起点建设，科学化管理，以提高资源利用率和产品附加值为目标，进一步抓好海水养殖高端产品开发、终端市场拓展，做好海产加工增值，做大一批以水产品精深加工出口、水产运销合作组织为主导产业的龙头企业，发展产业集群，多出新品、精品，通过水产品精深加工和品牌渔业等营销能力的不断提升壮大农村集体经济。

3．深度挖掘海洋文化

以村庄改造提升为牵引，不断完善乡村基础设施建设，从新区农村实际和旅游市场需求出发，依托滨海新区特有的自然风光和周边旅游资源，充分挖掘渔业文化内涵，培育新的渔业经济增长点。融入海渔文化、旅游元素，将滨海休闲度假、海渔文化体验、海鲜餐饮美食等旅游元素有机融合，对渔业村实施"深度"开发，设计海洋旅游带、海岸旅游带、滨海腹地旅游带等精品线路，展现渔民生产生活、民俗风情，把渔村打造成为集休闲、美食、体验、观光、文化为一体的综合性滨海旅游度假胜地，促进农民生产和生活方式改变。

（四）以自贸区为契机加快科技助推农村新发展

2015年3月24日，中共中央政治局召开的会议审议通过了天津自由贸易试验区总体方案，作为京津冀协同发展的高水平对外开放平台、全国改革开放先行区和制度创新试验田之一，也为新区农业转型创新、扩大开放、加快发展提供了重要平台。新区农业发展必须依靠科技，面向世界，以开放促改革，以改革走国际化、市场化、规模化之路，在高新、高端、高附加值农业和品牌农业、精品农业、高效农业发展上发挥示范辐射带动作用，在城乡一体化发展中，为农村发展提供产业支撑，实现农民增收和生活质量的提升。

1．积极发展涉农贸易

坚持"引进来"和"走出去"相结合，以传统现货交易、期货交易、传统市场交易、电子商务交易等多种形式，积极发展农业种养业产品、农业生产资料、生活资料等科技要素产品以及与农业关系较为紧密的食品工业产品、设备等涉农货物贸易。积极发展涉农培训、农业信息、农村经纪人等涉农中介服务及商业代理类的科技农业专利转让，发展涉农产业规划、咨询服务、投融资服务等，发展国内外乡村旅游对接服务等，为世界各国农业交易打造创新集聚平台和交易中心，形成国际农业展示的窗口，带动新区和京津冀农业国际化发展。

2．积极发展涉农保税加工制造业

充分利用天津制造业优势和自贸区的优惠政策，积极发展涉农装备制造业，在自贸区建立生产基地，利用国外材料、技术和国内廉价劳动力，引进国际先进技术和原材料，降低成本，提高产品质量，促进涉农成套装备工业制造外引内联，促进涉农装备设施研发和制造水平大幅提高。充分利用国际涉农货物贸易中的再包装、再加工环节，积极发展涉农贸易的包装和保税加工业。

3．积极探索涉农金融改革

加快农村金融制度创新，支持涉农企业走出去，利用国际资本发展农业保险产业，增加农业保险险种，建立完善的农业保险机制。积极探索农村承包土地抵押贷款、按照产业链组建新型农业合作金融组织、农村建设用抵押、农村经营性建设用地与国有土地同等入市等创新改革。积极探索涉农项目投资股本化、债券化融资，积极开展涉农重大项目国际融资租赁，拓展重要涉农建设和发展国家投融资渠道，解决农村建设中租金不足等问题。

二、环城建设区农村创新能力科技支撑路径选择

环城建设区包括西青区、东丽区、津南区、北辰区，紧邻天津中心城区，它是天津市域空间的重要组成部分，在地理位置上具有其他两区无可比拟的区位优势、技术优势、市场优势、吸引投资优势等，受中心城区的影响，环城区资源与发展空间具有鲜明的地域特征，农村人口分布和农业产业布局与城市有着较强的关联，农村社会经济发展程度相对较高。该区科技支撑农村创新能力发展要坚持服务城市的理念，结合中心城区整体规划及需求，合理分工，承接城区人口、产业转移，推进农业精品化、农业现代化，推动一三产业互动，进而寻得最合理的发展路径。

（一）围绕城市需求和科技创新调整产业结构

在工业化、城镇化、信息化高速发展的关键期，依靠科学技术，构建与城市相适应的产业结构，加大城市支持农村、工业反哺农业的力度，是环城区农村创新能力发展的现实需求。在不改变土地使用性质的前提下，"工业向集中发展区集中、农民向城镇和新型社区集中、土地向适度规模经营集中""村庄向社区转、农业向企业转、农民向市民转"和农民"生活进社区、生产进园区、商贸进市场"是该区农村发展的新趋势。实施综合性的现代农业产业园区建设，通过科技创新，发展高附加值的农业产业；加快农贸市场建设和改造力度，促进农产品流通；适度发展无污染、占地少、能耗低、技术含量和附加值高的生态工业，切实解决农民生产、生活、就业和增收问题是调整产业结构的关键所在。

1. 积极发展现代农业产业园区

发挥环城区内联外引（内部连接着经济发达的中心城区，外部联系着远郊传统的农业产区）作用，以科技开发、示范、辐射和推广为主要内容，以促进区域农业结构调整和产业升级为目标，积极发展现代农业产业园区。以产品、技术和服务为纽带，突出体现农业科技的作用，利用自身优势，有选择地介入农业生产、加工、流通和销售环节，把围绕农业科技在不同生产主体间能发挥作用的各种形式，以及围绕主导产业、优势区域促进农民增收的各种类型都纳入现代农业产业园区建设范围，形成新品种新技术引进，标准化生产，农产品加工、营销、物流等各种形式的示范园网络，农业产业结构不断升级、农业发展方式有效转变，将持续带动农村生产力的不断提升，大大提高土地产出率、资源利用率和农业劳动生产率，有效促进农产品增值，促进农民增收。

2. 搞活农产品加工流通市场

以深化流通管理体制和市场运行机制改革为动力，以增强双向流通功能和扩大城乡消费为目标，创新流通方式，强化科技支撑，进一步搞活农产品流通市场，发展农产品精深加工，提高农业效益。以优质高效的都市型农业为发展方向，推进农民专业合作经济组织建设，培育和发展农业龙头企业，用现代高新技术改造农业，推行农业标准化生产，建立和健全农产品质量检验检测体系，推进农产品产地、产品认证和市场准入工作。以京津冀协同发展为契机，加大农村市场体系建设宏观调控，注重协调大中型和小型市场比例，兼顾市场新建与改造的关系，推进管理、技术与制度创新，推行新型流通方式，培育多元市场主体，打造跨区域大交易、大集散、大物流和大服务的农产品配送基地，带动周边地区农村发展。

3．适度发展生态工业

适应新型工业化和新型城镇化发展需要，推动城市建设重心向郊区转移，依托政府引导，坚持生态优先，大力发展循环经济，发展与高新技术产业紧密相连的生态工业，推进清洁生产，着力开发集安全、环保、节能于一体的绿色工业，增强城市承载能力和辐射能力，吸纳农村劳动力充分就业，推进以集约高效、功能完善、环境友好、社会和谐、城乡一体为特点的新型城市化，与城市形成互补合作关系，融入城市发展。

（二）增强现代都市农业综合竞争力

随着中心城区的扩张以及城市外溢效应的增加，环城建设区现代都市农业具有典型的多功能性，其传统的生产功能在不断弱化，人们对农产品质量安全的要求越来越高，维护城市生态安全和满足市民休闲生活的功能需求也日益强烈，加快推进精品农业和休闲观光农业发展越来越成为该区农业发展的新亮点。

1．做精做优精品农业

调整优化农业科技创新领域，加快农业科技创新。按照"环境生态化、生产设施化、手段科技化、质量品牌化"的思路，围绕着城市居民对农产品多样化、优质化的多层次需求，与科研单位、院校合作，采用成熟的高新技术，运用现代化设施和科学管理手段，实行集约化经营与生态型生产有机结合，通过农业科技创新，培育知识源、技术源，开发具有自主知识产权的农业科技成果，"做精做优"现代都市农业。努力构建精品农业发展体系，打破农业生产的季节性和地域性，生产高品质、高科技含量、高附加值的丰富多样的农产品，运用高科技现代信息网络系统高产业化的市场运作，获得高收益，提升农产品市场竞争力，促进农业增效，农民增收。

2．打造一批城市农业公园

参与中心城市发展规划讨论和制定，依据城市发展规划和该区功能实际，融入低碳环保循环可持续的发展理念，盘活农村闲置土地，推动农业转型升级。针对城市居民，结合都市人的生产和生活理念，以村或者乡镇为单位，对特定主题进行创新性设计，将乡村风景美丽、农耕文化浓郁、民俗风情独特、历史遗产传承、产业结构发展、生态环境优化、村域经济主体、村民生活展现，打造集科技示范、观光休闲、科普教育、农产品购物等于一体的休闲场所，使农村成为农民的家园、市民的公园、游客的乐园，显著提升农业农村经济发展实力。

（三）特色科技培训新型农民

新型农民是农村创新能力建设的重要基础，他们在很大程度上决定着农业和农村现代化发展的步伐。随着环城建设区城市化和工业化程度的不断提高，越来越多的农民身份变为市民，但其角色意识、思想观念、行为方式与城市发展和要求不相适应，一定程度上阻碍着农村剩余劳动力的有效转移和城乡一体化发展进程。因此，通过广泛开展农业实用技术培训、职业技能培训、劳动力转移培训等，培育有文化、懂技术、会经营的新型劳动者，提高环城区农民素质是农村创新能力建设的重要途径之一。

1．提高农民科学文化素质

探索科学文化宣传教育活动的长效机制，调动社会各方资源、动员社会各方力量在群众性科普宣传活动基础上，不断丰富活动内容、创新活动形式，使农民更加便捷高效地学习科学、掌握科学、运用科学。加强电视、广播、报纸和网络等大众传媒对农民的科学文化宣传教育力度，积极创新和开办栏目，宣传惠民政策，普及科学知识，传播科技信息。针对农民进城需求，建立健全科普场馆和设施，开发、共建和共享各类公共科普资源，充实和丰富城镇科学文化产品，为农民科学素质和文明程度提高创造必要条件。

2．提高农民职业技能

坚持以市场为导向，以就业为目标，以企业为依托，突出培训的实效性。一方面，注重培训与就业紧密结合。建立企业与培训机构的合作机制，强化企业与培训机构的信息沟通，指导培训机构开展以需定培、以培供需，自主招生、定岗就业的订单式培训。另一方面，突出技能实用性。把发展农民技能特长与农业生产和农村建设的需求相结合，广泛开展特色农业、农副产品深加工等实用技术培训，突出一技之长，提高就业竞争力，甚至创业能力。

3．提高农民民主法治素质

随着改革的不断深入和市场经济的快速发展，我国社会主义新农村建设出现了不少新问题，为此，国家把法制建设融入农村建设的各个领域，加强农村基层民主法制建设，深化依法治村，从机制上解决农村的问题成为农民发展生产、改善生活、和谐相处的重要因素。要组织开展民主法治示范村创建试点活动，对涉及农业、农村和农民问题的相关法律法规，利用农贸会、农村各种集市，或农民群众喜闻乐见的形式，进行现场法律咨询，发放各种法治宣传资料和普法读物。围绕农村工作中的重点、难点问题，特别是在村委换届选举等重大事项决策中凸显的法律问题，深入开展调查研究，规范民主决策程序，提高广大农村干部群众的法制观念，增强农民依法参与农村基层民主管理、依法表达利益诉求、依法维护自身合法权益的能力。

（四）提升协同创新能力

"十八大"提出要实施创新驱动发展战略，以全球视野来谋划和推动创新，提高原始创新、集成创新和引进消化吸收再创新能力，更加注重协同创新。在资源约束条件下，以科技为动力源泉，整合要素资源，探索农科教、产学研紧密衔接的新机制，激发农村创新活力，是提升农村创新能力，实现环城建设区农村经济社会健康、持续发展的迫切要求。

1. 优化农村创新投入结构

随着传统农业向以技术密集、资金密集、人才密集、信息密集为主要特征的现代农业转变，科技要素资源的投入显得愈发重要，生产要素投入结构急需调整优化。要把科技作为农村创新投入的着力点，发挥科技的引领和导向作用，整合资金、人才、土地、信息等各要素资源，打造以科技为核心的要素配置的承接平台，构建畅通要素配置的路径，吸引土地供给、资金投入、人才聚集、信息服务、金融助力等，把技术优势、知识优势、智力优势等转化为市场优势，促进更多的要素资源流向农村，优化农村创新投入结构，支撑农村创新能力的提升。

2. 构建农村科技创新联盟

强化科技在提升天津农村创新能力的推动作用，在尊重农民群众的主体地位和实际生产需求的基础上，注重政府、科研院所、涉农企业、中介机构之间的协同，加强创新的系统化管理，加速"科技、人才、资本"高度融合，增强农村创新发展优势。重点围绕蔬菜、花卉、淡水渔业等优势产业领域，引导农村创新主体积极参与跨行业、跨领域、跨地域的科技创新协作，聚集优质要素资源，联合进行关键技术攻关，培育高科技支撑下的优势产业集群，推动农村创新发展。

三、远郊建设区农村创新能力科技支撑路径选择

远郊建设区包括武清区、静海区、宁河区、宝坻区、蓟州区，该区位于环城区外围，距离中心城区较远，是传统的农业生产区和主要农产品基地。农村经济处于加快发展阶段，生产和生活方式亟待改善。该区域农村创新能力建设的重点是结合村庄自身优势，创新农村发展模式，通过加快推进新型城镇化进程、强化产业支撑、做强乡村旅游等，逐步缩小与城市地区在资源配置、产业发展、收入水平等方面的差距，走出一条大城市远郊社会主义新农村建设的独特道路。

（一）加快推进新型城镇化进程

当前正是我国新型城镇化高速发展期，也是天津远郊区县加快城镇化进程的关键期，要避免出现以土地城镇化和户籍城镇化为表象的"数字城镇化"，遵循客观实际和发展规律推进城镇化进程。城镇化的基点在中心镇，因此，加快推进城镇化进程要全面深化农村改革，首先以镇带村，推动城镇现代化、城镇集群化、城镇生态化，全面提升城镇质量和水平。以"美丽乡村"建设引领"就地城镇化"，尽可能做到"离土不离乡"，坚持"宜城则城，宜乡则乡"，实现农村人口有序转移，以城镇化带动扶贫开发，实施科学扶贫精准扶贫，重点加大对困难村的帮扶力度。

1．以镇带村加快城镇化建设

按照"试点先行、重点建设、典型示范、全面推进"的思路，以推进镇村联动建设为抓手，把中心镇及其周边一定范围内的村庄纳入镇村联动范围，因地制宜进行综合规划，基础设施、产业、公共服务等建设规划向农村建设点延伸，促使农村人口逐步向中心镇集中，工业生产向园区集中，农业生产向产业化、合作化集中，进而通过以工促农、以镇带村、镇村统筹发展，实现农民就业城镇化、基础设施城市化、生活服务社区化、镇村经济社会融合发展，拉动城乡经济共同繁荣。

2．以"美丽村庄"建设引领"就地城镇化"

以生态建设和环境综合整治为抓手，将"美丽村庄"建设作为特色新型城镇化的有益补充，按照"突出重点、彰显特色、典型示范、逐步推进"的思路，探索推进就地城镇化。因地制宜，注重挖掘产业支撑、经济和文化特质，重点打造若干条"美丽村庄"带，培育新型农村社区、产业特色村、民俗特色村、生态特色村、历史特色村，以此为纽带，串连区县域内的村、中心镇、开发区，形成传统与现代、城市与乡村互为依托、相互支撑的空间格局。

3．加大困难村帮扶力度

同步推进新型城镇化和精准扶贫工作，创新扶贫机制，深化精准扶贫、精准脱贫，把对困难村的帮扶常态化、长效化。以加大项目和资金的投入为导向，针对突出问题，结合实际，积极创新扶贫攻坚的思路和举措，因地制宜，因户施策，进一步精准扶贫对象、扶贫方式和扶贫资源，详细制定困难村扶贫开发实绩考核办法，完善驻村干部帮扶制度，健全对口帮扶机制。在土地使用指标、产业园区规划、基础设施建设规划等方面适当放宽政策，尽快完善道路、市场、供水、供气、垃圾处理及文体场所等基础设施规划和建设，增强困难群众自我发展的能力。

（二）激发村级集体经济发展活力

村庄是我国农民最基本的生产、生活和娱乐单元，发展和壮大村级集体经济，不仅是巩固和完善农村双层经营体制的基本要求，也是缩小城乡差距、促进农民增收农村建设的重要途径。远郊建设区农村集体经济发展要不断创新体制机制和发展方式，深化农村土地制度改革，引导土地承包经营权规范有序流转，积极发展多种形式适度规模经营。积极稳妥推进农村集体产权制度改革，盘活农村集体产权，提高农民进城闲置土地的使用效益，赋予农民更多财产权利。利用农村生态优势、资源优势发展丰富多样的生态旅游，不断壮大村域经济实力。

1．大力发展现代都市型农业

以高产、优质、高效、生态、安全为目标，发展现代都市型农业，建立经济、社会、文化、生态、辐射多种功能全面协调发展的功能体系，运用工业化手段和规模经营方式，让农业成为吸引人的事业、有奔头的产业；加快推进村庄土地承包经营权确权登记颁证试点工作，扩大农民承包土地规范化、规模化流转，建立健全承包土地流转服务平台；建立由政府主导、市场化运作服务的流转市场和服务体系，提高农业规模经营比重。积极鼓励村级集体经济组织用机械化、标准化、信息化来改造传统农业，突破行业、地域和所有制界限，用市场化手段实现异地发展、联合发展、抱团发展、集约发展，提升产业化发展水平。积极引导村级集体经济组织发展初加工、精加工、销售、流通、休闲观光业态，从农业产品、高科技、农业生态环境和自然环境多方面增加农业附加值，提高农民收入。

2．突出发展现代工业

加大对村级集体经济发展的财税、金融、资源配置等方面的政策支持力度，落实税收优惠，探索土地使用制度和征地制度改革，着力构建土地增值收益合理分配机制，调整土地出让收益分配关系，提高农民征地补偿标准和在土地增值收益中的分配比例，拓展农民的财产性收入。积极引导和鼓励城市居民、公司、企业到农村创业发展，盘活闲置集体资产，为农民向二三产业转移创造更多的就业岗位，提高农民工资性收入。以工业园区为载体，以产业集群为途径，努力发展壮大品牌产业，培育扶持新兴产业，改造提升传统产业，尽快走出一条科技含量高、经济效益好、资源消耗低、环境污染少、人力资源充分发挥的新型工业化道路，壮大村庄集体经济，为远郊农村发展提供持续的活力。

3．大力发展乡村旅游

在坚持生态保护优先的前提下，以京津都市圈居民到户外放松心情、亲近自然、寻找返璞归真的体验等不断壮大的市场需求，立足原生态，大力发展现代农业和乡村休闲旅游业，深度挖掘远郊村庄资源环境、自然风光、乡土人情，打造具有不同特色的现代农业和乡村休闲旅游业。鼓励农民自主创业或以土地使用权、房屋使用权等固定资产入股合作，开发乡村公园、农家乐、乡村旅馆、休闲养生馆、放心菜园、果园采摘、劳动体验、特色农产品销售等旅游服务业，通过特色农业园、生态景区、民俗村、农业新村、古村落等旅游产品品牌，培育发展集中连片的乡村旅游集聚片区，稳步推动村级集体经济的发展。

（三）加强公共设施建设

公共服务基础设施建设是农业和农村发展的重要支撑，而远郊农村基础设施及公共服务设施较为薄弱和脆弱，这也是影响和制约城乡一体化进程的基础性问题。推进农村综合改革，用科技和创新加强农村地区公共设施建设，优先解决农民迫切的基础设施建设问题，进一步强化农村教育、科技、文化、卫生、体育公共服务体系建设，是远郊农村建设区发展现代农业科技创新、科普汇集民生的有效抓手和重要举措。

1. 农业生产基础设施

继续加大农业基础设施建设，大力推进科技强农，改善农业生产条件，加强以农田水利、农产品流通重点设施、农业教育、科研、技术推广和气象基础设施等。整体推进农田水利工程建设和管理，搞好节水灌溉示范，引导农民积极采用节水设备和技术，加强耕地保护和土壤改良，加大高标准农田建设，提高农业机械化水平，加快先进适用农业机械推广应用，扶持发展农机大户和专业合作社，促进农机服务市场化、专业化和产业化。加强农业科技创新和推广能力建设，围绕现代农业发展要求，明确农业科技创新方向和重点，加大资金投入，整合科研力量，力争在关键领域和核心技术上实现重大突破。

2. 农民生活基础设施

做好村庄建设规划，将村庄建设与基础设施建设有机结合，合理配置与农民生活紧密相关的基础设施，避免重复建设和资源浪费。充分尊重农民意愿和需求，分阶段分层次地稳步有序进行，优先解决农民最为迫切的基础设施问题。进一步完善农村公路网内部的有机联系，加强开通连接各镇社区、中心村的农村二级线路建设，并探索和建立农村道路建设和养护多元投入机制，破解日常养护和定期维修资金难等问题。取消限时、限量供水，加快实现饮水安全全天候供应全覆盖。大力发展数据通信网、智能业务网，建成网络运行可靠、业务品种齐全、用户服务优良的现代化电信通信网，实现光纤到村。进一步拓展邮政业务，合理布局邮政局所，提高邮政服务综合能力。加强政府系统信息网络基础设施建设和信息技术的应用，带动和推进信息化进程，实现社会资源共享，发展信息产业。加强远郊区镇、村基层教育机构、医疗卫生、科技服务、公共文化和体育等社会性基础设施建设，促进城乡公共资源均等化。

3．环境保护基础设施

全面开展农村环境综合整治工作，健全和完善农村环境设施建设，推进农村基础设施建设实行市场化运作、产业化经营，切实加强远郊建设区农村生态环境保护和人居环境建设。把企业作为全面搞好农村基础设施建设的重要载体，通过政策引导、财政扶持、税收减免等优惠政策，鼓励、引导和支持大型民企投资农村，特别是在污水处理净化，垃圾处理利用，太阳能、沼气、秸秆气化、生物质能新能源开发利用等方面充分发挥民企的重要作用，支持和引导一批有实力的企业当好农村基础设施建设行业的排头兵。

（四）优化创新的软环境

良好的创新软环境，可以引导、刺激农村创新主体的行为和效果，提升创新投入的效率，也可以为创新产出提供良好的条件，提高产出的效果。

1．完善农村科技服务体系

按照面向产业化、模式多元化、服务专业化、组织网络化的发展方向，构建多元化的农村科技服务体系，探索符合远郊区实际的农村科技服务机制，引导农村现代科技服务业的发展。鼓励经济实体进入农村技术服务行业，支持科研院所、涉农企业、农民专业合作社、中介组织参与农村技术推广服务。加强天津农村科技成果转化服务中心、工程技术研发中心、龙头企业创新中心、农村专业技术协会、农村科技信息化基地等培育和建设，逐步形成全覆盖的农村科技服务网络。拓宽农村科技服务领域和服务内容，重点围绕农业经营主体的技术需求，由传统的单一提供产中技术服务拓展到产前、产后服务，由单项技术推广拓展到集成化产业综合技术体系推广服务。大力推进综合信息服务平台建设，丰富农业农村信息服务模式。重点加强面向基层的涉农信息化站点和信息示范村建设，开展面向农民、农村各类组织的信息技能和信息员培训，依靠信息服务创新农业科技服务方式。

2．加强创新文化建设

落实农业知识产权保护政策，维护科技创新者的合法权益，切实加强农业知识产权保护的法律宣传、普及和培训工作，提高知识产权保护意识，引导农业企业、农业科研单位和高等院校建立与完善知识产权的保护和管理条例。完善成果收益分配与税收优惠政策，保护科研机构和科技人员的切身利益。引导促进城市科技、教育、人才、信息等科教资源优势向远郊农村转移扩散和辐射带动。加强创新文化建设，弘扬甘于寂寞、勇攀高峰的科学精神和艰苦奋斗、献身农业的奉献精神。调动社会力量和农民自立、自强与创新精神，激发农民创造美好家园的热情。加强宣传引导，表彰奖励农业科技优秀人才，营造全社会关心支持农业科技发展的良好氛围。

四、天津农村创新能力建设科技支撑对策建议

（一）建立健全多元化农村科技投入体系

1. 不断加大公共财政科技创新投入力度

突破资金瓶颈、切实解决农村建设的资金难题。强化公共财政对农村科技创新的投入力度，建立长效投入机制，重点对农村基础性、公益性的科技创新，通过建立专项资金给予持续的支持，提高资金使用效率。建立政府科技投入稳步增长的约束机制，通过贯彻和落实《科技进步法》，制定明确的农村科技投入战略，建立政府科技投入稳步增长的约束机制，建议设立《天津市科技创新投入激励与管理条例》加以保证。

2. 引导企业加大科技创新投入力度

发挥财政资金的导向功能，着重引导企业建立农村科技研发中心，加大农业技术、农村环境科技研发投入，注重企业创新能力的培育，使企业逐步成为农业、农村科技创新投入的重要力量。充分利用滨海新区开发开放和京津冀协同发展的历史机遇，发挥天津作为北方经济中心的创新资源优势、区位优势和人文环境优势，秉承大城市郊区产业密集、创新实力强、创新成本较低的特征，吸引国外资本、工商资本、民间资本投向农村科技创新。

3. 优化科技投资结构，提高投资效益

按照市场经济规律优化科技经费投入结构，提高科技投入资源使用效率，遵循"有所为，有所不为"原则，集中投向基础性、公益性的科技创新领域。明确划分企业资金和财政资金投资方向，并让企业参与农村科技创新，逐步成为竞争性技术研发的主体，政府财政投入应逐步推出那些应用性和竞争性较强的技术创新领域。强化科技投资监管机制，加强对农村科技投资项目的全过程论证，重点加强重大项目绩效评价、稽查制度、审计制度，建立动态跟踪考核评价机制。

（二）优化农村创新的软硬件环境

1. 加强农村基础设施建设

基础设施是创新的各种要素流动的载体，改善农村基础设施条件，是提升创新能力的重要渠道。完善农村创新的基础设施包括完善信息和知识的载体，

如有线和移动电话、互联网、计算机的发展水平；完善包括物流的载体，如公路、铁路等多种运输方式形成的客流量和货流量，包括建立良好的交通运输系统、电力系统和信息通信网络等。

2. 完善农村金融市场环境

良好的资本市场和金融环境，是实现科学技术蓬勃发展，大幅度提高科技创新能力的基础和保障。要重视农村科技与金融的紧密结合，在体制、机制上大胆创新，实现农村科技、金融共同繁荣，尤其是要满足企业在农村的创新资金需求；建立起风险投资机制，发展风险投资基金和风险投资公司，建立中介服务机构与风险投资活动相配套，并不断规范风险投资的市场行为。

3. 完善农村创新制度环境

不断强化政府对农村创新能力建设的服务职能，完善和制定促进创新活动和技术进步的政策法规，加大企业、高校和科研机构针对农村建设创新活动的扶持力度等，营造有利于创新的外部环境，规范创新企业和科研院所行为符合市场经济和法律要求。积极落实各项现有优惠政策，探索制定创新科技优惠政策，如创新奖励政策、投入支持政策、成果转化奖励政策、科技人才引进政策、科技培训政策等，用制度激发理论、技术、文化等各类创新主体的发展动力和创新能力。建立和完善创新评价政策和评价体系，突出产业化创新和市场实现价值的权重。

（三）建立健全农村科技中介服务体系

1. 加强农村科技中介服务机构建设

科技中介服务体系建设是农村创新体系建设的重要环节，科技服务机构在其创新体系中承担着一种桥梁的作用，表现在扶持科技型企业成长、促进新技术转化为现实生产力。要加快建设和完善农村科技中介服务体系，建立健全生产力促进中心、科技信息服务公司，加强产业化投融资中介机构的培育和建设，鼓励发展从事科技评估、科技咨询、人才培训和专利等各种类型、各种所有制形式的科技中介服务机构；鼓励创办技术经纪公司或技术经纪人事务所等新兴科技服务机构；促进农村科技中介组织的发展，推动生产力促进中心向农村转移。

2. 提升科技中介服务能力建设

加大对骨干农村科技中介机构的投入，加快建设科技信息服务平台，重点支持科技中介机构发展网络基础设施、公共服务平台及专业开发平台等。加快发展专业性生产力促进中心，鼓励农村地区发展大学科技孵化园、大学生创业园、留学生创业园、软件园等科技孵化器。针对科技中介服务人才短缺的问题，鼓励涉农相关专业、科研院所及各类企业有实践经验的科技人员从事中介服务工作；对从事中介服务的人员，有计划、有针对性地开展职业再教育，提高业务水平。

（四）构建高效的农村科技创新体系

1. 构建充满活力的农村科技创新主体

以"学科调整、结构优化、机制转变、制度创新和提升能力"为重点，深化科研机构内部机制创新，加快建立"职责明确、评价科学、开放有序、管理规范"的现代科研院所制度；加快科技型企业的现代企业制度建设，健全法人治理结构，科学规范管理企业，注重育成机制的创新，激发企业内在活力，增强自主创新的动力和能力，使企业逐步成为竞争性技术开发的主要力量。

2. 完善新型农业技术推广体系

强化政府农业技术推广机构的职能，逐步构建一个以政府农业技术推广机构为主，农业科研、教育等单位和涉农企业、农民专业合作社和中介机构广泛参与的新型农业推广体系；强化技术推广机构的职能，对公益性技术推广事业给予经费保障，健全管理机制，完善服务功能，使其成为科技二次创新的平台。培育技术转让的中介机构，建立地区和行业的技术创新组织和成果转化推广网络。

3. 完善新型农民终身教育培训体系

一是整合学历教育和专项培训资源，改善培训条件，完善培训功能，建立向农民持续提供科技知识、职业技能、学历教育的新型农民教育培训体系；二是充分利用城市科教资源，积极推进城市与农村的合作办学，开展学历教育和农村劳动力转移就业职业技能培训，引导城市对农村教育培训的支持和服务；三是建立健全教育培训考核评价机制，加强对农民教育培训工作的管理和督促检查，建立目标责任制，制定切实可行的考核评估办法。

（五）抓紧完善农村科技创新平台

1. 搭建大型综合性涉农技术研发平台

综合性、规模大的研发平台是自主创新高地的重要载体，以全球视野开展科技合作，积极引导国内外高校、研究机构、高新技术企业在本市设立研发机构，利用国际资源增强自身创新能力，进一步加强现有科技创新平台能力建设，搭建大型综合性涉农技术研发平台。积极鼓励涉农高校和科研院所与高新技术企业共建研发中心，以京津冀协同发展为契机，大力加强与国家级科研机构的合作，吸引国内高水平的研究机构和大学来津建设一批具有国际水准的产业技术研发机构，进而拓展到农村地区，将技术研发、市场渠道、品牌运营等方面的优势在药肥一体化、农资平台流通等领域开展全面深度战略合作。

2. 构建涉农科技成果转化平台

建立健全农村科技成果转化平台，加大项目推广、成果对接、技术转移，并且与国家科技成果转化的公共服务平台和全国科技成果与技术交易信息平台对接。加快发展涉农高新技术产业，推进农村高新技术开发区建设，推广先进农业技术，充分发挥涉农高新技术企业的集聚效应、高新技术产业的扩散功能以及高新技术成果在农村的辐射功能。加强对农业技术推广的分类指导与支持，完善和加强农业技术推广网络，进一步深化和推广科技特派员制度。

3．构建涉农科技资源共享平台

优化与完善科技资源配置方式，促进涉农科技资源的开放共享。整合社会各界的研发力量，逐步实现研发中心与企业之间科技信息与研发资源共享的产业技术研发平台。为涉农企业转型升级提供研究、开发、产品、服务与市场等各类信息服务，提高服务机构技术咨询、知识产权、技术引进、创业创新、市场开拓、投融资等多种知识服务。同时，加快推进建设科学仪器设备协作平台，节约资源，实现技术与设备的共享。

（六）着重加强农村科技人才队伍建设

1．加快培养农村科技领军人才和创新团队

实施创新人才推进计划和农业科研杰出人才培养计划，以优势科技领域为载体，坚持自主培养开发与引进海外人才并举，突出培养创新型科技人才，重点培养领军人才和复合型人才。制定优惠政策，建立农业科技人才培养机制、激励机制、流动机制，稳定并壮大高层次科技人才队伍，对优秀人才要在研究经费、个人待遇、生活安排等方面提供优先支持条件。围绕农业重点学科，依托重大科研项目，结合重大科技计划和人才培养计划，创建若干重点科技创新团队，设立首席专家制度，加大对中青年学术骨干的培养支持，吸引优秀科技人才参加农业科技研发。建立农业高级专家库，为地方农业科技发展提供智力支持和政策咨询。

2．强化农技推广人才队伍建设

制定和完善有关政策，以培养骨干人才为抓手，强化知识结构、专业结构、年龄结构和分布状态趋于合理的高素质农技推广队伍建设。提高农技推广队伍的准入门槛，实行职业资格准入制，积极推进职业技能鉴定，实行全员竞争上岗、持证上岗；鼓励区县级以上专业技术人员到基层任职，充实乡镇一线技术力量，稳定基层技术人员队伍；发挥天津农学院、天津市农科院在农业、农村教育科研方面的优势，建成农业系统专业技术人员培训基地，健全基层农技推广人员教育培训专项工程，大力加强知识更新培训，建立基层公益性农技人员定期轮训制度，不断提高基层农技推广人员的业务技能和素质；重点培养服务到村的全科农技员，解决科技推广"最后一公里"问题；借鉴"村官计划"，开展"大学生返乡创业"行动，充实基层农技人员队伍，提高基层农技人员素质。

3. 打造职业农民队伍

瞄准都市型现代农业对技术的需求，强化专业化的职业农民培养，全面提高农民科技素质。依托新型职业农民培养工程，整合学历教育和专项培训资源，改善培训条件，完善培训功能，建立向农民持续提供科技知识、职业技能、学历教育的新型农民教育培训体系；加强农村实用科技人才培养，强化农民实用技术培训，着力培养农村发展带头人、农村技能服务型人才、农村生产经营型人才等；对完成学业并考核合格的学员，由市有关部门颁发新型职业农民认定证书，并围绕土地流转、社会福利、农业保险等方面出台新型职业农民培养的配套激励政策，使职业农民成为都市型现代农业发展的生力军。

（七）加强农村法治建设创新管理

1. 为农村科技创新提供法制支撑

针对阻碍农村地区科技发展缺乏相应立法的问题，进一步完善地方立法，出台相应的条例、规章和制度，解决农村法律短板问题。切实坚持依法行政，加快建设法治政府的步伐，加强行政执法人员培训，加强政务公开，提高服务质量，将各项促进科技进步的法律规定落到实处，形成推进科技创新的整体合力。地方法院在审判活动中，切实保护科技创新人员和知识产权所有者的利益。

2. 建立农村法制机构

克服多头管理造成职责不明等弊端，针对民政部门、农业部门、司法部门以及各乡、镇人民政府涉及村民自治管理的多个政府部门，制定明确、统一、具体、可操作性的规定，分门别类地解决土地管理问题、村干部作风及村务等村民自治引发的问题；建立一支专门针对村民自治的执法机构和高素质的执法队伍，对村民自治行为实施规范和有效的监督，对违法行为进行纠正和制裁。

3. 增强农村普法教育

全面开展专门针对农民的法律知识培训，形成与村民自治发展要求相适应的普法体系。通过不同渠道和多种途径，有目的、有意识地宣传农村法制观念，实现农村法制观念的大转变。针对当前农村法制需求和村民、农村干部的法律知识和水平，对农村法律知识培训进行科学规划，开展有大规模的有针对性的农村法律知识培训，发挥政府对法治推进的主导作用。

参考文献

[1] 黄士安. 国防生政治工作能力培养的探索与研究[J]. 南昌航空大学学报（社会科学版），2010（4）：17—21.

[2] 付智. 江西区域创新能力研究[D]. 南昌大学，2012.

[3] 纪珊珊. 京津冀区域创新能力评价研究[D]. 燕山大学，2007.

[4] 孙晓飞. 辽宁省区域创新能力研究[D]. 辽宁大学，2011.

[5] 周立军. 区域创新网络的结构与创新能力研究[D]. 南开大学，2009.

[6] 秦静，贾凤伶. 科技推动天津市农村创新能力建设评价及路径研究[J]. 湖北农业科学，2016（13）：3511—3515.

[7] 周翠娟. 河北省新农村建设中科技创新机制研究[D]. 河北师范大学，2011.

[8] 李学勇. 发挥科技进步对社会主义新农村建设的支撑作用[J]. 中国软科学，2006（7）：1—5.

[9] 戴智勇. 依靠科技进步促进社会主义新农村建设研究[D]. 南昌大学，2008.

[10] 王飞. 建设社会主义新农村需要大力培育新型农民[J]. 经济师，2011（4）：56.

[11] 姚闯. 合肥市新农村建设科技支撑体系研究[D]. 安徽农业大学，2008.

[12] 赵文军. 科教进步是建设社会主义新农村的根本动力[J]. 农业经济，2006（8）：67—68.

[13] 张树林. 社会主义新农村建设中科技支撑的理性思考[D]. 合肥工业大学，2008.

[14] 郭冬梅. 科技进步促进农村民生发展研究[D]. 安徽农业大学，2012.

[15] 刘延生. 新农村建设：名村的经验与启示——对我国五个"名村"的调研思考[J]. 理论导刊，2009（1）：76—19.

[16] 连维良. 学习史来贺　永葆共产党员先进性[N]. 光明日报，2003-10-31（BI4H）.

[17] 钟绮. 江苏江阴华西村——"天下第一村"[J]. 现代营销（创富信息版），2015（1）：46.

[18] 佚名. 常熟蒋巷村：科技支撑社会主义新农村建设的典范[J]. 中国农村科技，2014（10）：72—75.

[19] 吴晓春. 苏南生态新农村建筑节能示范——江苏省常熟市支塘镇蒋巷村人居环境建设[J]. 建设科技，2010（5）：58—59.

[20] 黄晓娟，李国杰，王燕，华升. 发达国家农村社会发展科技支撑的典型经验与启示[J]. 湖北农业科学，2011（10）：2146—2148.

[21] 中共中央国务院. 关于加大改革创新力度加快农业现代化建设的若干

意见[N]. 人民日报，2015-02-02（001）.

[22] 佚名. 惠及广大农民群众的民心工程——烟台市建设社会主义新农村的调查与思考[J]. 求是，2006（5）：51—54.

[23] 陈昭玖，周波，唐卫东，苏昌平. 韩国新村运动的实践及对我国新农村建设的启示[J]. 农业经济问题，2006（2）：72—77.

[24] 郭冉，黄威，董盼，李成标. 我国农业区域自主创新能力影响因素研究——以湖北省荆州市为例[J]. 科技管理研究，2012（24）：73—77.

[25] 王志成，牟德昆. 我国农村信息化发展现状及趋势[J]. 上海信息化，2011（3）：36—39.

[26] 张洁，滕云. 加快推进农村及农机信息化发展的思考[J]. 农业装备技术，2013（1）：4—5.

[27] 彭国甫，李树丞，盛明科. 用层次分析法确定政府绩效评估指标权重研究[J]. 中国软科学，2004（6）：136—139.

[28] 秦静，李瑾，牛高华，贾凤伶. 现代农业生态环境安全预警体系研究——以天津市为例[J]. 广东农业科学，2012（17）：166—169.

[29] 殷秀敏，何晓波，林樟爱. 杭州市现代设施农业科技示范园的创建与实践[J]. 浙江农业科学，2011（3）：461—464.

[30] 左东明. 探索农业科技园区发展模式推动新农村现代农业经济快速发展[N]. 北京社会报，2006-07-01（007）.

[31] 陈国权. 自贸区建设对农业的积极影响[J]. 上海农村经济，2013（11）：29—30.

[32] 陈丽娜，陈琼，宋建辉. 科技推动天津农村创新能力提升的路径与对策[J]. 江苏农业科学，2015（6）434—437.

[33] 陈云贤. 以发展为第一要务全面提升区域综合竞争力——来自顺德改革发展的实践报告[J]. 南方经济，2005（1）：6—10.

[34] 姜龙. 江苏省海门市大力推进农业产业化经营促进农民增收致富[J]. 改革与开放，2010（23）：11—12.

[35] 张慧琴. 山西省产业结构与经济增长关系的实证分析[D]. 山西财经大学，2010.

[36] 张晨，俞菊生. 以科技创新推进上海农业现代化建设[J]. 上海农村经济，2012（3）：30—32.

[37] 刘会想，李瑾，孙国兴. 增强天津农业科技自主创新能力的思考与建议[J]. 农业科技管理，2007（4）：14—16.

[38] 张庆滨. 我国欠发达地区区域创新能力培育对策研究[J]. 学术交流, 2012（7）：135—138

[39] 张少宁, 蒋平. 加强区域创新主体能力建设[N]. 广西日报, 2007-06-24（006）.

[40] 吴昊. 浙江省区域创新体系建设研究[D]. 浙江工业大学, 2011.

[41] 褚立波. 区域创新能力评价体系构建与实际测度[D]. 浙江大学, 2010

[42] 胡洋. 农业信息推广对我国农业出口贸易的影响[J]. 现代农业科技, 2011（16）：29—32.

[43] 佚名. 加强农村法治建设创新农村社会管理[N]. 中山日报, 2012-10-29（F2）.

[44] 刘晓. 新农村农民职业培训：现状、问题与建议——以天津市农村劳动力"351"培训工程为例[J]. 武汉职业技术学院学报, 2006（6）：1—4.

[45] 陈灿平, 高福. 天津科技创新法制保障之对策与建议[J]. 天津法学, 2010（2）：55—60.

[46] 李瑾. 新时期天津市科教兴农发展对策研究[J]. 农业科技管理, 2003（6）：23—25.

[47] 夏敬源. 中国农业技术推广改革发展 30 年回顾与展望[J]. 中国农技推广, 2009（1）：4—14.

[48] 蒋平. 广西区域创新体系建设研究[D]. 广西师范大学, 2006.

[49] 常爱华. 区域科技资源集聚能力研究[D]. 天津大学, 2012.

[50] 伍铁林. 我国农业现代化中要素制度的创新问题探析[J]. 现代经济探讨, 2005（6）：49—52.

[51] 韩士平. 加强农民职业技能培训三策略——句容市边城社区教育中心加强农民职业技能培训工作案例[J]. 新课程（上）, 2012（11）：41.

[52] 呼燕. 提高农民科学文化素质加快新型城镇化建设进程[N]. 陕西日报, 2014-02-17（003）.

[53] 吴仕丰, 仇一军. 凌源市现代农业基地凸显三大"示范效应"[N]. 朝阳日报, 2012-01-21（001）.

[54] 佚名. 主动对接海洋强省战略大力支持南平加快现代渔业建设[N]. 福建日报, 2013-06-14（002）.

[55] 何伟. 我国农业科技园研究综述与展望[J]. 农业经济, 2005（2）：32—34.

[56] 蒋和平, 邵法焕. 促进我国农业科技园区发展新的思路与对策[J]. 中国农村科技, 2005（5）：45—46.

后　记

　　生于农村，长于农村，工作在城市。我是一个农家孩子，自小扎根于农田和庄稼，对广袤的乡土大地、繁茂的农田作物以及质朴勤劳的乡亲深厚的感情及深刻的生命体验激励着我对美好生活的憧憬与向往，更好地从事于农业与农村工作。参加工作以来，怀着对农民的深厚感情和对农业的深沉热爱，时刻关注"三农"方面的前沿与重大问题，深入思考热点问题，在领导、同事与良师益友的大力支持下，经常深入天津东丽区、西青区、北辰区、津南区、宝坻区、宁河区、滨海新区、武清区、静海区和蓟州区等有农业的区县及北京、河北、山东及周边地区开展实地调研，成果得到天津市委市政府、市农委、市发改委以及各区县的应用和采纳，其中部分内容被《天津日报》转载，在"三农"发展方面积累了丰富的研究经验和咨询成果。

　　中国是人口大国，即使在快速城镇化的背景下，仍然有几亿人生活在农村，"三农"问题依然是关系到中国经济社会发展的重大问题。

　　2018 年是中国改革开放四十周年，回望 40 年中国农村的改革发展历程，农村的面貌、农业的生产方式和农民的生活均发生了根本性改变，农民由社会身份向职业身份演化，农业呈现出现代与传统交织的转型特征，农村的转型、复兴持续上演。天津市属于大城市、小农业格局，但农业农村发展依然是关系整个经济社会快速发展的重要因素。笔者 2011 年入职以来，紧贴我国"三农"问题的实际情况和天津农业农村建设的现实需求，从农业经济与农村经济领域寻找研究的生长点，在已有研究成果的基础上，选择天津农业农村发展这一主题进行思考和研究，对天津农业资源开发利用状况、农业转型发展、乡村建设等问题进行了较为深入的研究和探讨。

　　本书内容包括三篇十二章。资源环境篇根据农业资源区划特征，介绍了天津农业资源及开发利用现状，结合当前农业资源区划的实情，进一步地揭示了天津农业资源要素的地域分异规律，通过详实数据分析了天津农业资源开发和环境保护面临的主要问题，并从大气、土壤、水域、湿地、森林等方面提出了农业资源保护与环境修复的应对策略。农业可持续发展篇结合生态文明建设及绿色发展理念，阐述了农业可持续发展对于天津农业发展的重要意义以及可持续发展的理论基础，总结了国外农业可持续发展的主要案例，基于资源安全、生态安全、食品安全的要求，在介绍天津农业可持续发展现状的基础上，通过构建模型评价天津农业可持续发展水平，另外从天津农业可持续发展的行业布局优化方面探索天津种植业、畜牧业、渔业资源利用与产业发展面临的现状、问题，以及未来产业发展的方向与重点；从天津农业可持续发展的区域布局优化方面对天津农业布局进行优化调整，并对各区农业发展的区域位置、资源基础、环境特征、开发条件、产业特色、主导功能、发展方向及建设途径方面进行了深入研究；提出了天津农业可持续发展的重点任务、关键技术、重点工程和保障措施。乡村发展篇基于乡村振兴战略提出的新时代背景，介绍了天津农村发展面临的形势、所辖范围、取得成效等，并对自改革开放以来天津农村社会经济发展阶段特征进行了划分和概括，结合新时代乡村发展的迫切需求，系统、全面地探讨了天津农村发展面临的主要问题，结合天津乡村振兴战略的实施，提出了促进天津农村经济社会发展的对策建议，并从科技创新的视角，总结了国内外农村创新能力建设的经验，对天津农村创新能力建设科技支撑水平进行了实证分析及区域划分，最后，提出了促进天津农村创新能力建设的举措。

在本书的构思和写作过程中，首先要感谢我的博士后合作导师周立群教授，是他在百忙之中审读了初稿，提出了宝贵的修改意见，促使了本专著的顺利完成。周老师是一个谦逊的学者，事务繁忙，却屡次给予学生鼓励和指导，让学生倍感荣幸，教导我们科学的研究方法和作为一名学者的风格，是学生一生都学不完的财富。作为一名经济学家，用经济学家眼光审视社会现象，以深厚的学术功底和学者的思维总能从不经意中把握出经济社会的规律性，以强烈的社会责任感为国家和政府提出许多有重要参考价值的决策建议。能够作为周老师的学生，是我多年来弥足珍贵的幸运。周老师严谨认真的学风、博大精深的学识、敏锐的思维能力、笔耕不辍的坚持精神、教育育人的高尚师德，让我一生受用不尽。导师的博学睿智引导我在学术研究的道路上逐步前行，从懵懂、彷徨，最后终于看清了我的前方，让我坚定了从事科研工作的信心和决心，感谢长期以来对我学业的启迪和帮助。

天津市农业科学院、区划所的领导同事们非常支持我的工作，农科院求实创新、勤奋踏实、热心服务"三农"的优良作风给了我这个成长的平台，区划所求新求本、求精求行的探索追求给了我发展的机会。本书出版，尤其是资料搜集和数据调查得到了李瑾、孙国兴等所领导的大力指导，黄学群、贾凤伶、陈琼、张蕾等同事们在数据搜集等方面给予了有益的帮助和建议，借助着你们对我的悉心栽培和帮助，才有了我今天的收获，谨此致谢。

感谢所有关心、鼓励和支持我的良师益友。孔子曰：益者三友，友直，友谅，友多闻，益矣，高尚的道德情操、优秀的品质使得彼此在茫茫人海中多了些萍水相逢但真诚善良的朋友。熟悉的、陌生的，真真切切地给了我最真挚的正能量，更给了我持续前行的动力，感谢你们多年来对我学习、工作、生活给予的建议和帮助，感谢你们大公无私的谆谆教诲和厚爱，激励着我在服务"三农"中，孜孜以求地探索、完善，更好地发挥优势，为社会奉献自己的绵薄之力。

感谢主编为此书的出版付出了辛苦劳动。

感谢所有阅读这本专著的朋友，通过此书一起学习了解天津。

感谢我的家人，他们的爱一直激励着我在学术之路上不断的努力奋斗，唯有不断进取才是对他们最好的回报。

专著写作和修改过程中，大量借鉴了国内外同行的研究成果，并参考了诸多参考文献，特表示感谢。如有疏漏之处，敬请谅解。

秦　静

2018 年 8 月于天津市南开区博士后公寓